本书由国家社会科学基金专项课题（18VSJ068）、国家社会科学基金青年项目（18CJY028）、北京市教委社科一般项目（SM201910011006）和北京市高精尖学科建设——工商管理项目（19005902053）资金资助。

政府研发支持资源配置研究

Research on the Government Research and Development Support Resource Allocation

彭红星　著

中国财经出版传媒集团
中国财政经济出版社

图书在版编目（CIP）数据

政府研发支持资源配置研究／彭红星著．-- 北京：中国财政经济出版社，2020.7

ISBN 978 - 7 - 5095 - 9812 - 2

Ⅰ.①政…　Ⅱ.①彭…　Ⅲ.①企业管理－技术革新－财政支出－研究－中国　Ⅳ.①F812.45②F279.23

中国版本图书馆 CIP 数据核字（2020）第 081528 号

责任编辑：胡　博　　　　责任印制：刘春年

封面设计：孙俪铭　　　　责任校对：胡永立

中国财政经济出版社 出版

URL：http：//www.cfeph.cn

E - mail：cfeph @ cfemg.cn

社址：北京市海淀区阜成路甲 28 号　邮政编码：100142

营销中心电话：010 - 88191537

北京财经印刷厂印装　各地新华书店经销

710 × 1000 毫米　16 开　14 印张　234 000 字

2020 年 7 月第 1 版　2020 年 7 月北京第 1 次印刷

定价：58.00 元

ISBN 978 - 7 - 5095 - 9812 - 2

（图书出现印装问题，本社负责调换）

本社质量投诉电话：010 - 88190744

打击盗版举报热线：010 - 88191661　QQ：2242791300

前　言

习近平总书记在党的十九大报告中指出："创新是引领发展的第一动力，是建设现代化经济体系的战略支撑。"抓住了创新，就抓住了牵动经济社会发展全局的"牛鼻子"。经济社会长期持续发展的源动力来自技术创新，目前技术创新的重要性比以往任何时期都更为突出，技术已经成为经济增长的新引擎。实施创新驱动发展战略已经成为我国经济社会发展新阶段的不争事实。科技企业是我国经济社会转型升级的重要力量，发掘经济社会创新发展需要进一步思考的问题是，科技创新政策制定过程中如何正确处理政企关系，如何破解制约创新发展战略的体制机制障碍，从而最大限度地激发科技企业技术创新活力和动力。

抓创新就是抓发展，谋创新就是谋未来。国家的创新战略愈发系统，企业的创新活动错综复杂。政府的创新支持资源是有限的，不合理的支持政策很可能误导企业研发活动。有效地发挥政府创新资源的杠杆效应，促成政府创新资源撬动企业积极研发行动是当前无法回避的现实问题，政策制定者、商界和学术界已经十分清晰地意识到提高政府创新补贴的使用效率和科研成果转化水平的必要性。科技成果只有同市场需求相结合，实现科学研究、实验开发、推广应用的无缝对接，才能实现技术创新的真正价值。

随着我国经济实力不断增强，政府越来越注重支持企业的技术创新和研究开发活动。研发投入不足、融资约束较重、公司治理水平偏低等问题一直制约着我国中小企业发展，政府给予公司技术创新资金支持后，两者已成为目标融合的利益共同体，在创新驱动发展的改革实践中构建新型政企关系具有十分重要的意义。政府部门对科技型中小企业是否具有外部治理功能，是否帮助科技型中小企业破解融资约束等一系列问题，备受政府、企业和学者关注。综合以上情况，本书探讨了科技型中小企业政府研发支持资源配置状况以及不同类型和不同期限的研发支持的实际效应：选择了谁作为研发支持对象，以何种方式进行支持，支持的效应究竟如何。

本书首先搜集并整理相关文献，基于利益相关者理论、国家创新体系理论和市场失灵理论分析了政府制定支持企业研发政策的必要性；然后根据我国政府研发支持的制度背景讨论了政府研发支持类型；接着探讨了企业自身特征及外部因素同获取政府研发支持资源的关系；最后基于政企关系理论和公司治理理论，从创新投入、公司财务、全要素生产率等视角实证检验了政府研发支持的政策效应。

本书采用规范分析和实证分析相结合的方法，主要选取中国深市中小板和创业板上市公司2008—2016年财务数据为研究样本，通过考察政府研发支持政策对科技型中小企业创新投入、融资约束、全要素生产率和企业价值等方面的影响，探讨了我国政府研发支持资源配置特征。为进一步研究分析政府研发支持政策的类型差异和期限变动，笔者还考虑了不同类型和不同期限的政府研发支持政策的信号传递和治理效应的差异。研究中还进行了一系列的稳健性检验，并且实证检验结论均保持了较高稳健性，表明本书研究结论的可靠性。

创新是企业的动力之源，质量是企业的立身之本。本书尝试构建涵盖企业研发、政治关联、税收贡献、融资约束和企业价值等多种因素的实证分析框架，探讨了政府资源配置状况和配置效率。利用手工搜集的科技型中小企业政府研发支持这一独特数据，针对现有大量文献指出政府资源配置的过程中可能存在的寻租行为，为检验信号理论、外部治理理论提供了新的经验证据和分析路径，着重讨论了企业特征与政府研发支持对象选择之间的关系，丰富了转型经济体（国家）政企关系的相关经验研究。

中国仍处在经济转型期，经济增长模式正面临由要素粗放型驱动向创新驱动发展模式转变的重要机遇期，增强有效的市场和有为的政府之间的合力是形成创新驱动力的关键所在。本书基于不同类型和期限的研发支持政策对公司财务状况、研发状况和市场价值的影响，较为深入地探讨了有效提高政府创新补贴的使用效率和科研成果转化能力，使创新投入转化为最终价值的可能路径，着力解决制约经济持续健康发展的重要问题。研究结论对于深刻认识创新发展阶段政府角色，优化和完善创新支持政策顶层设计具有重要现实意义。

作者

2020 年 4 月

目　　录

第一章　导论 …… 1

一、选题背景与意义 …… 1
二、研究目标与动机 …… 6
三、研究内容与方法 …… 7
四、研究思路与创新点 …… 11

第二章　文献综述 …… 15

一、研发支持资源的配置因素 …… 15
二、研发支持资源的配置效应 …… 16
三、研究文献评述 …… 20

第三章　制度背景与相关理论 …… 22

一、制度背景 …… 22
二、政府研发支持政策 …… 24
三、研发支持政策特征 …… 32
四、相关理论基础 …… 33

第四章　政府研发支持资源配置：对象选择 …… 40

一、引言 …… 40
二、理论分析与研究假设 …… 40
三、研究设计 …… 43
四、实证结果与分析 …… 54
五、拓展性分析 …… 64

六、稳健性检验 …… 64
七、本章小结 …… 72

第五章 政府研发支持与企业融资约束 …… 73

一、引言 …… 73
二、理论分析与研究假设 …… 74
三、研究设计 …… 76
四、实证结果与分析 …… 82
五、稳健性检验 …… 94
六、本章小结 …… 99

第六章 政府研发支持与公司超额在职消费 …… 100

一、引言 …… 100
二、理论分析与研究假设 …… 102
三、研究设计 …… 105
四、实证结果与分析 …… 107
五、稳健性检验 …… 111
六、拓展性研究 …… 117
七、本章小结 …… 118

第七章 政府研发支持与企业研发投入 …… 119

一、引言 …… 119
二、理论分析与研究假设 …… 120
三、研究设计 …… 122
四、实证结果与分析 …… 124
五、拓展性研究 …… 128
六、稳健性检验 …… 131
七、本章小结 …… 135

第八章 政府研发支持与企业全要素生产率 …… 137

一、引言 …… 137
二、理论分析与研究假设 …… 139

三、研究设计 …… 142
四、实证结果与分析 …… 147
五、拓展性研究 …… 151
六、稳健性检验 …… 154
七、本章小结 …… 161

第九章　政府研发支持与企业价值 …… 162

一、引言 …… 162
二、理论分析与研究假设 …… 163
三、研究设计 …… 165
四、实证结果与分析 …… 168
五、稳健性检验 …… 179
六、本章小结 …… 185

第十章　研究结论与启示 …… 186

一、研究结论 …… 186
二、政策启示 …… 188
三、研究局限与展望 …… 190

参考文献 …… 192
后记 …… 211

图表索引

图 1－1　我国工业企业 2003—2015 年基本情况 …………………………… 2
图 1－2　研究设计框架图 ………………………………………………… 13
图 1－3　研究逻辑路线图 ………………………………………………… 13
图 9－1　倾向得分匹配前后样本得分核密度对比（最近邻匹配方法）
………………………………………………………………………… 174
图 9－2　倾向得分匹配前后样本得分核密度对比（最近邻匹配方法）
………………………………………………………………………… 178

表 4－1　数据来源 ………………………………………………………… 45
表 4－2　样本描述 ………………………………………………………… 46
表 4－3　变量定义 ………………………………………………………… 53
表 4－4　主要变量描述性统计 …………………………………………… 55
表 4－5　主要变量相关系数矩阵 ………………………………………… 57
表 4－6　单因素分析 ……………………………………………………… 58
表 4－7　关于政府支持强度的回归分析 ………………………………… 61
表 4－8　关于政府支持倾向的回归分析 ………………………………… 63
表 4－9　关于政府支持强度的拓展性回归分析 ………………………… 65
表 4－10　关于公司异质性特征的调节效应 ……………………………… 66
表 4－11　政府研发支持资源配置因素的稳健性检验 …………………… 67
表 4－12　政府研发支持资源配置因素的稳健性：差分模型 …………… 71
表 5－1　测算融资约束涉及的变量定义 ………………………………… 78
表 5－2　融资约束模型有关变量描述性统计 …………………………… 81
表 5－3　主要变量相关系数矩阵 ………………………………………… 84
表 5－4　单因素分析 ……………………………………………………… 86

表 5-5　投资——现金流敏感性回归模型 …… 88
表 5-6　融资约束指数计算 …… 91
表 5-7　对融资约束指数的回归分析 …… 92
表 5-8　融资约束与政府研发支持期限效应 …… 94
表 5-9　Heckman 第二阶段回归模型结果 …… 96
表 5-10　GMM 动态面板模型回归结果 …… 98
表 6-1　变量描述性统计 …… 108
表 6-2　主要变量相关系数矩阵 …… 108
表 6-3　均值和中位数检验 …… 109
表 6-4　政府创新补助强度与高科技公司在职消费的基准模型结果 …… 110
表 6-5　样本分组的稳健性检验结果 …… 112
表 6-6　替代变量的稳健性检验结果（解释变量为 L. SUB） …… 114
表 6-7　替代变量的稳健性检验结果（解释变量为 SUBMN） …… 115
表 6-8　PSM 倾向得分匹配模型的回归结果（半径匹配） …… 116
表 6-9　拓展性研究的实证结果 …… 117
表 7-1　主要变量描述性统计 …… 125
表 7-2　高管背景与高科技公司创新补贴的回归结果 …… 125
表 7-3　高管背景与高科技公司创新投入的回归结果 …… 127
表 7-4　高管背景与超额雇员 …… 129
表 7-5　知识产权保护、高管背景与研发投入 …… 130
表 7-6　替代变量 …… 132
表 7-7　PSM 倾向得分匹配模型 …… 133
表 7-8　两阶段工具变量模型的回归结果 …… 134
表 8-1　变量描述性统计 …… 148
表 8-2　主要变量相关系数矩阵 …… 148
表 8-3　单因素分析 …… 149
表 8-4　政府创新补贴强度与高科技企业 TFP 的基准模型结果 …… 149
表 8-5　拓展性研究的实证结果 …… 154
表 8-6　样本分组的回归结果 …… 156
表 8-7　关于政府创新补贴期限的回归结果 …… 157
表 8-8　PSM 倾向得分匹配模型的回归结果 …… 158
表 8-9　两阶段工具变量模型的回归结果 …… 160

表 9－1　主要变量相关系数矩阵 …………………………………… 169
表 9－2　单因素分析 ……………………………………………… 170
表 9－3　政府研发支持强度与企业价值回归分析结果 ………………… 173
表 9－4　倾向得分匹配后政府研发支持强度与企业价值回归分析结果…… 175
表 9－5　不同类型政府研发支持强度与企业价值回归分析结果 ……… 176
表 9－6　不同类型政府研发支持强度与企业价值回归分析结果：匹配后 ………………………………………………………………… 180
表 9－7　不同期限政府研发支持与企业价值回归分析结果 …………… 182
表 9－8　滞后回归模型 …………………………………………… 182
表 9－9　样本匹配稳健性 ………………………………………… 183

第一章　导　论

一、选题背景与意义

（一）选题背景

改革开放以来，中国的经济增长速度一直位居世界前列，所取得的成就举世瞩目，政府在关系国计民生和产业命脉的领域要积极作为。目前，中国已经成为世界上最大的新兴经济体，但是当前中国发展仍然面临巨大挑战，例如，低水平产能过剩、高耗能高污染粗放发展、创新活力不足等。解决发展中的一切问题必须依靠技术进步和科技创新。因此，必须通过深化改革，优化政府和市场的关系，用好国家科技创新支持工具，让企业真正成为技术创新的主体，进一步推动科技创新与经济社会发展紧密结合。

对世界各国而言，中小企业在推动城镇化、扩大就业、增加税源、促进技术创新和区域经济发展等方面发挥着不可替代的重要作用。其中最具活力、效率和创新意识的科技型中小企业已经成为优化产业布局、引领区域经济的有生力量。它们在信息技术、生物医药、环境保护、新能源和高端装备制造等高新技术领域表现得异常活跃。中小企业是培养优秀企业家的摇篮，是推动产业结构升级、提高经济综合竞争力的基础力量，更是构建国家技术创新体系和发展高新技术产业、建设自主创新型国家的重要实体。要以推动科技创新为核心，引领科技体制及其相关体制深刻变革。要制定和落实鼓励企业技术创新各项政策，加强对中小企业技术创新支持力度（中共中央文献研究室，2016）。

目前中小企业数量占全国企业总数的97%以上；中小企业吸纳就业数量占总就业人口和新增劳动力的比例均达75%以上；中小企业缴纳规模和出口交货

值均占全国总数的50%以上①。创新能力较强的科技型中小企业已经逐步成长为我国由“要素推动”向“创新推动”经济转型的重要力量。根据《中国统计年鉴》数据资料（见图1-1），可以看出中小型工业企业在我国工业企业的重要地位。我国中小型工业企业数目远超大型工业企业数目，中小型工业企业数目占工业企业总数比例稳居97%以上，并且最高比例已达99.3%。受后金融危机等复杂因素影响，2010年后中小型工业企业数目占比有所下降，但仍远超大型工业企业。中小型工业企业主营业务收入也超过大型工业企业，两者绝对规模差距呈进一步扩大趋势，中小型工业企业主营业务收入占比稳居在57%以上。中小型工业企业对国家税收贡献更不容小觑，其应交所得税税额长期以来一直高于大型工业企业，在工业企业应交所得税中最高占比已达到64.4%。可见中小企业对我国经济社会整体发展的重要贡献与突出地位②。

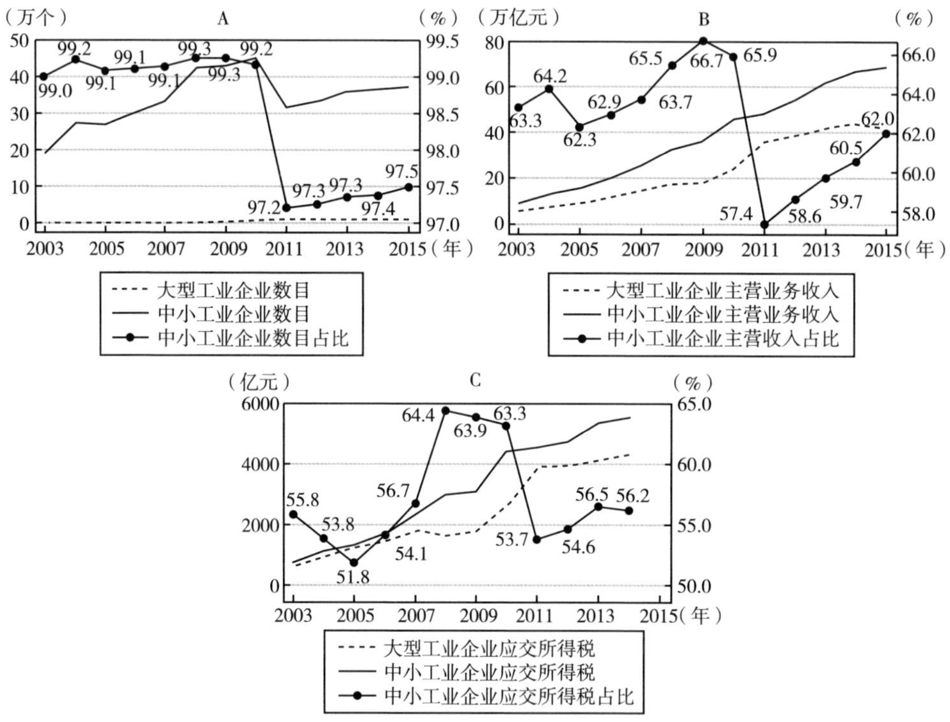

图1-1　我国工业企业2003—2015年基本情况

资料来源：《中国统计年鉴》（2004—2016年）。

① 陈乃醒．融资应为促进中小企业转型升级服务［J］．债券，2013（7）：6-9.

② 朱平芳，罗翔，项歌德．中国中小企业创新绩效空间溢出效应实证研究：基于马克思分工协作理论［J］．数量经济技术经济研究，2016（5）：3-16.

中小企业面临管理、资金、创新等多方面的成长瓶颈。市场失灵等原因导致中小企业科技研发投入不足，发展乏力，各国政府也都十分重视对中小企业进行扶持，尤其在中小企业 R&D 方面。近年来，我国财政部、科技部等中央部委协同各级地方政府部门先后成立数以百计的中小企业扶持项目，以促进中小企业研发活动，包括科技奖励、技术创新基金、税收减免（优惠）等。党中央和政府十分重视对科技型中小企业创新发展的扶持。例如，2013 年 10 月，张德江同志在天津调研时强调，要切实营造有利于中小企业发展的政策环境、市场环境、创业环境、成长环境、服务环境和舆论环境，为促进中小企业持续健康发展出实招[①]。为激发科技型中小企业创新，我国政府将于 2015 年着力试点科技型中小企业培育工程[②]。2016 年 5 月，习近平同志在全国科技创新大会上，强调要以推动科技创新为核心，引领科技体制及其相关体制深刻变革。要制定和落实鼓励企业技术创新各项政策，加强对中小企业技术创新支持力度[③]。

近年来我国政府支持企业的科研经费连年大幅攀升。在 2013 年 10 月 21 日召开的十二届全国人大常委五次会上，财政部部长楼继伟指出，2006 年至 2012 年，全国财政科技资金支出年均增长 22.73%，7 年累计 2.42 万亿元人民币。国家财政科技支出持续增加，2015 年国家财政科学技术支出 7005.8 亿元，比上年增加 551.3 亿元，增长 8.5%。不可否认，目前科研经费分配不公平、管理不规范、低效使用和滥用行为的问题普遍存在，政府科技补助资金在申请、审核和管理上也存在多种问题。例如，2012 年湖南省科技厅在未通过可行性论证和专家评审的情况下就为 11 个科技项目安排 815 万元资金。广东省审计厅审查 2008 年至 2010 年省级重大科技专项资金使用执行情况时发现，某市的两个项目承担单位共获取专项资金 45 万元，其中一个单位已结束经营近两年，另一个单位联系多次仍未取得联系，项目实施情况如何主管部门竟然一无所知[④]。2016 年初，财政部对 90 家主要的新能源汽车生产企业进行了专项检查，发现一些企业违反相关法律法规涉嫌骗取财政补贴，部分车辆未销售给消费者就提前申报补贴，

---

① 张德江. 在天津调研时强调营造有利于中小企业发展的良好环境［N］. 人民日报，2013-02-23（1）。

② 摘自 2015 年 1 月 12 日全国科技工作会议报道。

③ 摘自 2016 年 5 月全国科技创新大会两院院士大会中国科协第九次全国代表大会报道。

④ 人民网，http://opinion.people.com.cn/n/2013/1014/c1003-23193231.html。

不少车辆领取补贴后闲置[①]。

媒体不断曝光企业科研经费使用乱象，多位官员表态，例如在2013年11月的国务院新闻发布会上，科技部部长万钢对近年来出现的一些科研经费违法违规事件言辞激烈地表达了不满。张维迎在博鳌论坛2014年年会上公开表示，“很多企业申请政府补贴，并未真正的创新”。2016年，《中国青年报》[②] 报道科研经费浪费，很难全部用于研发活动。学术界也开始关注政府创新产业政策可能引起的负面经济后果，例如，很高比例的创新产出并不具有商业价值，多数公司的专利产出仅仅是为了满足向政府“寻扶持”的需要[③]。杨国超、刘静等人[④]的研究发现，与政策制定者初衷相悖，研发激励政策可能使公司进行研发操纵，最终导致研发绩效下降。

为此，本书基于政府干预理论和有效市场假说，以国民经济中具有重要地位的科技型中小企业为例，尝试探讨政府研发支持资源的配置过程与政策效应，科技型中小企业研发支持的有效度如何，不同类型和期限的政府研发支持资源配置效率有何差异，产权性质、高管背景以及产权保护等制度因素在政府创新支持政策中扮演何种角色，在设计和制定未来政府创新支持政策时需要做哪些方面改进和完善。这些均是政府、学界和商界关注的重要话题。

（二）选题意义

目前国内外已有较多关于政府研发支持政策效应的研究文献。然而，政府研发支持政策对企业创新活动影响的文献仍未形成一致意见；多数文献并未探讨政府研发支持资源配置的类型差异和期限差异，专门从微观企业财务视角进行研究的文献仍十分鲜见。本书在深入分析和系统梳理国内外相关文献的基础上，尝试结合政府宏观经济政策与微观企业财务特征，建立逻辑清晰的理论框架和实证模型，进一步探讨政府部门（尤其对新兴经济体而言）研发支持资源配置效率，在一定程度上填补该领域的研究空缺。

---

① 中国新闻网，http://www.chinanews.com/cj/2016/09-08/7998353.shtml。

② 《中国青年报》2016-01-26（02）。

③ 黎文靖，郑曼妮. 实质性创新还是策略性创新?：宏观产业政策对微观企业创新的影响［J］. 经济研究，2016（4）：60-73.

④ 杨国超，刘静，廉鹏，等. 减税激励、研发操纵与研究绩效［J］. 经济研究，2017（8）：110-124.

1. 理论意义

首先，基于市场失灵理论、利益相关者理论和国家创新体系理论等视角，探索科技型中小企业面临成长困境的成因，分析政府在解决技术创新市场失灵问题中的角色定位，较系统地论证了政府干预微观经济实体的必要性。研究结论有助于拓展关于技术创新过程中优化政企关系的理论、公司财务理论和公司治理理论等。

其次，本书通过分析中小企业政府研发支持资源配置状况及效率，从“政企关系”视角，讨论了政府资源配置状况，即企业自身特征（政治关联、税收贡献、吸纳就业和财务业绩）与政府研发支持资源配置之间的关系，丰富了政府干预微观经济主体研发活动的相关理论证据。

最后，针对不同类型和不同期限的政府研发支持政策，本书基于信号传递理论和公司外部治理理论，尝试以微观企业融资约束、全要素生产率和市场价值作为研究切入点，丰富了政府研发支持工具的信号效应和治理效应，探讨了政府对微观企业的“支持之手”角色。本书将拓展政府创新支持资源的分布状况、政策效应和机制构建等方面的理论证据。

2. 现实意义

首先，政府在选择研发扶持对象时可能存在有偏性。本书探讨中小企业特征与政府研发支持资源配置的关系，有利于再认识政府经济干预活动的过程；也有利于促进社会整体福利的帕累托改进，不断提高社会资本配置效率；有利于政府加快构建公司内生驱动发展的长效机制，完善和出台各项有针对性的扶持政策。

其次，建立计量模型，合理评估了政府资金补贴、税收优惠等不同类型研发支持政策对中小企业的影响差异，对全面评价政府研发支持政策有效度进行了有益尝试，也为丰富和完善中小企业扶持框架提供了有价值的参考。研究结论有利于激发公司科技创新积极性，更好发挥政府创新补贴的杠杆调节作用。

最后，基于国家发展战略层面的考量，本书提出相关政策建议。一方面有利于政府加快构建中小企业可持续发展长效机制，完善和出台各项针对性的扶持政策，更好发挥中小企业在国民经济社会发展中的积极作用；另一方面有利于中小企业认真落实政府研发支持政策，从而降低自身融资约束，提高企业自身价值，增强市场竞争力，提升国家和民族的技术创新水平和国际竞争地位。

二、研究目标与动机

本书主要关注政府研发支持资源的配置状况及其配置效率。具体地，笔者以科技型中小企业为例，基于公司财务视角，探讨了政府研发支持是否有利于缓解企业的融资约束，能否有效提升全要素生产率、企业价值等问题。笔者通过理论分析和实证研究分别就上述问题进行了深入细致的检验，主要基于以下动机：

首先，我国政府越来越注重企业研发活动，相继出台了一系列科技扶持计划，包括863计划、星火计划、火炬计划等（解维敏、唐清泉等，2009；秦雪征、尹志锋等，2012）。目前学者对此类科技扶持政策的有效性存在较大分歧。部分学者发现国内政府研发扶持政策能够有效促进企业研发投入和创新产出；也有不少学者认为目前我国政府对企业的研发支持政策并未奏效。研发资金管理无序、使用效率低下，甚至骗取国家科研经费的情况普遍存在。本书尝试利用最新经验数据，从公司财务视角对政府研发支持的有效性进行再检验。

其次，国内中小企业融资难、融资贵等问题一直备受学者关注，且现存国内文献多表现在理论分析和金融体系改革等方面。笔者基于信号传递效应和公司治理效应，探讨政府研发扶持对公司融资约束、全要素生产率和企业价值的影响。多数既有实证研究重点关注政府科技投入对企业研发投入的影响，长期以来人们习惯于用研发投入和专利数据来反映创新绩效，这比较有局限性（陆国庆，2011），笔者尝试从新的视角分析政府研发扶持的政策效应。

最后，在研究设计方面，关于政府研发支持的现有经验研究大多根据企业是否获得政府研发支持设置虚拟变量，并未讨论研发支持强度（支持强度 = 支持资金/公司规模）的差异效应。多数学者只关注其中的某一种政府研发支持的政策效应，本书则关注各级政府的研发支持政策。政府研发支持资源分配也很可能是非随机的，目前相关文献也大多未考虑样本选择偏误问题。通常情况下，政府研发支持可采取多种形式并且具有一定的政策时滞效应（唐清泉、卢珊珊等，2008；朱平芳、徐伟民，2003），但国内考察政府研发支持种类和支持期限的相关经验研究证据仍不多见，本书尝试提供进一步的相关经验证据。

三、研究内容与方法

（一）概念界定

1. 科技型中小企业

企业是创新的主体，并非所有企业都可以成为创新主体。科技型中小企业的概念是本书的逻辑前提。科技型中小企业在社会研发支出、就业增长和创新产出等方面扮演着越来越重要的角色。在我国具备什么特征的企业才被认定为科技型中小企业？

从企业规模看，科技型中小企业应属于中小企业。学界通常按照总资产规模、员工人数和销售收入划分企业大小。国家经济贸易委员会、国家发展计划委员会、财政部和国家统计局发布《中小企业标准暂行规定》（2003 年 3 月），显示各行业中小企业的划分标准①存在一定区别（谢绚丽、赵胜利，2011）。

从行业性质看，科技型中小企业处于高科技产业领域②，并且企业研发资金、科技从业人员、高新技术产和经营业绩出必须达到一定水平。目前，实务界比较认同科技部《科技型中小企业技术创新基金申请须知》对承担创新基金项目的企业认定标准③。

然而科技型中小企业的概念在学界仍然相对比较模糊。由于目前调查数据获取成本较高，可信度相对较低，同时国内股票市场体系不断完善，财务信息披露制度不断健全，国内学者大多采用深市创业板和创业板的上市公司，开展

① 工业类：职工人数 2000 人以下，或销售额 30000 万元以下，或资产总额为 40000 万元以下；建筑业：职工人数 3000 人以下，或销售额 30000 万元以下，或资产总额 40000 万元以下；批发业：职工人数 200 人以下，或销售额 30000 万元以下；零售业：职工人数 500 人以下，或销售额 15000 万元以下；交通运输业：职工人数 3000 人以下，或销售额 30000 万元以下；邮政业：职工人数 1000 人以下，或销售额 30000 万元以下；住宿和餐饮业：职工人数 800 人以下，或销售额 15000 万元以下。

② 按照《高技术产业（制造业）分类（2013）》，高技术产业（制造业）具体包括医药制造业，航空、航天器及设备制造业，电子及通讯设备制造业，计算机及办公设备制造业，医疗仪器设备及仪器仪表制造业。

③ （1）具备独立企业法人资格。（2）主要从事高新技术产品的研制、开发、生产和服务业务。（3）领导班子有较强的市场开拓能力和较高的经营管理水平，并有持续创新的意识。（4）职工人数不超过 500 人；具有大专以上学历的科技人员占职工总数的比例不低于 30%，直接从事研究开发的科技人员占职工总数的比例不低于 10%。（5）有良好的经营业绩，资产负债率不超过 70%；每年用于高新技术产品研究开发的经费不低于销售额的 3%。开业不足一年的新办企业不受此款限制。（6）有严格的财务管理制度、健全的财务管理机构和合格的财务管理人员。

(科技型)中小企业的经验研究(谢绚丽等,2011;张晓玫、潘玲,2013;余应敏、彭红星等,2013;吴晓俊,2013;迟宁、邓学芬等,2010)。为此,本书选择深市中小板和创业板的高科技行业企业作为研究样本①。

2. 政府研发(R&D)支持

创新产出具有正向外部性,政府需要出台支持政策,加以纠正该类市场失灵。根据OECD1993年《弗拉斯卡蒂手册》(Frascati Manual)的定义,研究与开发是指为了增加知识总量,以及运用这些知识创造新的用途所进行的系统的创造性工作(戴晨、刘怡,2008),通常包括基础研究、应用研究、试验发展三类活动。政府研发支持是政府部门为提升社会技术创新水平,对各类研发主体开展的基础性、应用性、战略性或示范性的科技研究项目给予直接或间接的资金补贴或政策优惠。

政府研发支持对象主要分为两类:(1)公共研发机构(科研机构、高等院校);(2)私人部门(企业)(白俊红,2011)。本书从政企关系视角讨论政府研发支持对企业财务业绩的影响。一般地,政府研发支持可采取多种形式,主要包括财政补贴、权益投资、贷款贴息和税收优惠等(熊维勤,2011;刘虹、肖美凤等,2012;秦雪征等,2012)。政府直接资助的对象主要是私人部门一些具有创新溢出的技术创新项目,对于私人部门的技术创新有着直接的、明显的促进作用;与直接资助不同,税收优惠一般是用于纠正市场提供技术创新产品这种准公共产品时的不足和低效率,其作用不如直接资助那么直接和明显(胡明勇、周寄中,2001)。唐清泉等(2008)根据不同资金是否指明项目用途,将政府指明了资金使用用途、有明确项目的研发补贴分为直接研发补贴,而没有指明项目的补贴(如税收优惠政策)划分为间接研发补贴;李浩研、崔景华(2014)也将政府研发政策工具分为直接补贴和间接税收优惠。

目前,各级政府均十分重视企业研发活动,但是现存多数文献只关注某一种或几种(类)政府研发支持政策的效果效果(秦雪征等,2012;高松、庄晖等,2011;余应敏等,2013),这可能无法排除其他层面研发支持政策的影响。为此,本书的政府研发支持资金来源既包括中央财政,也包括各级地方财政。现存研究文献对政府研发支持的具体分类仍然没有定论。笔者借鉴学界较认同

① 研究样本选择情况详见第四章内容。部分学者可能担忧样本筛选范围有一定局限性,我们也在部分章节中将实证研究样本数量扩大至全部高科技行业的上市公司,以增强研究结论代表性和说服力。

的做法，将研发支持细分为直接研发支持与间接研发支持（胡明勇等，2001；秦雪征等，2012；唐清泉等，2008；高松等，2011）。

（二）研究内容

破解中小企业发展问题已成为世界各国面临的棘手问题，引起了各国政府、企业界和学术界的广泛关注。综观已有文献，笔者认为政府研发支持在科技型中小企业可持续发展过程中扮演重要角色，然而国内从企业财务视角探讨政府研发支持资源配置效应的文献仍不多见，并且绝大多数文献仍未考量政府研发支持对象选择的可能偏误问题。因此，本书通过系统构建规范分析框架和实证分析模型，重点探讨了以下几方面内容。

1. 梳理国内外最新关于政府研发支持政策发展与企业创新的文献资料。结合中国独特的制度背景，深入挖掘习近平科技创新思想内涵，探寻目前文献研究的空缺，通过理论分析和调研访谈，明确本书内容的必要性、可行性和贡献性，并提出构建中国科技创新体系中如何优化新型政企关系的新思路。

2. 实证研究政府研发支持资源配置的过程。既有文献在研究政府一般性补贴时，发现企业寻租行为对政府补贴分配的有偏影响，即对象选择的样本自选择问题。对于政府研发支持资源的分布特征，鲜有文献进行全面讨论。本书充分讨论政府研发支持资源分配的特征，缓解或消除本书后续实证研究的内生性问题和样本自选择可能引起的实证结果估计偏误。本部分较系统地控制各方面影响因素，重点讨论了企业政治关联、税收贡献、前期研发投入水平和财务业绩等因素与科技型中小企业获取政府研发支持资源的关系。

3. 探讨不同类型和不同期限的政府研发支持政策对科技型中小企业融资约束的影响。政府研发支持是否可以在一定程度上直接解决企业研发资金缺口问题，还向外部市场释放利好信号？政府对研发支持的企业是否具有外部治理效应？本书考虑政府对科技型中小企业支持种类、强度和期限的差异，结合我国中小企业融资难问题，重新考察了政府研发支持对科技型中小企业融资约束的影响。

4. 考察政府研发支持对公司高管在职消费行为的影响。政府研发支持可能对公司自娱性在职消费水平产生两种截然不同的影响：一方面，政府在向高科技公司提供无偿的研发补助后，制定有关管理规章、办法，监督资金合规使用，对降低高管代理成本具有很好的震慑作用，称作“外部治理效应”；另一方面，公司高管在获得来自政府部门的“意外现金流入量”之后催生积极情绪，并在积极情绪驱动下，很可能将意外现金流量转化为享乐性支出，提高自娱性在职消费水平，称作“积极情绪效应”。动辄数以亿计的创新补助对高科技公司的在职消费水平产生何种影响？政策环境变化和公司异质性特征在其中表现为何种效应？

5. 对政府创新支持政策影响企业研发投入的学术话题进行再研究。基于市场失灵理论、寻租理论和企业资源理论，探讨政府研发支持对科技企业研发投入的影响，以探讨我国科技政策改革的优化路径。新经济增长理论认为增加研发投入可以推动技术进步，实现一国经济的持续性增长。关于政府研发支持对企业研发投入影响的研究结论仍存在较大分歧。因此，有必要利用最新经验证据对这一关键问题再做检验。尤其需要进一步分析和讨论制度环境和公司异质性因素对政府研发支持影响企业研发投入的作用机理。

6. 分析政府创新支持政策对科技企业全要素生产率的作用。处在较低发展阶段的国家，经济增长具有后发优势，可以依靠资本、土地和劳动力等要素投入实现；而对处在更高经济发展阶段上的国家来说，经济增长则必须靠全要素生产率的提高。显然，提升全要素生产率是落实当前创新驱动发展战略的关键。科技型中小企业是否可以在政府创新支持政策作用下提高全要素生产率？如果没有，又是什么原因导致政府创新补贴的诅咒效应？这是政策制定部门和高科技公司必须关注的重要问题。本书尝试探讨不同类型和不同支持期限的研发支持政策对科技型中小企业生产效率的影响。

7. 探讨政府研发支持政策对科技型中小企业价值创造的影响。科技成果转化是企业技术创新活动的关键，从现实意义讲，研发只能作为一种途径，而不是最终目标。在微观企业层面，创新活动的最终目标是提高企业市场价值。基于信号传递理论和公司外部治理理论，合理控制公司内部治理结构、股权特征、行业等因素，本书尝试分析和探讨不同类型和不同期限的政府研发支持对企业价值的影响。

（三）研究方法

在规范分析与定性分析方面，首先对国内外相关文献资料进行消化吸收，梳理研究脉络，发现研究空缺和研究结论争议。基于现存研究文献，构建出本书理论分析框架，提出相关研究理论假设。

在实证分析与定量分析方面，借鉴已有文献成熟经验，并结合数据获取可行性，筛选合理指标变量，根据研究假设进一步构建统计计量模型。（1）在测度政府研发支持时要采取多个替代变量指标，模型还将运用多种方法测度企业政治关联、融资约束和全要素生产率等控制变量，以充分保证研究结论的稳健可靠性；（2）在进行回归分析前，进行详细的描述性分析和单因素分析（包括独立样本 T 检验和 Wilcoxon 秩和检验）；（3）为得到稳健的实证结论，书中还将采用多种方法进行参数估计；（4）考虑到政府筛选支持对象时可能存在的选择偏误（Selection Bias）问题，笔者尝试构建两阶段工具变量回归模型、Heckman 两阶段回归模型（Heckman，1979）和倾向得分匹配模型 PSM（Rubin，1977；Rosenbaum and Rubin，1983；陆瑶，2010），对结论做进一步稳健性检验。

四、研究思路与创新点

（一）研究思路

第一章，绪论。在阐述研究背景的基础上，明确提出研究动机、研究问题和基本框架；同时强调了本书的研究意义；最后指出本书的贡献和创新。

第二章，文献综述。笔者在本章中系统梳理国内外关于政府研发支持资源的配置因素和效率的参考文献，评述了当前国内政府研发支持相关领域的研究空缺，为本书后续研究做理论铺垫和文献支撑。

第三章，讨论目前我国政府对科技型中小企业研发支持的制度背景与相关理论基础。首先从支持类型和对象选择等方面详细讨论了目前我国科技型中小企业研发支持政策的制度背景，然后阐明了相关理论基础。

第四章，讨论了政府研发支持对象选择的可能性偏误问题。本章尝试系统梳理和合理控制各种因素（地方财政收入、政治关联、企业所得税等），探讨了不同特征的科技型中小企业获取政府研发支持资源的难易程度，尽量消除后续实证研究因样本自选择导致的内生性问题。

第五章，探讨了不同类型与不同期限的政府研发支持对科技型中小企业融资约束的影响。在第四章尽量消除样本自选择问题的基础上，考虑到政府研发支持期限的长短与政策效应的时间滞后性，基于公司外部治理理论（政府一般会对科技型中小型企业后续研发活动进展和相关成果进行考核评价，尤其是对长期研发支持的研发项目而言）和信号传递理论（政府研发补贴除了能够解决企业研发资金缺口问题，还会向外部市场释放利好信号），笔者检验了不同类型的政府研发支持对科技型中小企业融资约束状况的不同作用。

第六章，目前中国创新支持的相关正式制度仍未建立，政府官员在决定公司享受创新补助上具有很大的支配权力和决策空间（魏志华、吴育辉等，2015；余明桂、范蕊等，2016），在每年巨额创新资源的配置过程中，很容易形成利益勾连，形成寻租地带。政府部门也在不断探索新的研发资助方式。本章考察政府资助方式的变化和党的反腐外部制度冲击对高管过度在职消费行为的影响，进而对高科技公司技术创新活动产生何种实质性影响。

第七章，增加高科技公司研发投入是实施好创新驱动发展战略的关键。本章主要以我国中小板、创业板上市科技型公司为样本，基于市场失灵理论、寻租理论和公司资源理论，探讨政府创新支持的配置后果，并检验其对公司研发投入的影响，以探讨我国科技政策改革的优化路径。这些创新补贴是否显著提升了其研发投入？高管背景、外部制度因素的差异性对公司研发投入产生何种影响？回答好这一系列学术问题，对进一步优化我国科技创新政策，引导公司走创新发展道路具有重要现实意义。

第八章，探讨了政府创新补贴政策对高科技企业全要素生产率的影响，可望优化我国科技政策改革的设计。本章基于信息不对称理论构建分析框架，分析转型经济背景下中国政府创新支持政策是否有助于提升高科技企业创新效率，并分析了其中的作用机理。进一步探讨了不同类型和不同期限政府研发支持对科技型中小企业全要素生产率的影响。从创新补贴对 TFP 影响视角考察了政府创新补贴政策效应，为更加全面地认识和评价当前我国各级政府创新支持政策经济后果提供了最新的直接经验证据。

第九章，进一步探讨了不同类型和不同期限政府研发支持对科技型中小企业价值的影响。考虑到政府研发支持期限的长短变化与政策效应的时间滞后性，基于公司外部治理理论和信号传递理论，笔者检验了不同类型和不同期限的研发支持对科技型中小企业价值的影响差异。

第十章，研究结论、相关建议与研究不足。总结本书所得结论，提出相关政策建议；最后，讨论了研究局限性，明确进一步研究方向与重点。

本书研究框架如图 1－2 所示。

（二）逻辑路线

本研究的逻辑起点是，2016 年 1 月，中共中央文献研究室编辑出版《习近平

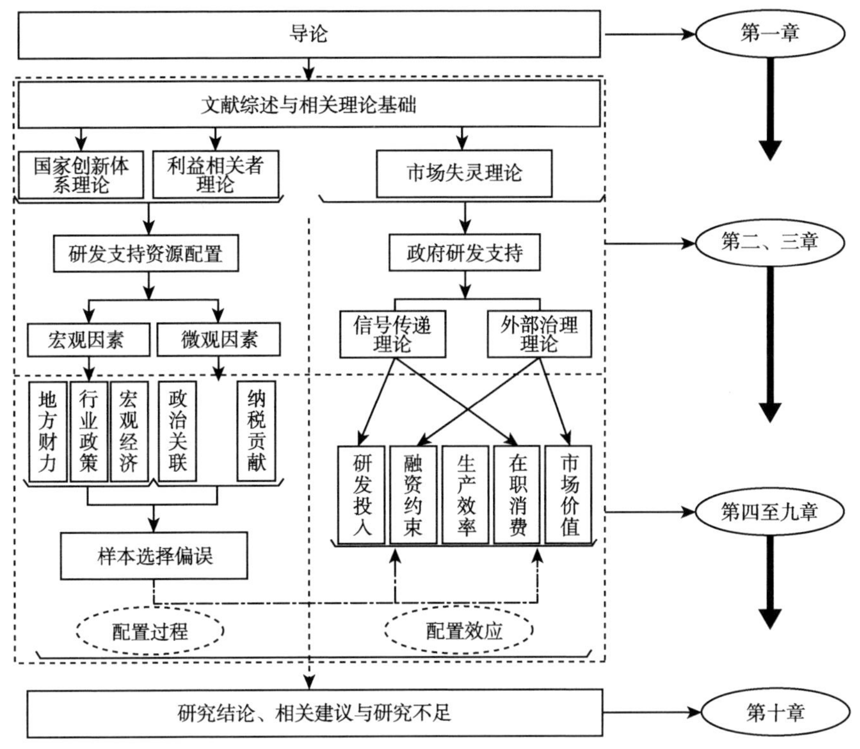

图 1-2 研究设计框架图

关于科技创新论述摘编》，笔者深受书中习近平总书记科技创新重要论述和深邃思想的启迪，尝试基于政府研发支持资源配置，探讨在新时代背景下如何优化和完善新型政企关系，如何深刻领会和认真贯彻十九大报告精神，进一步深化科技体制改革，建立以企业为主体、市场为导向、产学研深度融合的技术创新体系，加强对中小企业创新的支持，促进科技成果转化。本书研究逻辑路线如图 1-3 所示。

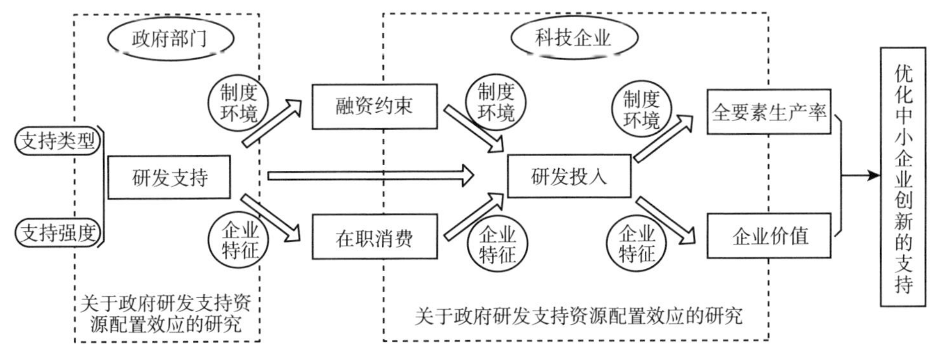

图 1-3 研究逻辑路线图

（三）研究贡献与创新

目前中小企业可持续发展问题备受国内外学者关注。大量文献研究了中小企业融资的渠道创新，政府支持对科技型中小企业的研发投入、技术创新和研发产出的影响等问题。基于已有文献，本书从企业财务视角，讨论了政府对科技型中小企业研发支持的政策有效性。具体而言，本书的主要学术贡献与创新体现在以下三方面：

一是丰富了相关理论证据。本书构建了涵盖企业研发、政治关联、税收贡献、融资约束和企业价值等多种因素的实证分析框架，探讨了政府资源配置过程和配置效应。本书利用手工搜集的科技型中小企业政府研发支持这一独特数据，针对现有大量文献指出政府资源配置的过程中可能存在的寻租行为，着重讨论了企业特征与政府研发支持对象选择之间的关系，丰富了转型经济体（国家）政企关系的相关经验研究。纵观已有文献，仍鲜有学者关注政府研发支持对企业融资行为的影响。结合国内中小企业融资难问题，本书尝试从融资约束和企业价值视角探讨政府资源配置有效性。因此，本书实证研究结论为检验信号理论、外部治理理论提供了新的经验证据和分析路径。

二是拓展了既有研究视角。关于政府研发支持资源配置的已有文献，绝大多数学者只关注政府扶持政策是否有效地促进企业研发投入和创新产出，但从公司财务业绩视角探讨政府研发支持有效度的文献仍比较少见。科技型中小企业获得政府研发支持时，不仅可以直接获得经济资源，还表明其具有潜在优质的科研创新项目，向资本市场释放利好信号。并且，政府还将通过严格制度对企业后续研发活动进展和相关成果进行考核评估。理论上，政府研发支持会产生信号传递效应和公司外部治理效应。此外，考虑到政府对科技型中小企业扶持政策的多样性，且绝大多数相关文献并未同时考察不同类型政府研发支持的政策效应，本书试图从信号传递和公司治理视角拓展该领域相关研究，检验直接研发支持和间接研发支持、长期研发支持和短期研发支持对企业财务状况影响的差异性。

三是对考虑了中国特殊制度背景。对现有大量文献指出政府创新政策可能存在的低效率，本书在分析政府研发支持政策效应及其作用机理过程中，着重考察中国转型经济独特制度因素中介的调节效应，从知识产权保护、要素市场、中央反腐事件等角度分析转型经济条件下制度环境变化对公司创新活动、财务活动和价值创造等方面所产生的影响，填补了目前相关文献仍未充分关注中国转型制度因素的研究空缺。

第二章　文献综述

一、研发支持资源的配置因素

虽然近期越来越多的文献在研究政府研发支持资源配置时开始考虑政府研发支持对象的自选择问题，但是目前仍未发现系统全面地研究政府研发支持对象选择影响因素的国内外文献。基于现存文献，本书尝试较为全面地总结政府研发支持资源配置因素，主要包括宏观因素和微观因素。

（一）宏观因素

在政府甄选支持对象方面，政策机构和研发支持计划企业都处于一个利益相关者争夺稀缺资源的制度环境中，政府不可能偏好于支持那些研发活动经常失败的企业，这会导致政府管理者对研发项目进行"择优"（Picking – the – Winner）扶持，即偏好于通过支持那些低风险、高成功率的项目（Wallsten，2000）。第二次世界大战后，英国政府为创造就业机会和降低失业率，对劳动密集型的制造业企业进行了很大力度的资本补贴和人工补贴（Harris，1991）。任国良、蔡宏波等（2013）认为，如果政府在研发补贴中实施择优战略，以前就从事高水平研发活动的企业更可能得到政府的后续研发支持，而那些只从事低水平研发活动的企业不会为政府所偏好，但是如果政府在研发补贴中秉承的是扶贫战略（Aiding – the – Poor），那么情况恰好相反。

政府补贴程度的决定行为也存在着明显的行业指向性（邵敏、包群，2011）。我国宏观调控政策导向在行业分布上主要体现在两个方面：一是加快国有经济布局和结构调整，促进国有资本向关系国家安全和国民经济命脉的重点行业、关键领域和基本公共服务领域转移；二是加大对自主创新成果产业化的支持，促进高新技术产业发展，培育和发展战略性新兴产业。我国政府补助的政策导向也呈现出较明显的行业特征（步丹璐、郁智，2012）。

此外，部门间合作也是影响中小企业获得政府研发支持的重要因素。Santamaría，Barge－Gil et al.（2010）发现政府为鼓励研发合作，更倾向于支持具有企业、高校和科研机构合作基础的研发项目。

（二）微观因素

政府经济资源是有限的，政府官员在决定企业享受研发支持政策上具有很大的支配权力和决策空间，扶持资源很可能不是随机分配的（Klette，Møen et al.，2000；吴文锋、吴冲锋等，2009）。寻租理论认为，企业为了获得政府支持进行寻租，企业具有很强的动机建立政治关联。Krueger（1974）首次提出企业政治关联，企业家花费时间和金钱与政府官员建立关系，可以给企业带来巨大的利益。陈运森、朱松（2009）认为在中国现行的体制之下，政府能对社会资源配置产生极大的影响。他们发现政治关联企业拥有外部融资便利，从而降低了对内部资金的依赖程度。政府配置扶持资源时具有明显的有偏性，具有政治关联的企业可以获得更多财政补贴（陈冬华，2003；Faccio，Masulis et al.，2006；余明桂、回雅甫等，2010）、银行借款（张敏、张胜等，2010；Claessens，Feijen et al.，2008）、税收优惠（吴文锋等，2009；李维安、徐业坤，2013）。

政府支持资源配置与公司规模、生产效率、人力资本密集度、经营业绩、研发强度、地理位置和行业特征具有显著关系（Blanes and Busom，2004；Herrera and Bravo Ibarra，2010；Czarnitzki，Hanel et al.，2011；Cerulli and Potì，2012；唐清泉、罗党论，2007；彭代武、宣云等，2013；苏振东、洪玉娟等，2012）。邵敏等（2011）认为，就业规模越大，企业获得政府补贴的概率和程度越高，这是因为地方政府的重要职责是维持地区市场的稳定和创造就业机会。目前，学者一致认为，政府在选择补贴对象时更倾向于规模较大、人力资本密集度较高、技术创新能力较高的企业，即政府在选取补贴对象时倾向于那些具有“大而强”特征的企业。但也有部分学者发现不同结论，例如，Kornai and Weibull（1983）认为，政府也会补贴和支持处于亏损状态的国有企业。

二、研发支持资源的配置效应

目前，国内外关于政府研发支持资源配置效率的文献主要涉及两类：对企业的研发投入变量，例如分析政府研发扶持下的企业自主研发投入；对企业创新产出的影响，包括企业的生产率、专利产出和新产品销售收入等创新绩效指标。

（一）关于研发支持与企业研发投入

国内外大量文献考察了政府研发支持对企业研发投入的影响（David，Hall et al.，2000；González and Pazó，2008；朱平芳等，2003；解维敏等，2009；杨杨、曹玲燕等，2013；Wallsten，2000；Colombo，Croce et al.，2013）。研究表明，政府研发支持对企业研发投入可能同时存在“刺激效应”和“挤出效应”①。

大多数文献认为，政府支持可以刺激企业研发投入。Herrera et al.（2010）发现，西班牙政府对企业研发支持政策具有显著效果。Bernstein（1986）研究了加拿大研发税收激励措施的效应，发现每增加1美元税收优惠，将带来高于1美元的新增研发资本。Cerulli et al.（2012）以意大利经验数据为例研究了政府研发支持对企业研发支出的影响，发现政府研发支持可以促进企业研发支出，且结论保持良好稳健性。Colombo et al.（2013）发现科技型中小企业的投资水平在获得政府研发补贴第二年会明显上升，并且能够降低企业融资约束。国内研究也证实了政府研发资助对企业研发支出的刺激效应（朱平芳等，2003；解维敏等，2009；杨杨等，2013）。

但仍有部分学者对政府支持资源配置的效率持不同观点。Shleifer and Vishny（1994）通过理论模型论证了政治家对微观企业提供的补贴，可能并不是基于提高企业效率和社会资源配置效率，而是建立在政治家与企业家间的贿赂与寻租行为之上。政府扶持政策的实施效果可能会因政府寻租而大打折扣（Klette et al.，2000；余明桂等，2010）。政府研发支持对中小企业的研发投入具有“挤出效应”（Wallsten，2000；吕久琴、郁丹丹，2011）。Harris（1991）认为，政府对资本和劳动两类生产要素的补贴效果存在替代效应，增加对资本的补贴将会替代劳动的投入，导致失业率增加。

（二）关于研发支持与企业创新产出

近年来，越来越多的学者开始从产出视角关注政府研发支持资源的配置效

① 实际上，目前国内学者使用的名称有所区别，例如“促进作用”“激励效应”“互补效应”“替代效应”。

率。主要包括雇员数目、利润额（Chandler，2012；Josh Lerner，1999）、产品质量（Czarnitzki et al.，2011）、研发资金使用效率、边际创新生产率和技术生产率（秦雪征等，2012；Hsu and Hsueh，2009；邵敏、包群，2012；Colombo，Giannangeli et al.，2012）、专利产出（申请）、新产品销售收入（徐伟民、李志军，2011；朱平芳等，2003）等。

综合现存文献结论，政府研发支持对企业研发产出可能同时存在正面和负面双重效应。部分文献显示，政府对中小企业的研发扶持政策是有效的。Hsu et al.（2009）利用台湾政府扶持数据，发现获得政府支持企业的技术生产率显著优于未获政府支持企业。Herrera et al.（2010）发现，西班牙政府对企业研发支持政策具有显著积极效果。Czarnitzki et al.（2011）以加拿大制造企业为样本，实证发现研发税收抵免显著促进了企业创新产品的产量。徐伟民等（2011）发现政府资助和税收减免政策显著提高了上海市高新技术企业专利产出能力，但政府资助和税收减免政策存在一个“门槛效应”。白俊红、李婧（2011）和秦雪征等（2012）发现科技支持项目显著提高了企业的研发资金使用效率以及技术与管理人员的边际创新生产率。

政府的创新政策不仅可以直接将经济资源注入微观企业，转嫁高科技公司创新风险水平，而且可以有效促进市场生产要素和经济资源流向微观企业的研发活动。例如，王刚刚、谢富纪等（2017）发现，政府创新补贴可以向资本市场释放技术认证和监管认证的双重信用认证信号，提升了投资者信心，使公司获得更多外部融资。政府创新补贴引导高科技公司自主创新，改进生产工艺或采用新技术，开拓新市场，使高科技公司获取并保持市场竞争力。可见，政府创新补贴可以通过聚集生产要素、提升研发能力、改进工艺和技术等途径，使高科技公司获得新的竞争优势，进一步提升其全要素生产率。

但仍有部分学者对政府支持资源的配置效率产生质疑。Faccio et al.（2006）认为处于财务困境的公司可能利用政治关联获取政府补助，“寻租行为”降低了政府补助资金使用效率。Bergström（2000）和潘越、戴亦一等（2009）发现补贴资金只会在当年对企业带来正面效应，补贴资金使用效率低下。Tzelepis and Skuras（2004）发现，政府补助对推动希腊公司的效率与获利能力没有显著作用。陈晓、李静（2001）认为，地方政府对上市公司进行大范围的税收优惠和财政补贴，激化了地区间的税务竞争，扭曲了会计信息。朱平芳等（2003）的研究显示，政府研发资助对专利产出的影响并不显著。顾颖、房路生（2006）认为政府支持中小企业政策的初衷与实际效果之间存在严重的错位现象。邹彩芬、许家林等（2006）发现税收优惠政策对农业行业上市公司产出并无明显效应，而直接财政补贴政策的副作用是显著增加了企业的偿债能力。唐清泉等（2007）认为，政府利用公共资源补贴特定企业，不利于形成公平的市场竞争环境，无助于提高企业竞争能力和长期经营业绩。余明桂等（2010）指出，基于政治关联获得的财政补贴会扭曲社会稀缺资源配置的整体效率水平，并未显著提高企业绩效。

部分学者对政府研发研发支持资源配置效率的态度更为中性。例如，高松等（2011）认为，在不同阶段的企业生命周期中，政府直接资助金额与科技型中小企业所需要的资金额之间的缺口存在很大差异，导致政府资助效应对处于不同企业生命周期企业存在较大差异。任国良等（2013）认为，一个地区有权对区域内企业进行研发补贴的部门可能有企业局、工商管理局、发展与改革委员会、中小企业局、生产力促进委员会、经发局等，部门之间的研发政策、规定、暂行办法、条例等名目繁多，却往往存在很多漏洞，况且政策之间经常存在很大的冲突，更不能期望它们达到协同优化的效果。吴翌琳、谷彬（2013）认为财政补贴与税收支持政策的协同性较差，创新政策支持必须跨越“门槛”，才能实现预期效果。

在实现创新政策执行过程中，政府部门与高科技公司之间存在较大程度的信息不对称问题，这将产生科技公司的道德风险问题。公司获得创新补贴后，并未将补贴资金用于研发活动或用于真正的研发创新，国内科研资金挪作他用的事件时有发生。这表明目前高科技公司技术创新中存在较高的代理成本，中国政府的科研资金有可能并未激励公司技术创新活动。基于资源诅咒理论，资源禀赋丰富的公司在技术创新效率和经营业绩等方面的表现并不一定强于资源禀赋较差的公司，资源集中过度会阻碍公司进行创新活动，也降低其创新效率（袁建国、后青松等，2015；Duran，Kammerlander et al.，2015）。其实多数情况下，只有面临较高破产风险时公司才会有动力付出更多努力来提高生产率（邵敏等，2012），这就意味着多数情况下，公司获得政府创新补贴后可能不会或很少投入研发项目，缺乏提升 TFP 的动力。最新文献发现，政府创新补贴政策只能激励企业的策略性创新，企业通过多种方式同政府部门博弈，获取公司私人部门利益后并未进行高质量的创新活动（黎文靖等，2016；罗雨泽、罗来军等，2016）。

此外，鲜有文献关注政府研发支持的信号传递效应。Feldman and Kelley（2006）和郭晓丹、何文韬等（2011）认为，政府研发补贴除了能够解决企业研发资金缺口问题，还会向外部释放利好信号，获政府研发补助的企业更容易获得其他渠道的资金支持，产生政府研发补贴的信号效应，对外部投资者产生认证效应，这有利于提高投资者在信息不对称条件下投资项目的决策效率率（Meuleman and De Maeseneire，2012；王刚刚等，2017）。Feldman et al.（2006）发现，研发补贴能够显著地提高企业获得不同来源融资的可能性。Colombo et al.（2013）发现科技型中小企业的投资水平在获得政府研发补贴第二年会明显上升，并且企业融资约束水平会下降。

三、研究文献评述

目前，国内外学术界已普遍认同政府研发支持的必要性，且越来越多的国外文献考虑了政府研发支持对象选择的偏误问题，但仍未发现能够较全面、综合地考虑政府研发支持资源配置因素的文献。其实，政府创新补贴分布是有偏的（非随机），目前在国内评价政府创新政策效应的文献中，仍有部分学者未能广泛地考虑样本选择偏误、双向因果所产生的内生性问题。在政府研发支持资源配置效率方面，现有文献主要集中在考察政府研发支持对企业研发支出、创新产出和技术效率的影响，仍未达成一致研究结论。目前国内外学者对政府研发支持资源配置的研究仍不全面，仍缺少从财务视角较为细致、深入地探讨政府研发支持资源配置效率的文献。

尽管多数现有实证研究重点关注政府研发支持对企业研发投入的影响，但是长期以来，人们习惯于用研发投入和专利数据来反映创新绩效，这存在一定局限性（陆国庆，2011）。目前多数文献对政府创新补贴政策效应的层次性分析不够，尽管现有实证研究重点关注其对企业研发投入的影响，但并不是所有的技术创新投入都会提高企业绩效，项目终止、研发成果不可转化、研发成果重复、未被投入商业经营或商业经营宣告失败都会导致研发投资得不到正常回报（陈岩、张斌，2013）。当原始创新产出可以被同行竞争者低成本地侵权模仿时，技术创新不能有效提升创新企业的绩效（Koellinger，2008）。从现实意义讲，研发只能作为一种途径，而不是最终目标。在微观企业层面，研发活动的最终目标是提高绩效水平（生产力、盈利能力和创新程度）（任国良等，2013）。因此，有必要在研究科技型中小企业研发投入和产出的基础上，从财务视角考察政府研发支持资源的配置效率，但此类文献在国内尚不多见。

针对政府研发支持资源配置的研究，可能由于数据搜集上的困难，国内学者或单纯进行理论分析，或仅仅根据企业是否获得政府研发支持设置虚拟变量，并未充分考虑支持强度（支持强度 = 支持资金/公司规模）的差异效应。一般地，政府研发支持可采取多种形式并且具有一定的政策时滞效应，但国内考虑政府研发支持种类和支持期限的相关经验研究证据仍十分少见。国内学者在讨论政府研发支持时，大多仅讨论中央财政支持资金而忽略了各级地方政府配套支持资金的效应。此外，中小企业融资约束、公司治理、全要素生产率和外部知识产权保护问题一直备受学界关注，目前绝大多数国内外学者在研究政府研发支持政策效应时并未专门考虑这些重要因素。

第三章　制度背景与相关理论

企业是技术创新的重要主体。改革开放以来[①]，我国政府更加重视对企业研发活动的支持。我国政府干预企业研发的政策工具主要有科技计划、技术创新基金、财政金融政策、税收优惠等（解维敏等，2009；吴文锋等，2009；熊维勤，2011；刘虹等，2012；秦雪征等，2012）。本章中笔者搜集并整理相关文献资料，总结我国政府研发支持的政策制度发展历程。具体而言，首先按照政府直接研发支持和间接研发支持分类，介绍了改革开放以来政府研发支持政策的制度变迁过程及各项支持政策的管理制度；然后总结了我国企业研发支持呈现的新情况和新趋势，为本书讨论不同类型和期限政府研发支持的政策效应差异提供制度分析。

一、制度背景

自1978年改革开放以来，中国经济保持近40年的高速增长，在取得经济社会发展瞩目成就的背后，我们不可否认中国仍处于经济转型期，经济增长模式正面临由要素粗放型驱动向创新驱动发展模式转变的重要机遇期。近年来，中国各级政府不断加大对科技创新支持力度，国家财政科技支出持续增加，2015年国家财政科学技术支出7005.8亿元，比上年增加551.3亿元，增长8.5%。但是关于国家巨额科研经费的可能被浪费的讨论已引起媒体关注，例如张维迎在博鳌论坛2014年年会曾公开表示，“很多企业申请政府补贴，并未真正地创新”；2016年《中国青年报》[②] 报道科研经费浪费现象普遍，很难全部用于研发活动。

① 改革开放前，我国科技创新活动主要由政府部门主导完成，本书主要讨论改革开放后我国政府研发支持的制度背景。

② 《中国青年报》，2016-01-26（02）。

党的十八届五中全会明确提出，坚持创新发展，必须把创新摆在国家发展全局的核心位置。形成创新驱动力需要有效的市场和有为的政府共同作用。科技型中小企业是中国自主创新的重要主体，代表着中国企业技术创新的较高水准。高科技公司是否有效利用来自政府的巨额创新补贴？政府创新支持政策对科技公司财务活动具有何种影响？这些是政策制定部门和高科技公司必须关注的重要问题。这种背景下，如何有效提高政府创新补贴的使用效率和科研成果转化能力，使创新投入转化为最终价值，已经成为政府、企业和学界重点关注的领域之一。

我国财政激励政策主要包括企业研发补贴、企业研发加计扣除和高技术企业税收减免。研发补贴是政府为支持企业研发活动而对有研发活动的企业给予一定额度的资金支持；研发加计扣除税收减免是在企业会计年度末对企业实施的税收优惠政策；高技术企业税收减免虽然也属于税收优惠政策，但更是一种针对研发成果的奖励，相应的激励制度和惩罚制度健全，税收减免力度很大（张玉、陈凯华等，2017）。

政府财政激励政策属于外部环境影响因素。从政策机制看，政府财政激励政策主要包括研发补贴和税收优惠，两者在政策实施范围和过程以及激励机制方面差异巨大。研发补贴是一种直接经济补助，指政府在一定时期内根据需要，对特定的地区、产业、部门、企事业单位研发活动提供一定数额的财政补助资金。税收优惠，则是一种间接形式补助，是政府通过税收手段给特定的课税对象、纳税人或地区的税收激励和照顾措施，直接体现为应纳税额的减少（张玉等，2017）。

在经济转型背景下，中国的市场因素和制度环境等均发生深刻变化。转型经济体的政府主导地位尤为突出，日本经济的战后崛起就是很好的例证（Porter，1990）。作为发展中国家，转型经济体为了应对来自发达国家的创新竞争压力，有很强的动机实施创新追赶战略（张杰、高德步等，2016），但是政策制度环境和技术创新政策管理水平对政府创新补贴政策效应至关重要。中国作为典型的转型经济体，各科技计划（专项支持、创新基金等）设立时期跨度差异较大，顶层设计和总体统筹考虑不够，项目资金管理专业化水平欠缺。财政补贴管理不到位的现象频发，表现为补贴资金投向、补贴对象交叉的问题突出，违规补贴层出不穷（魏志华等，2015）。

政府控制是经济转型国家的重要特征（代光伦、邓建平等，2012）。目前中国的创新支持政策多数是政府主导的“选择性产业政策”，导致企业为获取更多政府补贴进行“策略性”创新，力求“快”不求“好”，只求“量”不求“质”（黎文靖等，2016），很可能存在政策激励的扭曲效应所带来的“专利泡沫”以及“创新假象”（张杰等，2016）。在转型经济背景下的中国，企业的国有股份和非国有股份占比发生了显著变化，这为研究不同产权性质公司的研发活动和效率的变化提供了良好环境（杨洋、魏江等，2015；Boeing，2016）。此外，中国东中西部区域间差别较大，特别是资源禀赋、地理条件和经济基础的差异更大；三大地区间研发投入强度、研发要素集聚程度差别也较大（邹文杰，2015；Boeing，2016），研发能力和技术引进表现出了不均衡的特征（吴延兵，2008）。

政府主导的技术创新政策效应很大程度上受制于各种制度环境因素。已有部分文献尝试关注中国转型经济的特征，主要包括市场化程度、知识产权保护（张杰、陈志远等，2015）、要素市场扭曲（杨洋等，2015；代光伦等，2012）等。规制俘获理论（Stigler，1971；Hellman，Jones et al.，2003）认为，转型经济体的企业通过贿赂政府官员等方式建立不正当的政商关系，优先获得政府创新政策利益。这是因为与西方发达经济体相比，转型经济国家法律、经济、金融等制度尚不健全（Hellman et al.，2003；张杰等，2015；安舜禹、蔡莉等，2014），政府官员对补贴资源配置具有更大的自由决策权。企业的寻租行为在转型经济体更为普遍和突出（Krueger，1974；Faccio et al.，2006；魏志华等，2015）。

探讨政府创新补贴对企业研发活动的影响，应当特别强调转型经济制度环境的独特之处，否则这类研究就变为OECD国家情境下所做研究的重复，其得出的结论未能做出应有的贡献（杨洋等，2015）。不可忽视，各项制度因素在中国经济转型的过程中正发生显著的动态优化，中国转型经济这一特殊背景为在不断改善的制度环境中探讨政府创新政策效应提供了条件，这可以更加清晰地阐释制度因素在转型经济体创新政策改革中的作用。

二、政府研发支持政策

（一）直接研发支持政策

直接研发支持是政府促进企业研发活动最直接的政策工具，指明了资金使用用途、有明确项目的各类研发支持资金（唐清泉等，2008）。目前我国直接政府研发支持主要是来自中央及各级政府的财政预算资金，需要符合申请条件的企业根据企业科技研发项目向政府主管部门提交申请材料，相关部门组织专家完成项目评审，并及时对研发项目进行中期、结项评审，扶持资金一次性或分批拨付给研发企业。主要包括财政拨款、贷款贴息、风险投资等多种资助形式。目前国内直接支持项目较多，笔者按照政策出台时间先后顺序，介绍影响力较高的部分项目。

1. 国家科技支撑计划

我国于 1983 年开始实施第一个国家级科技计划——国家科技攻关计划[①]，这也是迄今为止中国科技计划中累计投资最大、投入人员最多、在国民经济中影响最大的科技计划。该计划主要涉及农业、电子信息、能源、材料等国民经济和社会发展中关键性和综合性的领域[②]。主管部门就支持计划资金管理多次出台规定。2011 年 9 月，国家科技部、财政部联合下发《关于印发国家科技支撑计划管理办法的通知》（国科发计〔2011〕430 号）[③]，就科技计划支持申请立项、实施与监督检查和项目验收均作了明确严格的规定。例如，项目组织单位负责项目的具体组织实施工作；支撑计划项目实行年度报告制度；按照项目批复要求和课题任务书进行检查和督促，以确保项目（课题）按计划执行；对于项目（课题）申请、评审、执行和验收过程中发现的弄虚作假、徇私舞弊、剽窃他人科技成果等科研不端行为，以及违规操作或因主观原因未能完成课题任务并造成损失的科研单位或个人，一经查实，视情节轻重给予通报批评、终止项目（课题）任务并追回专项经费、取消其一定时期内申请国家科技计划任务的资格等处理；构成违纪的，由纪检监察部门依照有关规定对其给予行政（纪律）处分。

2. 星火计划

1985 年 7 月，国务院正式发出《关于安排第一批“星火计划”项目的通知》，这是主要面向农村经济的指导性科技开发计划。2002 年 1 月，科技部重新修订《星火计划管理办法》[④]，第 14 条中也明确规定科技部对星火示范区和星火重点企业依据有关办法进行定期考评：考评合格者，继续予以支持；考评不合格者，取消相应资格。对申报、审批、实施管理和验收面上项目的程序均作了

① 2006 年前被称作“国家科技攻关计划”。

② http：//chinaabc. showchina. org/zgkj/jbqk/200701/t104895. htm.

③ http：//www. most. gov. cn/tztg/201109/t20110916_89660. htm.

④ http：//www. most. gov. cn/fggw/zfwj/zfwj2002/200512/t20051214_54965. htm.

严格的规定。省、地、县各级所属科技行政主管部门负责制定本级星火计划项目的管理规章制度。国家财政支持经费要严格做到专款专用，确保资金高效使用。科技部星火项目办公室将对重点项目进行不定期的检查，对严重违反项目任务书并在指定期限内未能予以纠正的，科技部将撤销项目，追缴国家财政支持经费。各省科技厅也根据地区发展特点制定了相应科技支持管理办法，例如《浙江省星火计划管理办法》①。

3. 高技术研究发展计划（简称863计划）

1986年3月，王大珩、王淦昌等4名中科院院士联名提出“关于跟踪研究外国战略性高技术发展的建议”。在朱光亚极力倡导下，邓小平做出“此事宜速作决断，不可拖延”的重要批示。在充分论证的基础上，1986年3月，党中央、国务院果断决策并启动“高技术研究发展计划（863计划）”。863计划共设有生物、航天、信息、激光、自动化、能源、新材料、海洋8个领域的20个主题。经过30多年的发展历程，863计划管理制度不断完善，科技部联合其他部门先后出台多项管理办法，主要有《国家高技术研究发展计划（863计划）管理办法》② 和《国家高技术研究发展计划（863计划）专项经费管理办法》③。科技部和总装备部是863计划的组织实施部门，并下设多个职能监督管理部门，主要包括863计划联合办公室、各领域办公室和计划专家委员会等。

管理办法明确规定，要加强对经费使用的监督检查，计划经费独立核算、专款专用。对于在申请、评议、评审、评估、检查、执行和验收过程中发现的弄虚作假、徇私舞弊行为，以及违规操作或因主观原因未能完成合同规定的任务并造成重大损失者，863计划实行责任追究制度。情节较轻的，公开通报直接责任者，终止相关项目（课题）合同，清理账目与资产；情节较重的，在一定时期内，取消直接责任者承担863计划任务的资格；构成违纪的，建议相关管理部门对直接责任者给予行政（纪律）处分。

4. 电子信息产业发展基金

1986年国务院批准实施电子信息产业发展基金，该基金研发支持形式主要包括无偿资助、贷款贴息和风险投资，专项资金主要涉及电子信息产业领域（软件、集成电路产业，以及计算机、通信、网络、数字视听、新型元器件等）

---

① http：//www. zjkjt. gov. cn/news/node03/detail0304/2004/0304_2421. htm.

② http：//www. 863. gov. cn/news///3536. htm.

③ http：//www. 863. gov. cn/news///3537. htm.

的技术和产品研发。由信息产业部[①]和财政部共同管理，下设管理单位（包括项目审查委员会和基金管理办公室）。相关管理制度不断完善，2007 年两部委专门出台《电子信息产业发展基金管理办法》（财建〔2007〕866 号）[②]。办法规定，严格按照专家评审成绩择优支持，基金项目实行合同制管理，财政部、信息产业部按照职责分工对电子发展基金使用管理实施监督检查、跟踪问效，并委托社会中介机构对项目实施及资金使用管理情况进行不定期检查，对违规负责人直接进行问责。

5. 火炬计划

中国于 1988 年 8 月启动最重要的高技术产业计划——火炬计划。该计划旨在组织实施一批具有先进技术水平、国内外市场及经济效益好的高技术产品开发项目，探索适应高技术产业发展的管理体制和运行机制。该项目重点支持高新技术领域，主要涉及新型材料、生物技术、电子信息、技术机电一体化及新能源与节能技术等[③]。2001 年，科技部颁布《国家级火炬计划项目管理办法（试行）》[④]，其将国家级火炬计划项目分为一般项目和重点项目，在跟踪管理与服务方面将国家级火炬计划项目统一纳入省、市科技行政管理部门的管理渠道。国家级火炬计划的经常性跟踪管理工作主要由省、市科技行政管理部门负责。国家级火炬计划项目在项目验收方面规定，项目达产后都要按有关规定进行验收。

6. 新产品计划

新产品计划自 1988 年开始启动，其主要目的是实现我国产业结构调整和产品升级。为加强计划支持资金管理和使用效率，1997 年国家科委会同国家税务总局等部门下发了《国家重点新产品计划管理办法》（国科发计字〔1997〕503 号），规定经费严格按照规定管理，专款专用；各地方科委和各部门科技司（局）应加强跟踪和管理新产品计划进展状况，特别要加强引导和监督支持计划的重大项目；每年 6 月 30 日前将上一年度新产品工作情况及重大项目的实施情况报送国家科委。

7. 国家重点基础研究发展计划（简称 973 计划）

1998 年国家开始组织实施该项计划，主要涉及农业、能源、信息、资源环

① 现为工业和信息化部。

② http：//www. miit. gov. cn/n11293472/n11295006/n11297142/11722118. html.

③ http：//chinaabc. showchina. org/zgkj/jbqk/200701/t104895. htm.

④ http：//www. edu. cn/kai_fa_plan_1144/20060323/t20060323_3736. shtml.

境、人口与健康、材料等领域的重大科学问题，主要提供解决问题的理论依据和科学基础。2011 年，科技部和财政部对《国家重点基础研究发展计划管理办法》（国科发计字〔2006〕330 号）进行修订，下发《关于印发国家重点基础研究发展计划管理办法的通知》（国科发计〔2011〕626 号），明确规定项目申报对象为中国大陆境内注册法人资格的科研院所、高等院校、企业等。项目支持计划通常需要经过初评、复评、进入备选项目库和综合咨询等步骤；项目实施实行年度报告制度和中期评估制度；项目实施期满或终止执行应进行结题验收。

8. 科技型中小企业技术创新基金

1999 年国务院正式批准设立政府基金用于专项扶持和引导科技型中小企业技术创新活动，主要支持方式包括无偿拨款、贷款贴息等。科技部和财政部出台《科技型中小企业技术创新基金项目管理暂行办法》（国科发计字〔2005〕60 号）[①] 和《科技型中小企业技术创新基金财务管理暂行办法》[②]。科技部科技型中小企业技术创新基金管理中心为实施主管部门。严格遵守国家有关法律、行政法规和相关规章制度管理和监督创新基金的使用，确保创新基金诚实申请、公正受理、科学管理、择优支持、公开透明、专款专用。创新基金项目实行合同管理制。项目承担企业应按要求定期填报监理信息调查表（半年报、年报）；管理中心根据企业定期报表、地方监理意见、实地检查结果等，提出项目执行情况分析报告，做出项目综合评价。

9. 国家国际科技合作专项

为更好统筹、整合中国产学研的科技力量，有效利用全球科技资源，提高科技创新能力，开展广泛的国际科技合作与交流，共同推进全人类科技进步，2001 年我国政府设立国家国际科技合作专项（简称国合专项）[③]。2011 年科技部和财政部联合印发《国家国际科技合作专项管理办法》（国科发外〔2011〕376 号）[④]，明确规定了主管部门、组织（推荐）部门、项目承担单位和项目过程管理机构等相关单位和人员的权责，国合专项管理采取项目问责制。同时采用战略评议与技术论证两级评选机制进行评审；国合专项项目也实行年度报告制度对项目后续实施和进展情况进行监督管理；对项目资金违规使用、执行不力、无法通过验收责任主体，取消其一定时期内申请国家科技计划任务的资格，并

① http://www.innofund.gov.cn/2/jjwja/201403/513b9e0ab70840e8bca0a97bf0d7b130.shtml.

② http://www.most.gov.cn/tjcw/tczcwj/200708/t20070813_52395.htm.

③ http://www.istcp.org.cn/intro.html.

④ http://www.most.gov.cn/fggw/zfwj/zfwj2011/201110/t20111017_90301.htm.

计入信用档案。

10. 中小企业发展专项资金

中小企业发展专项资金（以下简称专项资金），主要采取无偿资助、阶段参股、风险补助和投资保障等方式，安排专项资金重点支持电子信息、光机电一体化、资源与环境、新能源与高效节能、新材料、生物医药、现代农业及高技术服务等领域中小企业的科技创新活动。财政部等部门 2014 年修订的《中小企业发展专项资金管理暂行办法》（财企〔2014〕38 号）[①] 明确指出，专项资金采用无偿资助方式，在省级设立相关主管部门，主要负责筛选和核实创新项目，确保申报材料真实性和项目质量。相关地方主管部门（中小企业主管部门、科技主管部门和商务主管部门）会同财政部通过多种方式（跟踪管理系统、专家评审制度等），对申请项目进行评审论证；定期或不定期监督检查专项资金的使用情况，确保专项资金用于规定的支持方向和项目。对违规使用、骗取资金的项目单位，取消其三年内申请专项资金资格，并依照《财政违法行为处罚处分条例》等有关处罚规定进行严肃处理。

（二）间接研发支持政策

2013 年 12 月 10 日，习近平在中央经济工作会议上的讲话中强调，政府要做好加强知识产权保护、完善促进企业创新的税收政策等工作。税收政策是我国目前促进企业科技创新活动的重要工具之一。间接研发支持并未指明资金使用用途，主要包括税收优惠政策（唐清泉等，2008），与直接资助不同，税收优惠一般是用于纠正市场提供技术创新产品这类准公共产品时的不足和低效率，从而改善技术创新资源的配置条件（胡明勇等，2001）。相比直接政府研发支持，间接政府研发支持无须政府单独拨付财政资金，更能表现出政府预算软约束，审批要求更低，一般是采取法律法规的形式，覆盖企业数量较少，符合其规定的企业都能享受优惠（胡明勇等，2001）。税收优惠较为中性，对市场扭曲较小，更可以看作是对成功创新给予的奖励（李浩研等，2014）。目前国内税收制度主要包括企业所得税和流转税，笔者仅以企业所得税和增值税为例总结相关企业研发税收优惠的制度变迁。

1. 所得税优惠政策

所得税优惠是我国对科技型企业支持的重要政策工具，主要有税收抵免、

① http：//www.miit.gov.cn/n11293472/n11293832/n12843926/n13917012/15956192.html.

税收扣除、特别税率减免、延期纳税和加速折旧等方式（李浩研等，2014）。财政部、国家税务总局《关于企业技术创新有关企业所得税优惠政策的通知》（财税〔2006〕88号）规定，自2006年1月1日起，国家高新技术产业开发区内新创办的高新技术企业，自获利年度起两年内免征企业所得税，免税期满后减按15%的税率征收企业所得税[①]。在高新技术企业的税收优惠政策方面，2008年实施的《中华人民共和国企业所得税法》及《实施条例》规定，高新技术企业是国家重点扶持对象，减按15%的税率征收企业所得税（熊维勤，2011）。针对特定科技行业发展需要，政府部门也制定相关所得税优惠政策。例如，2011年国务院出台《进一步鼓励软件产业和集成电路产业发展的若干政策》（国发〔2011〕4号），规定自获利年度起，认定的科技企业可享受企业所得税“两免三减半”[②]或“五免五减半”[③]优惠政策。

除税率优惠外，还有对应纳税所得额的优惠政策，即税前扣除项目优惠。根据《关于企业技术创新有关企业所得税优惠政策的通知》（财税〔2006〕88号），可以按规定予以税前扣除企业研究开发新产品、新技术、新工艺过程的技术开发费，实际发生的技术开发费年度总额中当年不足抵扣的部分，可在以后年度的企业所得税应纳税所得额中结转抵扣。在加速折旧方面，2006年1月1日以后企业新购进的用于企业研究开发的仪器和设备可以在所得税税前扣除或采用加速折旧方法[④]。国家税务总局印发的《企业研究开发费用税前扣除管理办法（试行）》（国税发〔2008〕116号）规定，研发费用计入当期损益未形成无形资产的，允许再按其当年研发费用实际发生额的50%，直接抵扣当年的应纳税所得额；研发费用形成无形资产的，按照该无形资产成本的150%在税前摊销。企业向税务主管机关申报的研究开发费用不真实或者资料不齐全的，不得享受研究开发费用加计扣除，主管税务机关有权合理调整企业的申报结果。

2. 增值税优惠政策

为促进我国企业研发活动，政府部门相继出台了系列针对企业增值税抵扣的政策措施。例如，按照国务院发布的《鼓励软件产业和集成电路产业发展的

---

① http：//www. mof. gov. cn/zhengwuxinxi/caizhengwengao/caizhengbuwengao2006/caizheng-wengao200611/200805/t20080519_24665. html.

② 自获利年度起，第一年至第二年免征企业所得税，第三年至第五年按照25%的法定税率减半征收企业所得税。

③ 自获利年度起，第一年至第五年免征企业所得税，第六年至第十年按照25%的法定税率减半征收企业所得税。

④ 单位价值在30万元以上的，允许其采取双倍余额递减法或年数总和法实行加速折旧。

若干政策》（国发〔2000〕18号）的规定，对增值税一般纳税人销售其自行开发生产的软件产品（集成电路产品），2010年前按17%的法定税率征收增值税，对实际税负超过3%（6%）的部分即征即退，符合条件的进口设备、技术及配套件（自用），可免征关税和进口环节增值税。财政部、国家税务总局2008年2月联合下发《关于企业所得税若干优惠政策的通知》，软件企业（含集成电路企业）可以享受增值税即征即退政策；2010年7月，财政部、科技部等部门下发《关于科技重大专项进口税收政策的通知》（财关税〔2010〕28号）和《科技重大专项进口税收政策暂行规定》[①]，指出承担科技重大专项项目（课题）的企业等其他项目承担单位使用中央财政拨款、地方财政资金、单位自筹资金以及其他渠道获得的资金进口所需国内不能生产的关键设备（含软件工具及技术）、零部件、原材料，免征进口关税和进口环节增值税。

以上讨论的各类科技型企业税收优惠政策均要求企业达到特定条件，企业在申请科技企业认定资格时存在提供虚假材料均会受到处罚。根据《国家规划布局内的重点软件企业认定管理办法（试行）》（计高技〔2001〕1351号），国家规划布局内的重点软件企业实行年审制度[②]，提供虚假材料或内容、数据骗取资格的，中国软件协会将中止其认定申请，并报主管部门备案，严禁其3年内再次申报国家规划布局内的重点软件企业相关资格，已获得认定的撤销其国家规划布局内重点软件企业资格。《高新技术企业认定管理办法》（国科发火〔2008〕172号）[③] 规定，从建立的高新技术企业认定评审专家库中随机抽取专家审查企业申报材料，公开透明地发布高新技术企业认定意见。在申请认定过程中提供虚假信息，有偷、骗税等行为的“高新技术企业”，一经发现，立即取消其高新技术企业资格，资格认定部门在5年内不再受理该类企业的相关申请。此外，国务院曾多次出台规范科研资金管理意见办法，国务院2014年出台《国务院关于改进加强中央财政科研项目和资金管理的若干意见》（国发〔2014〕11号）[④]；地方政府部门的科技型企业认定管理办法也均对企业提供虚假材料骗取科技型企业资格认定做出明确规定，例如《北京市高新技术企业认定管理工作实施方案》和《上海市高新技术企业认定管理实施办法》（沪科合〔2008〕第025号）。

---

① http：//www.chinatax.gov.cn/n810341/n810765/n812161/n812554/c1085104/content.html.

② 经批准年审合格的企业，其重点软件企业认定书上加盖年审合格章；年审不合格的企业，当年不再享受10%的所得税优惠政策。

③ http：//www.most.gov.cn/fggw/zfwj/zfwj2008/200804/t20080428_61006.htm.

④ http：//www.gov.cn/zhengce/content/2014-03/12/content_8711.htm.

三、研发支持政策特征

目前，我国政府针对企业研发的诸多问题（投入不足、科技成果难以转化等），制定了具有针对性的系列政策。通过本章所讨论的内容，可以将目前国内政府研发支持政策特点总结为以下几方面：

一是中央主导，地方配套。我国各级政府越来越注重对企业研发活动的支持。在科技型中小企业各类研发支持计划和优惠政策中，中央财政预算一直处于主导地位；各级地方政府为鼓励本地企业技术创新，根据地方财政状况制定系列配套政策措施，促进科技型中小企业技术创新的政府合力一定程度上不断提升。二是分门别类，公开公平。我国政府为支持企业研发不断推出国家层面和区域范围的直接支持计划和间接优惠政策。在各类研发支持资源分配中兼顾公平和效率，确保有限的研发支持资源达到尽量高效的配置。在项目申请、审批和追踪管理过程中对相关信息事项公开披露，不断提高研发支持政策的市场透明度，增强研发支持政策的信号效应。三是特色鲜明，重点突出。研发支持计划和税收优惠政策均是针对特定领域或具体研发行为，突出支持目的，培育重点研发项目，发展特色优势产业，形成政策吸引力，确保政策最大限度地调动企业研发积极性。四是制度改善，管理严格。直接和间接研发支持政策均具有较为完善的管理制度，对获得研发支持企业资格认定做了详细规定，对弄虚作假、伪造材料骗取支持的企业做了明确的处罚规定，形成良好的震慑力，提升政府研发支持外部治理效应。

同时也存在一定问题，各科技计划（专项、基金等）设立时期差异大、数量多，管理部门较多，顶层设计和统筹考虑不够，各管一块，各管一段，项目资金安排追求“小而全”和“大而全”。科技计划目标发散、资源配置分散、创新链条脱节，事前审批和事后监管力度存在一定差异。政府与企业间信息不对称程度较高，政府补贴存在事前逆向选择（申请补贴时）和事后道德风险（获得补贴后）。政策制定者无法识别企业内部信息或纵容企业信息作假，企业很可能通过欺骗获得政策优惠，从而削弱政府补贴激励效应（邵敏等，2012；安同良、周绍东等，2009）。综合比较两类企业研发支持政策，不难发现，间接政府研发支持在具体实施过程中（申请、审批、后续管理和处罚等方面）并未像直接支持政策那样严格，尽管税收优惠审批也通过一些硬性指标提供执行标准，但很多直接通过柔性条件操作或者可用柔性条件替代，政府官员在决定企业享受税收优惠政策上具有很大的支配权力和决策空间（吴文锋等，2009）。为此，笔者将对两类研发支持的效应差异做进一步检验。

目前中国创新支持的相关正式制度仍未建立，政府官员在决定公司享受创新补助上具有很大的支配权力和决策空间（魏志华等，2015；余明桂等，2016），在配置每年巨额的创新补助经费的过程中，很容易造成利益勾连，形成寻租地带。政府部门也在不断探索新的研发资助方式，资助方式的变化会对公司技术创新活动产生实质性影响。

为加快形成科学合理的科技创新支持体系，2013 年财政部、科技部联合发布《国家科技计划及专项资金后补助管理规定》，将后补助机制引入国家科技计划及专项资金管理。所谓后补助，是指从事研究开发和科技服务活动的单位先行投入资金，取得成果或者服务绩效，通过验收审查或绩效考核后，给予经费补助的财政资助方式。

后补助机制可以有效地筛选出具有较高创新实力的公司，鼓励和引导公司按照国家战略和市场需求先行投入研发项目。政府部门按照项目任务书约定程序组织验收，不再参与项目实施过程中的管理，也不再进行财务验收。这种以“创新产出”为导向的绩效考核评价方式的鲜明特点在于，淡化对科研经费使用过程的监管，且明确规定经核定拨付的事后补助资金由项目承担单位统筹安排使用。后补助政策规定申请单位根据自身基础条件和研究实际需要编制项目预算，要求真实反映与相关研究内容直接相关即可，开支范围相对灵活。可见，后补助政策关于创新补助资金使用的核心规定发生了实质性变化。

四、相关理论基础

国外学者一般认同政府对中小企业的支持政策，并尝试提出多种理论解释中小企业政府支持的必要性。主要包括利益相关者理论、国家创新体系理论和市场失灵理论等。

（一）利益相关者理论

主要代表学者 Edward Freeman and Evan（1990）和 Mitchell，Agle et al.（1997）认为，在现代市场经济中，企业的本质正是各个利益相关者（股东、债权人、管理层、雇员、供应商、客户及政府等）所缔结的“契约集合”。企业同各利益相关者之间存在长期合作与博弈。政府同企业之间存在着密切的社会和政治利益关系。例如，第二次世界大战后英国政府为创造就业机会和降低失业率，对劳动密集型的制造业企业进行了很大力度的资本补贴和人工补贴（Harris，1991）。

国内学者陈晓等（2001）和崔学刚（2004）认为地方政府给予当地上市公司种种补贴优惠，无非是出于地方政府政绩和地方经济发展的考虑。王凤翔、陈柳钦（2006）将地方政府提供补贴的动机概括为：（1）实施地区产业发展政策的需要；（2）促进地区经济发展，提升经济发展速度；（3）增加地方就业，维持地区经济稳定；（4）增加地方财政收入等。目前中央政府地方政绩考核机制过于重视 GDP 指标，地方政府官员为贯彻中央政策意图而获得更多的政治利益，制定相应扶持措施，重视发展本地企业（周黎安，2004；张祥建、郭岚，2010；李元旭、宋渊洋，2011）。

（二）国家创新体系理论

OECD 发表了《1996 年科学、技术和产业展望》科技部 1997 年 2 月翻译出版），强调“知识网络”与“国家创新体系”在知识经济中的重要性。书中将“国家创新体系”定义为：“创新是由不同参与者和机构的共同体大量互动作用的结果，把这些看成一个整体就称作国家创新体系，日益明显的趋势是，这些创新体系正在扩展超出国界而变为国际性的。从本质上看，创新体系是由于存在与企业、政府和学术界的关于科技发展方面的相互关系与交流所构成的。在这个系统中，相互之间的作用直接影响着企业的创新成效和整个经济体系。”

政府主导学派主要代表人物，Freeman（1987）在研究日本战后经济发展奇迹后，发现日本在战后技术落后的情况下，政府通过引进、消化、吸收直接主导技术创新活动，仅用了几十年的时间便发展成为工业大国，这说明国家在推动技术创新中扮演十分重要的角色。他认为，在一国的经济发展和追赶、跨越过程中，仅仅依靠自由竞争和市场调节是不够的，需要政府提供一些公共产品，从国家发展战略视野出发优化一国资源配置，推动产业和企业的技术创新，企业创新在某种程度上已经演变成为一种国家行为。Porter（1990）发表了《国家竞争优势》并认为政府是塑造国家竞争优势的重要外部因素，政府应当积极激发企业技术创新的积极性，只有通过激发企业创新活力，才能形成国家产业竞争优势。国家应当从长远发展角度为企业提供产业发展扶持（补贴、税收、立法等），创造要素条件和需求条件等，促进企业形成持续竞争力。

国内学者王春法（1999）认为综合国力竞争，实际上就是国家科学技术实力和技术创新能力的竞争。以企业为主体的技术创新体系已演变成为以国家为主体的国家创新体系。为保证实现国家目标和系统整体有序，政府应当制定科技和产业政策、法律法规，使用资源配置以及必要的行政手段（路甬祥，2002；傅利平，2002）。国家创新体系是一个国家促进创新的网状结构，包括众多创新行为主体也需要各主体之间有效互动，更不能忽视政府协调及政策的重要角色（徐晓雯，2010）。国家创新体系理论强调国家在推动创新与竞争中的不可代替作用，并强化国家与政府行为在实际中的主导作用（项后军，2004）。

（三）市场失灵理论

1. 研发市场失灵理论

20 世纪 30 年代，西方资本主义国家的经济出现大萧条，经济学家开始思考古典自由主义经济理论下的市场局限性。Keynes（1936）撰写了《就业、利息与货币通论》，指出市场机制并非完美，只有必要的政府干预，才可以实现充分就业和经济增长。早期学者 Musgrave（1959）提出社会产品理论，纯私人产品的收益完全是竞争性的，市场机制可以弥补其全部成本。由于市场机制无法补偿纯公共产品的成本，公共财政必须从预算中提取补贴支付全部成本。绝大多数介于纯私人产品和纯公共产品之间的产品都应当获得一定的政府补贴。Arrow（1962）指出技术和知识具有溢出效应，中小企业研发活动不可避免地会遇到市场失灵和投资不足的问题。Lerner（2002）认为中小企业经营规模较小，管理水平较低，税负负担相对较高，导致内部资金积累不足，同时中小企业的外部融资渠道过窄，可融资规模十分有限。Carpenter and Petersen（2002）指出科技型中小企业收益波动率高，信息不对称和抵押资产不足是造成其债券融资困难的主要原因。

国内学者也普遍认为中小企业研发活动存在市场失灵，政府应当进行干预，矫正市场失灵。研发活动具有下列特征：（1）不确定性。与其他投资活动不同，创新活动的产出存在较高水平的不确定性，尤其在研发活动前期阶段，失败风险水平提高。（2）溢出效应。当一项技术创新成功后，同行业其他企业通过各种途径对其进行模仿复制，创新成果溢出和扩散，削弱了研发成功企业的技术领先优势和创新积极性。（3）外部性。创新活动的企业边际收益同社会边际收益存在较高程度的非对称性，企业收益通常低于社会收益，因而导致企业自主创新动力不足（中国税务学会学术研究委员会第一课题组、安体富等，2007；马恩涛，2011）。企业研发社会报酬率大大高于私人报酬率，以企业边际成本等于边际收益所确定的企业 R&D 投资将低于社会最优水平，创新成果会带来正的外部性，应当矫正市场失灵（林毅夫 、孙希芳，2005；余应敏，2008；秦雪征等，2012）。

2. 信贷市场失灵理论

1929 年英国政府就开始关注中小企业的“资金缺口”困境，英国金融产业委员会在其发布的《麦克米伦报告》中正式提出“麦克米伦缺口（Macmillan Gap）”，即中小企业需要的融资额高于金融体系愿意提供的额度，大量的中小企业无法获得融资。

随后学者尝试对中小企业融资困难成因进行理论解释，其中基于信息经济学的信贷配给理论可谓最具代表性。Stiglitz and Weiss（1981）和 Wette（1983）认为在信息不对称条件下，商业银行无法识别中小企业的内部投资风险，银行会不断调节利率水平达到预期收益最大化，对中小企业的贷款实施配给。即便如此，由于信贷配比产生逆向选择问题，信贷配给会将风险较低的借款人逐出信贷市场，银行认为那些愿意出高利率的中小企业会选择更高风险的投资项目。在法律制度因素方面，一些国家法律环境并不完善，导致私有财产难以追踪，产生过高的监督和执行成本，有价值的投资项目无法获得资金（La Porta，Lopez - De - Silanes et al.，2002；Beck，Demirgüç - Kunt et al.，2005；杨丰来、黄永航，2006）。此外，相比于有形资产投资，企业的研发投资风险更高，更高的投资风险造成借贷双方更大程度上的信息不对称，外部融资约束强度更大（Myers，1977；Carpenter et al.，2002 ；Blanes et al.，2004 ；Meuleman et al.，2012）。

国内学者主要从信息不对称、中小企业经营风险、抵押资产、信用水平和产权性质等视角探讨了中小企业融资难的成因。杨宗昌、田高良（2001）认为中小企业经营风险过高，经济业务量小且财务制度不健全导致严重的信息不对称问题。徐洪水（2001）认为由于纵向企业信用水平群体性缺失，政府因素和国有银行收益——激励机制等多方因素，我国中小企业面临较高程度的刚性金融缺口。刘维奇、高超（2006）认为中小企业与商业银行之间信息不对称引起的道德风险问题是造成当前中小企业融资难的主要原因。信息不对称所造成的逆向选择和道德风险直接影响着中小企业的融资成本、融资结构和融资行为（钟田丽、弥跃旭等，2003；李伟、成金华，2005）。

林毅夫、李永军（2001）认为，高度集中的金融体制（大银行为主的信贷模式）是中小企业融资困难的主要原因。中国信贷市场普遍存在所有制金融歧视，即银行信贷资金过多地投放于国有企业。这可能源于政府干预以及国有企业相比非国有企业所具有的信息成本优势和违约风险优势（Brandt and Li，2003；方军雄，2007；张敏等，2010）。程六兵、刘峰（2013）从会计稳健性角度分析发现，针对不同所有权性质的企业，我国银行在事后风险控制过程中，仍存在信贷歧视现象，因此加重了中小企业的融资约束。相比发达国家信贷市场，国内商业信用体系整体缺位，中小企业信贷融资信用担保缺失，以固定资产为抵押担保的借款条款加剧了中小企业融资困境（张杰、经朝明等，2007；李毅、向党，2008）。

（四）信号传递理论

20 世纪 70 年代，经济学家开始重视信息在经济学研究领域中的作用，并逐渐形成信息经济学这门新学科。信息经济学理论认为在信息不对称情况下，有效的信息传递工具可以向外部人释放信息，使其了解更多非对称信息，做出合理决策（Akerlof，1970；Spence，1973）。目前，财务会计领域学者基于信号传递理论开展了较多经验研究。例如，企业管理层特别注重股利水平的变化，股利发放水平向资本市场投资者释放公司发展前景（吕长江、王克敏，1999）；上市公司公开披露内部控制信息，会向投资者传递企业内部控制有效性的信号（吴益兵，2012）；社会责任报告可以成为传递企业社会责任表现信息并促进企业建立声誉的有效信号；CEO 的声誉也作为一个信号传递给资本市场，它能降低投资者与被投资者之间的信息不对称程度，给资本市场中的投资者在选择投资对象时提供了参考（李辰颖、刘红霞等，2014）。

研发活动具有高风险性和外部性，且科技型研发资产多为人力资本、知识产权等无形资产，因此加大了研发企业和外部投资者之间存在的信息不对称程度（高艳慧、万迪昉等，2012；Carpenter et al.，2002）。目前，国内外学者虽注意到政府研发资助的信号传递效应，但是专门研究政府研发支持的文献仍不多见。Feldman et al.（2006）发现，研发补贴能够显著提高企业获得不同来源融资的可能性。郭晓丹等（2011）认为，政府研发补贴除了能够解决企业研发资金缺口问题，还会向外部释放利好信号，获政府研发补助的企业更容易获得其他渠道的资金支持，产生政府研发补贴的信号效应，对外部投资者产生认证效应，降低这些投资者在信息不对称条件下选择投资项目的难度和偏误（Meuleman et al. ，2012）。

政府的某种行为（如新产品认证、批准专利或者投资补贴）可以向外部投资者释放信号（Narayanan，Pinches et al. ，2000），这样的利好消息无疑使投资者对企业内部研发项目充满信心（Feldman et al. ，2006）。政府在对企业进行研发补贴前，会开展较深入的调研，收集、处理、比较企业内部信息，在很大程度上反映出企业内部真实情况和前景，从而具有向外界传递企业研发投入具有重大价值的信号作用（郭晓丹等，2011；高艳慧等，2012）。因此，政府对企业的研发支持有效缓解了市场投资者和企业之间的信息不对称程度，能吸引更多外部资金（Feldman et al. ，2006；Takalo and Tanayama，2010；Bester，1985；Colombo et al. ，2013）。

（五）公司治理理论

公司治理理论源于现代企业制度下的两权分离（Jensen and Meckling，1976），主要解决如何保证向公司提供资金的供给者能够从投资中获得收益的问题，保证投资者和利益相关者的利益不受损害（Shleifer and Vishny，1997）。公司治理机制包括内部治理机制和外部治理机制两种（冯根福、黄建山，2009；仓勇涛、储一昀等，2011），目前学者较多关注内部治理机制对公司技术创新和财务业绩的影响。例如，很多文献从股权、债券、董事会、高管激励等方面研究了公司内部治理机制的作用（Holmstrom，1989；Francis and Smith，1995；冯根福等，2009；刘运国、刘雯，2007；鲁桐 、党印，2014）。

公司外部治理机制利用竞争性的市场环境对公司管理层进行有效的监督和激励，也是投资者保护和提高公司价值的重要制度安排（冯根福等，2009）。20世纪90年代，国内公司治理领域的文献开始由“单边治理”转向“多边治理”。例如，仓勇涛等（2011）和Yu（2008）考察了分析师追踪的治理效应；沈艺峰、杨晶等（2013）认为，网络媒体舆论具有公司治理效应，其实现机理包括两层外部公司治理机制——外部资本市场的惩戒和监管层的严格审查；刘启亮、李祎等（2013）从外部治理角度探讨了媒体负面报道对审计契约关系的治理作用；戴亦一，潘越等（2013）研究了媒体的监督治理机制和政府质量在公司治理领域的作用。

李维安、唐跃军（2005）认为有关利益相关者的研究话题已成为公司治理框架中非常重要的内容，并尝试构建利益相关者治理指数。他发现公司同监督管理部门的关系非常重要，良好的利益相关者治理机制和较高的利益相关者治理水平有助于增强公司的盈利能力。参与科技计划的企业除获得政府的资金支持外，通常还可以在技术指导、企业宣传等方面获得支持（秦雪征等，2012）。为降低补助资金的事后道德风险，政府部门制定了专门的创新补助资金管理办法，通过这些专项规章文件，监督公司创新补助资金开支，作为利益相关者直接地参与公司治理。公司获得政府创新补助后，迫于政府部门的监管压力会投入更多的研发资源，并能高质量地完成研发项目（Montmartin and Herrera，2015）。因此，政府创新补助具有监管认证效应（王刚刚等，2017）。在创新补助的激励作用和政府部门的外部治理作用下，高科技公司高管会迫于外部监督压力，减少对公司剩余收益的侵占，降低用于提高自身效用的自娱性在职消费水平，高管自利性的机会主义行为减少（孙世敏、柳绿等，2016）。

由此可见，政府是企业进行研发的关键利益相关者，政府研发支持也以企业技术创新和价值创造为目的。政府研发支持是国家竞争和企业战略的一种正式制度，企业获得研发支持资源的同时也必须接受政府主管部门的考核评价。当企业违规使用科研经费时，政府不但会向外部市场发布负面考核结果，还会对公司进行处罚。政府部门对科技型中小企业管理层和股东的外部监督和治理机制，不仅部分解决了政府部门——微观企业的委托代理问题和管理者同股东的利益冲突问题，而且部分解决了公司大小股东间的第二类委托代理问题，即政府研发支持的外部治理效应。

第四章　政府研发支持资源配置：对象选择

一、引言

规模较大的企业具有科研人员集中、研发能力较强等特点，而中小企业更擅长在市场竞争中把握主动权，具有创新激励机制灵活、市场嗅觉敏锐的优势。科技型中小企业日益成为国民经济的重要力量，此类企业数量众多、人才荟萃，但面临较高的融资约束和创新风险。目前，国内外学者认同政府对中小企业的支持政策，并尝试提出多种理论解释政府支持中小企业的必要性，例如国家创新体系理论、利益相关者理论、市场失灵理论等。然而，政府经济资源有限，政府官员在决定企业享受研发支持政策上具有很强的支配权力和决策空间，研发扶持资源分配很可能非随机（Klette et al.，2000；吴文锋等，2009）。

何种因素会显著地影响科技型中小企业获得政府研发支持？具有何种特征的科技型中小企业获得更多（更容易地获得）政府研发支持资源？本章重点探讨了科技型中小企业的政府研发支持资源的配置因素。基于科技型中小企业自身特征及其外部环境，实证研究政府研发支持对象的选择问题，讨论政府研发支持资源分配的特征，尽量缓解或消除后续实证研究的内生性问题和样本自选择问题可能导致的实证结论有偏性。本部分在较全面系统控制各方面影响因素的同时，重点讨论了企业政治关联、税收贡献、研发投入水平、财务业绩及地方经济发展水平等因素与科技型中小企业获取政府研发支持资源的关系。

二、理论分析与研究假设

在转型经济背景下的中国，企业的国有股份和非国有股份占比发生了显著变化，这为研究不同产权性质公司的研发活动和效率的变化提供了良好环境（杨洋等，2015；Boeing，2016）。

（一）企业政治关联假说

转型经济体和发展中国家在较大程度上存在政治体制和经济制度的缺陷，政府在资源配置过程中容易受到人为因素影响，政府和市场的之间的关系处理欠妥。面临制度约束，私营企业尝试建立同政府部门的非正规机制，以获取政府部门掌控的经济资源。其中，政治关系就是一种非常重要的替代性机制（陈德球、董志勇，2014；余明桂等，2010；Krueger，1974；Faccio et al.，2006）。

寻租理论认为，企业为了获得政府支持进行寻租，企业具有很强的动机建立政治关联。现存文献表明，为克服发展中的障碍和获得稀缺经济资源，企业越是身处制度落后的国家或地区，越有动机建立政治关系。Krueger（1974）发现企业家花费时间和金钱同政府官员建立关系，可以给企业带来经济利益，并首次提出企业政治关联。陈运森等（2009）认为在中国现行的体制之下，政府能对社会资源配置产生极大的影响，发现政治关联企业获得更多外部融资便利。邵敏等（2011）和步丹璐等（2012）发现，具有政治关联的国有企业更容易获得政府补助。政府扶持资源配置具有明显的有偏性，具有政治关联的企业可以获得更多财政补贴（陈冬华，2003；Faccio et al.，2006；余明桂等，2010）、银行借款（张敏等，2010；Claessens et al.，2008）、税收优惠（吴文锋等，2009；李维安等，2013）。为此，提出本章假设1：

H1a：其他条件不变，具有政治关联的企业更容易获得政府研发支持资源。

H1b：其他条件不变，具有政治关联的企业获得政府研发支持强度更高。

（二）利益相关者理论

现代市场经济中，企业本质上是各利益相关者缔结的各种契约的“集合”。企业成长的过程是各利益相关者之间的长期合作与博弈的过程，企业的目标也综合反映了各利益相关者价值取向。Harris（1991）认为，对于劳动密集型的制造业企业，应当重点进行就业补贴，以创造就业机会和降低失业率。国内学者崔学刚（2004）和王凤翔等（2006）分析，政府给予本地公司种种补贴优惠，主要意图还是促进地方经济发展，增加地方就业，提高本地财政收入。地方政府官员为获得更多的政治利益，制定相应扶持措施，重视本地企业发展（周黎安，2004；张祥建等，2010；李元旭等，2011）。根据政治“锦标赛”理论，地方政府官员热衷于主导地方政绩工程项目，一定程度上，这些项目需要企业税收作为资金保障。因此，根据企业利益相关者理论，当企业可以为政府官员带来政治利益时，政府也应当以一定形式将特定经济利益返还给企业，这就很可能使其从政府部门获得更多政府支持资源。由此，提出本章假设 2：

H2a：其他条件不变，纳税多的企业更容易获得政府研发支持资源。

H2b：其他条件不变，纳税多的企业获得政府研发支持强度更高。

（三）企业资源能力观

规模大的企业不但可以带来更多的财政税收，而且可以创造更多就业机会，在促进地方经济发展、维护地区市场稳定等方面具有更加突出的作用。因此，规模越大的企业，其获得政府补贴的概率和程度也会越高（邵敏等，2011）。小规模企业多处在成长初始阶段，根据企业成长资源观（Penrose，1959），规模大的企业应当在资源获取能力方面更具竞争优势。规模大的科技型企业在人才集聚、融资渠道上也具备更多的资源，有一定知识积累的企业通常更容易成为政府偏好对象。相对于小企业，大企业往往具有较强的知识积累，这也有利于提高被资助项目成功的概率，降低政府研发资助的风险（Bizan，2003；白俊红，2011）。

此外，基于经济社会发展和政治意图，政府官员优先考虑具有更强资源能力的较大型科技企业作为标杆企业典型，给予标杆企业和企业家各类荣誉和地位，这类企业可能会通过现有的经济资源获得更多的资源，形成“马太效应”。目前，学者较一致地认为，政府在选择补贴对象时更倾向于规模较大、人力资本密集度较高、技术创新能力较高的企业，即政府在选取补贴对象时倾向于那些具有“大而强”特征的企业（邵敏等，2011；步丹璐等，2012；苏振东等，2012）。吴文锋等（2009）发现，整体来看，规模越大的公司，其适用税率就越低，这表明规模较大的企业更容易争取更低的适用税率。相较于大型企业，中小企业获得资助的可能性相对较少（秦雪征等，2012）。由此推出本章假设 3：

H3a：其他条件相同的情形下，研发投入高的企业更容易获得政府研发支持资源。

H3b：其他条件相同的情形下，研发投入高的企业获得政府研发支持强度更高。

（四）外部宏观因素

自 1994 年起，我国开始实施财政分税制，地区税源不足可能导致地方政府补贴经济资源不足，企业无法获得更多来自地方政府的研发补助支持。地方政府的税收不足，就无法提供足够的公共物品，地方公共物品的供给不足无法达到社会福利最大化（Qian and Weingast，1997；步丹璐、黄杰，2013）。科技创新活动的外部性使之在某种程度上具有公共物品的属性，只有地方财力充足，地方经济发展到一定水平，这类公共物品才会受到政府的重视。政府补助是地方政府“促投资、谋增长”的重要手段（许罡、朱卫东等，2014）。地方财力的提高，使得地方政府向企业进行补助的能力得到了提高，地方政府的覆盖面越来越广，补助的额度也逐年攀升（鄢波、王华等，2014）。政府补助是由地方政府财政安排专项资金进行的一种补贴，是政府财政支出的一个重要方面。企业所获得政府补助，与当地政府的财政富余程度存在很大关系。地方政府要想有效实施对上市公司的政府补助，就必须具备较为雄厚的财政实力。一般而言，地方政府财力越富裕，就越有可能给予当地上市公司更多的政府补助。在财政富余程度较高的地区，公司的政治关联才能更好地发挥优势，地方政府能够划拨给财务困境公司的补助相应也较多（唐清泉等，2007；潘越等，2009）。

此外，自20世纪80年代初的改革开放以来，我国地方官员的选拔和提升标准由过去的纯政治指标转向经济绩效指标，尤其注重GDP增长率（Li and Zhou，2005；潘红波、夏新平等，2008），市场的竞争与地区之间的竞争加剧，使地方政府对企业的态度变得更加积极，各地政府纷纷出台相应招商引资政策、优惠条件（唐清泉等，2007；Qian et al.，1997；陈冬华，2003）。产品效益高、研发实力雄厚的优质企业为获得更多自身经济利益，更倾向于选择在经济条件优越、基础设施完善的地区投资设厂。综述所述，提出本章最后一个假设4：

H4a：其他条件相同的情形下，经济发展水平高地区的企业更容易获得政府研发支持资源。

H4b：其他条件相同的情形下，经济发展水平高地区的企业获得政府研发支持强度更高。

三、研究设计

本部分实证研究设计旨在探究政府研发支持资源的配置因素。主要包括数据来源、样本选取、变量选择与实证模型等内容。具体而言，首先，结合国内独特的制度变迁，介绍实证研究所选择数据的来源；然后，描述所选择样本的具体分布情况；最后，借鉴已有文献选择相关变量，阐述各变量定义与计算方法，构建计量分析模型。

（一）数据来源

鉴于非上市科技型中小企业数据无法从公开数据库中获取，通过问卷调查获取数据真实性在国内常常受到质疑，综合考虑时间成本与数据客观性，本书将深圳证券交易所中小板和创业板两类公司作为原始研究对象。国内会计准则经过几次较大的修订，企业研发支持、政府补助等内容在不同版本会计准则均有较大程度变化。2007 年 1 月 1 日开始实施现行的新《会计准则》。2008 年暴发国际金融危机，为消除金融危机影响和核心关键数据统计口径不一致的干扰，目前数据库中最新企业财务数据截至 2016 年 12 月 31 日，故本书所选时间区间为 2008 年 12 月 31 日至 2016 年 12 月 31 日。基于本书第二章和第三章对科技型中小企业的定义和制度背景阐述，为最大限度保证样本选择合理性，笔者对来自深市中小板和创业板中小企业样本进行了以下筛选：（1）剔除农、林、牧、渔业（A），电力、热力、燃气及水生产和供应业（D），交通运输、批发和零售业（F），住宿和餐饮业（H），金融业（J），房地产业（K）①，未获得各级政府科技型企业认定的公司和 ST/PT 公司样本；（2）剔除资产负债率大于 1 的样本，即资不抵债企业；（3）剔除总资产增长率超过 200% 的样本记录，以消除企业合并产生的干扰；（4）剔除实证分析模型中各变量存在缺失值的样本记录。此外，为消除极端异常值影响，在 1% 以下和 99% 以上的分位数水平上对各连续型变量进行缩尾（Winsorize）处理，全部样本共涉及 1277 家科技型中小上市公司的 6689 条记录（非平衡面板数据）。

本书的数据主要来自两个渠道：一是手工搜集整理，主要包括政府研发补助明细（通过网上②逐家检索上市公司年报获取）和高管政治背景资料（通过新浪网和凤凰网财经，并辅之以百度、Bing 等搜索引擎）；二是商业数据库公开下载整理③，主要包括国泰安数据库（CSMAR）、Wind 资讯金融数据库。对应变量的数据来源如表 4－1 所示。

① 参考 2012 年中国证监会行业分类标准。

② 主要来自巨潮资讯网，http：//www. cninfo. com. cn/。

③ 为尽量减少数据库数据错漏与变量缺失值影响，本书综合了多家商业数据库原始数据。

表 4－1　数据来源

数据变量	数据来源
Panel A：手工搜集数据	
政府研发补助明细	通过巨潮资讯网在线搜索各样本公司历年年报和首次公开发行股票上市招股说明书，在会计报表附注资料中手工检索政府补助明细和税收优惠明细并整理获得
高管政治背景资料	首先从 Wind 资讯数据库中“深度资料”—“董事会与高管”分别下载公司现任管理层和离任高管简历并进行合并，同时从 CSMAR 数据库（中国上市公司治理结构研究数据库）下载高管个人简历，将前后两者进行对照。对两者存在差异和缺失的高管资料，再通过搜索引擎（Bing、百度），新浪网和凤凰网财经版块，搜集相应公司总经理和董事长的简历资料，对于不确定的记录再次通过登录注册地所在城市的人大或政协网搜索人大代表或政协委员名单进行比对
Panel B：公开数据库下载	
三大财务报表数据	CSMAR 数据库、Wind 资讯金融数据库
公司研发支出	Wind 资讯金融数据库
高管人数	CSMAR 数据库
高管薪酬	CSMAR 数据库
股权结构	Wind 资讯金融数据库
机构持股	Wind 资讯金融数据库
地区经济发展数据	国家统计局官网：http：//data. stats. gov. cn/workspace/index? m = hgnd
公司所在省份	Wind 资讯金融数据库
最终控制人性质	CSMAR 数据库
公司员工规模	Wind 资讯金融数据库
行业信息	CSMAR 数据库

借鉴已有文献（高松等，2011；张捷、王霄，2002；N. Berger and F. Udell，1998），本书将科技型企业成长周期划分为成长期（t < =10 年）[①]、成熟期（10 年 <t< =15 年）和衰退期（t > =15 年）。按照目前国内学者（朱平芳等，2016）对中国省区的划分惯例，我们将中国大陆 31 个省（区、市）按照地理位置划分为东、中、西三组：东部地区包括北京、天津、河北、辽宁、上海、山东、江苏、浙江、福建、广东 10 个省（市）；中部地区包括山西、内蒙古、吉林、黑龙江、安徽、江西、河南、湖北、湖南和海南 10 个省（区）；西部地区

① 由于选择样本为公开上市科技型中小企业，其中成立年龄低于 5 年的公司占比仅为 2.35%，为便于统计分析，笔者将初创期（t<5 年）企业也视作成长期（5 年 <t< =10 年）企业。

包括云南、广西、四川、重庆、贵州、陕西、甘肃、宁夏、青海、西藏和新疆11个省（区、市）。根据中国证监会2012年行业分类标准［以下简称CSRC行业标准（2012）］，考虑到科技型中小企业定义特殊性，本书样本只考虑采矿业（B），制造业（C），建筑业（E），交通运输、仓储和邮政业（G），信息传输、软件和信息技术服务业（G），租赁和商务服务业（L），科学研究和技术服务业（M），水利、环境和公共设施管理业（N），卫生和社会工作（Q）和文化体育和娱乐业（R）四个一级门类，其中制造业企业占比超过75%，故将制造业按二级门类（代码后取一位数字）再做划分。

表4-2中列示了样本公司按照年度—市场类型—成长周期—行业的分布状况。2008—2016年，样本公司的数量呈逐年上升趋势①。2008—2016年中国深市中小板、创业板样本观测记录共6689条，2008—2016年分别为159条、242条、541条、777条、892条、888条、957条、1043条、1192条；深市中小板和创业板企业观测记录总数分别为4293条（占比64.18%）和2396条（占比35.82%），并且在样本期间各年，深市中小板企业的观测记录占比均在一半以上。

表4-2　　　　样本描述

Panel A：年份——市场类型——成长周期

市场类型	小计	中小板企业			小计	创业板企业			合计
年份	成长周期	t<=10	10<t<=15	t>15	成长周期	t<=10	10<t<=15	t>15	[横向%]
2008	159 [100]	72 [45.28]	56 [35.22]	31 [19.50]	0 [0.00]	0 [0.00]	0 [0.00]	0 [0.00]	159 [100]
2009	210 [86.78]	78 [37.14]	80 [38.10]	52 [24.76]	32 [13.22]	19 [59.38]	10 [31.25]	3 [9.380]	242 [100]
2010	403 [74.49]	137 [34.00]	166 [41.19]	100 [24.81]	138 [25.51]	69 [50.00]	57 [41.30]	12 [8.700]	541 [100]
2011	515 [66.28]	107 [20.78]	255 [49.51]	153 [29.71]	262 [33.72]	110 [41.98]	116 [44.27]	36 [13.74]	777 [100]
2012	567 [63.57]	65 [11.46]	307 [54.14]	195 [34.39]	325 [36.43]	111 [34.15]	150 [46.15]	64 [19.69]	892 [100]

① 由于变量存在缺失值，2013年参与回归分析的观测记录比2012年少4条，其实2013年市场上市公司数量并不少于2012年。

续表

Panel A：年份——市场类型——成长周期

市场类型	小计	中小板企业			小计	创业板企业			合计
年份	成长周期	t < =10	10 < t < =15	t > 15	成长周期	t < =10	10 < t < =15	t > 15	[横向%]
2013	569 [64.08]	38 [6.680]	281 [49.38]	250 [43.94]	319 [35.92]	68 [21.32]	171 [53.61]	80 [25.08]	888 [100]
2014	591 [61.76]	26 [4.400]	258 [43.65]	307 [51.95]	366 [38.24]	51 [13.93]	201 [54.92]	114 [31.15]	957 [100]
2015	606 [58.10]	17 [2.810]	213 [35.15]	376 [62.05]	437 [41.90]	47 [10.76]	212 [48.51]	178 [40.73]	1043 [100]
2016	673 [56.55]	14 [2.080]	156 [23.18]	503 [74.74]	517 [43.45]	36 [6.960]	209 [40.43]	272 [52.61]	1190 [100]
合计	4293 [64.18]	554 [12.90]	1772 [41.28]	1967 [45.82]	2396 [35.82]	511 [21.33]	1126 [46.99]	759 [31.68]	6689 [100]

Panel B：年份——市场类型——地理区域

市场类型	小计	中小板企业			小计	创业板企业			合计
年份	地理区域	东部	中部	西部	地理区域	东部	中部	西部	[横向%]
2008	159 [100]	125 [78.62]	18 [11.32]	16 [10.06]	0 [0]	0 [0]	0 [0]	0 [0]	159 [100]
2009	210 [86.78]	163 [77.62]	25 [11.90]	22 [10.48]	32 [13.22]	23 [71.88]	4 [12.50]	5 [15.63]	242 [100]
2010	403 [74.49]	317 [78.66]	51 [12.66]	35 [8.680]	138 [25.51]	105 [76.09]	19 [13.77]	14 [10.14]	541 [100]
2011	515 [66.28]	406 [78.83]	67 [13.01]	42 [8.160]	262 [33.72]	206 [78.63]	37 [14.12]	19 [7.250]	777 [100]
2012	567 [63.57]	447 [78.84]	76 [13.40]	44 [7.760]	325 [36.43]	261 [80.31]	45 [13.85]	19 [5.850]	892 [100]
2013	569 [64.08]	453 [79.61]	73 [12.83]	43 [7.560]	319 [35.92]	255 [79.94]	45 [14.11]	19 [5.960]	888 [100]
2014	591 [61.76]	472 [79.86]	73 [12.35]	46 [7.780]	366 [38.24]	297 [81.15]	48 [13.11]	21 [5.740]	957 [100]

续表

Panel B：年份——市场类型——地理区域

市场类型	小计	中小板企业			小计	创业板企业			合计
年份	地理区域	东部	中部	西部	地理区域	东部	中部	西部	[横向%]
2015	606 [58.10]	482 [79.54]	75 [12.38]	49 [8.090]	437 [41.90]	347 [79.41]	58 [13.27]	32 [7.320]	1043 [100]
2016	673 [56.55]	524 [77.86]	88 [13.08]	61 [9.060]	517 [43.45]	411 [79.50]	69 [13.35]	37 [7.160]	1190 [100]
Total	4293 [64.18]	3389 [78.94]	546 [12.72]	358 [8.340]	2396 [35.82]	1905 [79.51]	325 [13.56]	166 [6.930]	6689 [100]

Panel C：年份——行业分布

名称	代码	年份									合计
		2008	2009	2010	2011	2012	2013	2014	2015	2016	
采矿业	B	1 [2.00]	2 [4.00]	3 [6.00]	8 [16.00]	8 [16.00]	8 [16.00]	8 [16.00]	5 [10.00]	7 [14.00]	50 [100]
食品制造业等	C1	9 [2.11]	14 [3.29]	33 [7.75]	49 [11.5]	60 [14.08]	62 [14.55]	62 [14.55]	66 [15.49]	71 [16.67]	426 [100]
木材加工业等	C2	37 [2.52]	57 [3.88]	121 [8.23]	175 [11.9]	190 [12.93]	199 [13.54]	202 [13.74]	229 [15.58]	260 [17.69]	1470 [100]
非金属矿物制品业等	C3	83 [2.58]	120 [3.72]	276 [8.57]	384 [11.92]	427 [13.25]	419 [13]	459 [14.25]	491 [15.24]	563 [17.47]	3222 [100]
仪器仪表制造业等	C4	3 [1.48]	5 [2.46]	11 [5.42]	16 [7.88]	25 [12.32]	25 [12.32]	32 [15.76]	40 [19.7]	46 [22.66]	203 [100]
建筑业	E	5 [2.81]	7 [3.93]	12 [6.74]	19 [10.67]	24 [13.48]	24 [13.48]	25 [14.04]	28 [15.73]	34 [19.1]	178 [100]
交通运输、仓储和邮政业	G	0 [0]	2 [3.92]	5 [9.8]	6 [11.76]	7 [13.73]	7 [13.73]	7 [13.73]	7 [13.73]	10 [19.61]	51 [100]
信息传输、软件和信息技术服务业	I	15 [1.93]	26 [3.34]	56 [7.2]	85 [10.93]	108 [13.88]	102 [13.11]	117 [15.04]	126 [16.2]	143 [18.38]	778 [100]

续表

Panel C：年份——行业分布											
名称	代码	年份									合计
		2008	2009	2010	2011	2012	2013	2014	2015	2016	
租赁和商业服务业	L	1 [1.45]	1 [1.45]	6 [8.7]	8 [11.59]	9 [13.04]	10 [14.49]	9 [13.04]	12 [17.39]	13 [18.84]	69 [100]
科学研究和技术服务业	M	1 [1.3]	4 [5.19]	7 [9.09]	8 [10.39]	10 [12.99]	10 [12.99]	12 [15.58]	12 [15.58]	13 [16.88]	77 [100]
水利、环境和公共设施管理	N	1 [1.23]	1 [1.23]	5 [6.17]	11 [13.58]	12 [14.81]	11 [13.58]	12 [14.81]	14 [17.28]	14 [17.28]	81 [100]
卫生和社会工作	Q	2 [6.67]	2 [6.67]	2 [6.67]	2 [6.67]	4 [13.33]	4 [13.33]	4 [13.33]	5 [16.67]	5 [16.67]	30 [100]
文化、体育和娱乐业	R	1 [1.85]	1 [1.85]	4 [7.41]	6 [11.11]	8 [14.81]	7 [12.96]	8 [14.81]	8 [14.81]	11 [20.37]	54 [100]
合计		159 [2.38]	242 [3.62]	541 [8.09]	777 [11.62]	892 [13.34]	888 [13.28]	957 [14.31]	1043 [15.59]	1190 [17.79]	6689 [100]

注：Panel A 与 Panel B 中，分别按照年份——市场类型——企业成长周期和年份——市场类型——区域统计样本分布。其中，t 表示企业成立年龄，t< =10 年为成长期；10 年 <t< =15 年为成熟期；t> =15 年为衰退期。东部：北京、天津、河北、辽宁、上海、山东、江苏、浙江、福建、广东；中部：山西、内蒙古、吉林、黑龙江、安徽、江西、河南、湖北、湖南和海南；西部：云南、广西、四川、重庆、贵州、陕西、甘肃、宁夏、青海、西藏和新疆。[ ] 内表示所占比例（%）。Panel C 按照年份——行业统计样本分布。其中，全部样本共计 6689 条记录，共涉及采矿业（B），制造业（C），建筑业（E），交通运输、仓储和邮政业（G），信息传输、软件和信息技术服务业（I），租赁和商业服务业（L），科学研究和技术服务业（M），水利、环境和公共设施管理（N），卫生和社会工作（Q），文化、体育和娱乐业（R）十个一级门类（按照 2012 年证监会行业分类标准划分），制造业取代码后一位数字分为二级门类。[ ] 内为组内横向所占比例（%）。

从成长周期看，中小板和创业板企业均有 45% 左右企业处在成熟期，创业板企业成立年龄相比较低，约有 30% 的企业成立年龄超过 15 年，而中小板企业这一比例已达到 45%。从各年度数据看，深市中小板公司成立年龄在 10 年和 15 年之间的公司数量在 2012 年最多，达到 307 家，占当年同类市场全部样本的 54.14%；创业板公司成立年龄在 10 年和 15 年之间的数量在 2015 年达到最多（212 家），占当年同类市场样本公司的 48.51%。无论深市中小板企业还是创业板企业，行业分布均集中在东部地区。从各年汇总数据来看，东部地区企业占比分别达 78.94% 和 79.51%；从各年份数据来看，两类市场中、东部地区企业占比均在 70% 以上，中部地区企业占比低于西部地区企业。这表明我国科技型中小企业在地理区域分布上明显不平衡，主要集中在东部沿海地区。

从表 4 - 2 的 Panel C 中可以发现，在样本行业分布上［按照 CSRC 行业标准（2012）］，全部样本科技型中小企业主要分布在采矿业（B），制造业（C），建筑业（E），交通运输、仓储和邮政业（G），信息传输、软件和信息技术服务业（I），租赁和商业服务业（L），科学研究和技术服务业（M），水利、环境和公共设施管理（N），卫生和社会工作（Q），文化、体育和娱乐业（R）十个大门类。其中，制造业（C）企业样本记录数目最多（5321 条），占比最高（79.55%）；其次为信息传输、软件和信息技术服务业（I），共有样本记录 778 条。制造业按照二级门类划分后，各年汇总来看，木材加工业等（C2）、非金属矿物制品业等（C3）类样本企业占比较高，分别为 21.98% 和 48.17%。从各年份数据资料来看，相同行业在 2011 年后的样本观测记录趋于稳定，2008—2010 年样本观测记录相对以后各年数目占比较低。总体而言，本书选取的样本在地区、成长周期、行业方面均具有较强代表性，研究样本的研究结果可以较好地推断出总体特征。

（二）变量选择

1. 政府研发支持

现有政府研发支持的相关文献，要么根据企业是否获得政府支持设置虚拟变量（秦雪征等，2012），显然此种度量无法细致刻画支持金额的差异，要么仅考虑补贴数额绝对值高低（唐清泉等，2008；刘虹等，2012），均未考虑支持相对强度的影响。笔者借鉴研发投资强度变量的定义（刘虹等，2012；卢馨，郑阳飞等，2013），提出支持强度概念，即当期政府研发支持总额同上期主营业务收入额之比①。

鉴于现存部分文献考察了税收优惠、奖励与财政补贴等不同类型支持政策对企业创新产出、投资行为影响的差异（Pennings，2000；Fu，Lu et al.，2012；Yu，Chang et al.，2007；戴晨等，2008；唐清泉等，2008；熊维勤，2011），本

① 为了使研究结论同现存文献形成对比，本书除构建了政府研发支出强度变量外，还构建了企业是否获得政府研发支持的虚拟变量——研发支持倾向（见下文，SUB_D 定义）。

书利用手工搜集的政府研发补助明细数据，又将政府研发支持进一步细分为直接支持（政府指明了资金使用用途、有明确项目的研发支持）和间接支持（没有指明项目的研发支持，主要包括与企业研发相关的税收优惠政策[①]）。

2. 政治关联

已有文献通常以企业高管的政治身份作为企业政治关联的代理变量（于蔚、汪淼军等，2012；Fan，Wong et al.，2007；刘慧龙、张敏等，2010；徐业坤、钱先航等，2013）。其中，Fan et al.（2007）和于蔚等（2012）用董事长和总经理的政治身份来衡量企业政治关联，刘慧龙等（2010）以公司高管代表总经理有无政治背景作为企业政治关联的代理变量。Chen，Li et al.（2011）和徐业坤等（2013）以样本企业实际控制人、董事长或总经理是否具有政府工作背景或担任过人大代表、党代表或政协委员测度公司政治关联。

公司的核心高管通常为董事长和总经理，其政治背景的影响会更大（于蔚等，2012），笔者参照 Fan et al.（2007）和于蔚等（2012）的做法，以总经理和董事长的政治背景衡量企业政治关联。与现存主流文献一致，本书所述政治背景主要包括：曾任党委、各级政府官员；具有军队系统任职经历；现任或曾任各级人大代表、政协委员或工商联成员。某年份在任公司董事长或总经理至少有一人符合上述情况之一，则该家企业被视作具有政治关联（见下文，变量 POLITIC = 1；否则 = 0）。

3. 企业纳税额

由于我国税法征收管理的行政色彩浓厚，税务当局有较大的自由裁量空间，企业税收优惠的资质（或性质）认定、税前抵扣认定、项目扶持、财政补助、政策鼓励财税等财政裁量权都由地方政府掌握（罗党论、魏翥，2012）。当企业纳税对地方财政贡献较大时，地方政府为了保持同这类企业较好的利益共同体关系，很可能通过一定途径对企业进行扶持。本书使用企业当年所得税纳税额测度其对当地政府经济发展贡献。

4. 企业规模

根据本部分前述假设，公司规模是影响企业获得经济资源的重要影响因素（邵敏等，2011；Bizan，2003；白俊红，2011），这可能是由于规模大的企业不

---

① 张杰等（2015）研究发现，在金融发展滞后的环境中，贷款贴息类型的政府创新补贴政策对企业私人研发具有显著的“挤入”效应，验证了贷款贴息类型的政府创新补贴政策是金融发展滞后的发展中国家自主创新能力提升的有效激励机制。为此，我们也在进一步检验中分析了贷款贴息类型的政府创新补贴政策的配置状况。

但可以带来更多的财政税收，而且可以创造更多就业机会，在促进地方经济发展、维护地区市场稳定等方面具有更加突出作用。借鉴已有经验文献，本书使用企业总资产的自然对数来测度公司规模。

5. 研发强度

目前多数文献证实了政府研发资助与企业研发支出之间存在正向促进关系（朱平芳等，2003；解维敏等，2009；Wallsten，2000；白俊红，2011）。理论上，政府在选择资助企业时，所关心的重要问题是资金能否得到有效利用。知识积累是衡量其创新活动能否成功的重要标准（白俊红，2011），具有较多研发投资的企业通常积累了较多创新经验和基础，这也有利于增大被资助项目成功的概率，降低政府研发资助的风险（Bizan，2003）。因此，本书借鉴已有文献将企业研发强度视作重要影响因素，并将其定义为当期企业研发支出金额同上期主营业务收入的比率。

6. 地方经济发展水平

政府补助是由地方政府财政安排专项资金进行的一种补贴，是政府财政支出的一个重要方面。企业获得的政府补助，与当地政府的财政盈余程度存在很大关系。地方政府要有效实施对上市公司的政府补助，就必须具备较为雄厚的财政实力。一般来说，地方政府财力越充裕，就越有可能给予当地上市公司更多的政府补助。在财政盈余程度较高的地区，公司的政治关联才能更好地发挥优势，地方政府能够划拨给财务困境公司的补助相应较多（唐清泉等，2007；潘越等，2009）。借鉴既有文献，本书以地区生产总值和地方财政收入来刻画地方经济发展水平①。

7. 其他控制变量

已有相关经验研究文献认为，政府支持资源配置与财务业绩、治理结构、地理位置和行业特征具有显著关系（Blanes et al.，2004；Herrera et al.，2010；Czarnitzki et al.，2011；Cerulli et al.，2012；唐清泉等，2007；彭代武等，2013；苏振东等，2012）。例如，Kornai et al.（1983）认为，政府会补贴和援助亏损国有企业。国内学者唐清泉等（2007）和鄢波等（2014）也认为，相比盈利企业，亏损企业由于对当地经济发展的负面影响更大，为了维护地区经济发展的形象，地方政府优先考虑对其进行补贴。与低技术水平的行业相比，高技

① 地区生产总值与地方财政收入未同时加入计量模型，地方财政收入作为地区生产总值的替代变量进行稳健性检验。

术行业的技术水平高、发展潜力大，技术溢出所取得的社会效益也大（Tsai and Wang，2004），因而更易于获得政府的研发资助（白俊红，2011）。此外，公司股权结构、高管薪酬、上市年龄等因素也可能直接或间接地影响其获得政府研发支持资源。为此，本书控制上述因素，相关变量定义如表4-3所示。

表4-3　变量定义

变量	变量名称	变量代码	变量取值方法及说明
因变量	研发支持倾向	SUB_D	=1，当期获得政府研发支持；否则，=0
	研发支持强度	SUB_I	本期获得政府研发支持金额/上期主营业务收入×100%
解释变量	政治关联	POLITIC	详见本章变量定义部分
	纳税额	TAX	上期所得税自然对数值
	企业规模	SIZE	总资产自然对数值
	研发投入强度	RD	本期研发支出/上期主营业务收入×100%
	总资产报酬率	ROA	净利润/平均资产总额
	地区生产总值	LNGDP	当年地区生产总值的自然对数
控制变量	公司成长性	GROWTH	（本期主营业务收入－上期主营业务收入）/上期主营业务收入×100%
	股权结构	TOP3	前三大股东持股比例
	审计机构	BIG4	=1，四大会计事务所；=0，其他
	机构持股比例	INS	机构投资者持股比例
	资产负债率	LEV	负债总额/资产总额×100%
	两职合一	DUAL	=1，董事长、总经理两职合一；=0，其他
	高管人数	GREN	（期末高管总人数+1）的自然对数
	高管薪酬	GAOP	期末高管薪酬总额的自然对数
	上市年龄	LISAGE	（上市年数+1）的自然对数
	行业	IND	行业虚拟变量［CSRC行业标准（2001）］
	年度	YEAR	年度虚拟变量（2008—2013年）

注：根据前文所述政府研发支持类型，将研发支持倾向（SUB_D）和研发支持强度（SUB_I）细分为直接支持型（ITEM_SUB_D，ITEM_SUB_I）和间接支持型（INDIR_SUB_D，INDIR_SUB_I）。

（三）模型设定

借鉴现存经验研究文献，为检验本章所提研究假设，笔者基于公司自身微观特征与外部地区宏观环境两方面因素探讨了科技型中小企业获取政府研发支持资源的配置因素，本书构建多元回归模型（4－1）和 Logistic 回归模型(4－2)两个基本计量模型分别检验假设1至假设4。

计量模型：

$$SUB\_I = \beta_0 + \beta_1 POLITIC + \beta_2 TAX + \beta_3 RD + \beta_4 SIZE + \beta_5 ROA + \beta_6 LNGDP + \sum_{k=1}^{9}\sum \beta_k CONTROLS + \sum_{k=1}^{12} a_k IND + \sum_{k=1}^{6} \gamma_k YEAR + \varepsilon \quad (式4-1)$$

$$SUB\_D = \beta_0 + \beta_1 POLITIC + \beta_2 TAX + \beta_3 RD + \beta_4 SIZE + \beta_5 ROA + \beta_6 LNGDP + \sum_{k=1}^{9}\sum \beta_k CONTROLS + \sum_{k=1}^{12} a_k IND + \sum_{k=1}^{6} \gamma_k YEAR + \varepsilon \quad (式4-2)$$

其中，为了进一步探究不同类型政府研发支持资源的配置因素，保持同以往文献的一致性，本书将政府研发支持分为政府研发支持强度（SUB_I）与政府研发支持倾向（SUB_D）①。基于本章研究假设和理论分析，预期政治关联变量系数为正，纳税额变量系数为负，公司规模系数为正，公司研发强度系数为正，企业业绩符号为正，地方生产总值系数也显著为正。为进一步分析不同地理区域和成长阶段科技型中小企业在获取政府研发支持资源的特征，笔者又进一步将样本按照所在地理区域和所处生命周期阶段进行细分，对本章假设进行再检验。

四、实证结果与分析

（一）描述性分析

表4－4列示了各主要变量的描述性统计情况。总体看，剔除各主要变量缺失值后，各变量记录均为6689条，这同本章数据来源中的观测值相一致。

Panel A 中资料显示，两类政府研发支持倾向的最大值、最小值分别为1和0，直接政府研发倾向（ITEM_SUB_D）与间接政府研发倾向（INDIR_SUB_D）中位数均为1，表明我国政府研发支持已经覆盖了半数以上的上市科技型中小企业；从政府研发强度看，直接政府研发支持强度均值（0.398%）要低于间接政府研发支持强度均值（0.761%），并且两者均低于1%，说明目前我国直接政府

① 研发支持倾向（SUB_D）和研发支持强度（SUB_I）细分为直接支持型（ITEM_SUB_I，ITEM_SUB_D）和间接支持型（INDIR_SUB_I，INDIR_SUB_D）。

表 4－4　　主要变量描述性统计

变量	观测值	最小值	均值	中位数	最大值	标准差
Panel A：政府研发支持						
ITEM_SUB_D	6689	0.000	0.484	0.000	1.000	0.500
ITEM_SUB_I（%）	6689	0.000	0.378	0.000	6.088	1.053
INDIR_SUB_D	6689	0.000	0.941	1.000	1.000	0.235
INDIR_SUB_I（%）	6689	0.000	0.761	0.379	5.691	1.065
Panel B：解释变量						
POLITIC	6689	0.000	0.380	0.000	1.000	0.486
TAX	6689	2.918	8.022	8.173	8.999	0.705
RD（%）	6689	0.001	0.072	0.048	0.469	0.077
SIZE	6689	9.988	12.124	12.046	14.591	0.825
ROA（%）	6689	－6.846	7.876	7.153	45.977	5.416
LNGDP	6689	6.090	10.424	10.461	11.300	0.641
Panel C：控制变量						
LEV（%）	6689	3.966	30.555	28.153	82.568	17.763
GROWTH（%）	6689	－37.723	20.931	15.785	166.616	31.099
TOP3（%）	6689	20.250	51.448	51.950	94.500	13.931
INS（%）	6689	0.000	29.455	24.848	78.420	23.048
DUAL	6689	0.000	0.387	0.000	1.000	0.487
GREN	6689	1.386	1.945	1.946	2.639	0.272
GAOPAY	6689	3.208	4.847	4.840	6.514	0.622
BIG4	6689	0.000	0.013	0.000	1.000	0.111
LISTAGE	6689	0.000	1.259	1.386	2.485	0.702

注：部分变量存在缺失值，删除变量缺失值后全部样本共计 6689 条记录，样本区间为 2008—2016 年，共涉及制造业（C），电力、煤气及水的生产和供应业（D），信息技术业（G）和社会服务业（K）等 10 个一级门类（按照 2012 年证监会行业分类标准划分），制造业取代码后一位数字划分为二级门类。

研发支持的强度相对更高且两类资助强度均处在较低水平；直接支持强度最大值（6.088%）要高于间接支持强度最大值（5.691%），表示我国政府对科技型中小企业研发活动的最大间接支持强度要低于最大直接支持强度；直接研发支持强度与间接研发支持强度的标准差相差不大，表明两类研发支持强度的波动幅度相近。

Panel B 报告了各个核心解释变量的描述性统计信息。可知，政治关联（POLITIC）变量的中位数为 0，均值为 0.380，说明全部科技型中小企业样本中具有政治关联类样本占比不足 50%；样本公司所得税纳税额自然对数最高为 8.999，最低为 2.918；样本公司年度内研发支出强度水平仍然偏低，最高仅为 0.469%，并且样本企业研发支出强度均值（0.072%）高于中位数（0.048%），表明我国多数科技型上市中小企业的研发支出水平并未达到样本平均水平。样本公司规模的标准差为 0.825。公司资产报酬率（ROA）最小值为 -6.846%，最大值为 45.977%，平均水平为 7.876%。地方生产总值（亿元）的自然对数的均值和中位数相差不大，表明该变量基本服从对称分布。

Panel C 列示了控制变量的描述性统计结果，其中各控制变量的中位数与均值也相差不大，可以近似视作各控制变量服从对称正态分布；但部分控制变量的变动较高，其中资产负债率（LEV）、成长性（GROWTH）、股权集中度（TOP3）、机构持股比例（INS）的标准差较高，其他控制变量变动幅度相对较小，标准差均不超过 1。

表 4-5 列示了各主要变量之间的相关系数矩阵。可知，自变量之间的 Spearman 相关系数和 Pearson 相关系数的绝对值基本上都处在 0.2 以下，初步表明后续实证分析模型中基本不存在多重共线性问题。从各主要变量相关性系数来看，政府研发支持倾向（包括间接支持和直接支持）和支持强度（包括间接支持和直接支持）均同企业研发强度（RD）、企业规模（SIZE）、企业业绩（ROA）和地方经济发展水平（LNGDP）显著正相关，可以初步判定研发投入强度高、规模大、经营业绩好和地处经济发达地区的企业可以获得更多（更容易获得）政府研发支持资源。总之，通过相关性分析，初步验证本章所提假设。

（二）单因素分析

为了进一步检验各关键因素对科技型中小企业获得政府研发支持资源的影响，笔者分别按照科技型中小企业政治关联、纳税额中位数、企业研发强度中位数、企业规模中位数、经营业绩中位数和地方生产总值中位数将全样本细分为两组，然后对两组科技型中小企业政府直接研发支持（指明资金使用用途）和间接支持（包括税收优惠型政府研发支持）的均值和中位数进行独立样本 T 检验和 Wilcoxon 秩和检验，相关检验结果分别列示在表 4-6 中。

表 4-5　主要变量相关系数矩阵

变量		1	2	3	4	5	6	7	8	9	10	11	12
ITEM_SUB_D	1	1	0.477***	0.120***	0.099***	-0.006	0.112***	0.064**	-0.054**	0.104***	-0.032**	-0.0932***	0.091***
ITEM_SUB_I	2	0.209***	1	0.116***	0.157***	-0.146***	0.427***	-0.079***	-0.066***	0.031**	-0.199***	-0.166***	0.064***
INDIR_SUB_D	3	0.120***	0.052***	1	0.938***	0.099***	0.120***	0.144***	0.021	-0.028*	0.025*	-0.096***	0.135***
INDIR_SUB_I	4	0.025*	0.156***	0.378***	1	0.040***	0.211***	0.069**	0.036**	-0.057***	-0.035**	-0.106***	0.097***
TAX	5	-0.000	-0.124***	0.098***	-0.062***	1	-0.101***	0.650***	0.513***	0.046***	0.153***	0.044***	0.198***
RD	6	0.063***	0.387***	0.114***	0.318***	-0.113***	1	-0.130***	0.098***	-0.031**	-0.296***	-0.134***	-0.0438***
SIZE	7	0.060***	-0.091***	0.143***	-0.091***	0.677***	-0.072***	1	-0.026*	0.156***	0.439***	-0.093***	0.452***
ROA	8	-0.044***	-0.056***	0.0330**	0.086**	0.505***	0.0461***	0.007	1	-0.116***	-0.226***	0.157***	-0.289***
LNGDP	9	0.116***	-0.0195	-0.0145	-0.049**	0.035**	-0.069***	0.138***	-0.105***	1	0.063***	-0.052***	0.208***
LEV	10	-0.045***	-0.186***	0.0176	-0.171***	0.134***	-0.228***	0.465***	-0.236***	0.079***	1	-0.102***	0.317***
TOP3	11	-0.093***	-0.117***	-0.094***	-0.064**	0.071***	-0.136***	-0.068**	0.158***	-0.073***	-0.092***	1	-0.354***
LISTAGE	12	0.090***	0.024*	0.128***	-0.063***	0.149***	0.006	0.431***	-0.252***	0.183***	0.314***	-0.332***	1

注：（1）相关系数矩阵上三角和下三角部分分别列示了各变量之间的 Pearson 相关系数和 Spearman 相关系数。

（2）由于限于篇幅和版面，笔者仅列示了后续统计分析所用核心变量间的相关系数，其他未列示变量之间相关系数在 1% 水平上均未超过 0.5。

（3）***，**，* 分别表示在 0.01，0.05，0.1 的水平上显著（双尾）。

表 4-6　　单因素分析

Panel A：非政治关联组（N1 = 4145）与政治关联组（N2 = 2544）								
变量	N1	均值 1	中位数 1	N2	均值 2	中位数 2	均值差	秩和检验（Z）
ITEM_SUB_D	4145	0.942	1.000	2544	0.939	1.000	0.003	—
ITEM_SUB_I（%）	4145	0.764	0.382	2544	0.757	0.369	0.007	0.296
INDIR_SUB_D	4145	0.489	0.000	2544	0.476	0.000	0.013	0.989
INDIR_SUB_I（%）	4145	0.437	0.000	2544	0.282	0.000	0.156***	0.989
Panel B：纳税额低组（N1 = 3347）与纳税额高组（N2 = 3342）								
变量	N1	均值 1	中位数 1	N2	均值 2	中位数 2	均值差	秩和检验（Z）
ITEM_SUB_D	3347	0.951	1.000	3342	0.931	1.000	0.019***	—
ITEM_SUB_I（%）	3347	0.901	0.486	3342	0.621	0.289	0.280***	128.469***
INDIR_SUB_D	3347	0.457	0.000	3342	0.510	1.000	-0.053***	18.631***
INDIR_SUB_I（%）	3347	0.465	0.000	3342	0.291	0.001	0.175***	18.631***
Panel C：研发强度低组（N1 = 3347）与研发强度高组（N2 = 3342）								
变量	N1	均值 1	中位数 1	N2	均值 2	中位数 2	均值差	秩和检验（Z）
ITEM_SUB_D	3347	0.926	1.000	3342	0.956	1.000	-0.030***	—
ITEM_SUB_I（%）	3347	0.449	0.212	3342	1.074	0.627	-0.624***	718.979***
INDIR_SUB_D	3347	0.449	0.000	3342	0.519	1.000	-0.070***	32.337***
INDIR_SUB_I（%）	3347	0.107	0.000	3342	0.650	0.003	-0.543***	32.337***
Panel D：规模小组（N1 = 3347）与规模大组（N2 = 3342）								
变量	N1	均值 1	中位数 1	N2	均值 2	中位数 2	均值差	秩和检验（Z）
ITEM_SUB_D	3347	0.945	1.000	3342	0.937	1.000	0.007	—
ITEM_SUB_I（%）	3347	0.869	0.477	3342	0.654	0.298	0.215***	108.268***
INDIR_SUB_D	3347	0.450	0.000	3342	0.517	1.000	-0.067***	30.149***
INDIR_SUB_I（%）	3347	0.483	0.000	3342	0.273	0.001	0.211***	30.149***
Panel E：业绩差组（N1 = 3347）与业绩优组（N2 = 3342）								
变量	N1	均值 1	中位数 1	N2	均值 2	中位数 2	均值差	秩和检验（Z）
ITEM_SUB_D	3347	0.950	1.000	3342	0.932	1.000	0.017***	—
ITEM_SUB_I（%）	3347	0.809	0.396	3342	0.713	0.359	0.096***	4.169**
INDIR_SUB_D	3347	0.462	0	3342	0.506	1.000	-0.044***	12.834***
INDIR_SUB_I（%）	3347	0.280	0	3342	0.476	0.001	-0.196***	12.834***
Panel F：地方 GDP 低组（N1 = 3951）与地方 GDP 高组（N2 = 2738）								
变量	N1	均值 1	中位数 1	N2	均值 2	中位数 2	均值差	秩和检验（Z）
ITEM_SUB_D	3951	0.946	1.000	2738	0.935	1.000	0.011*	—
ITEM_SUB_I（%）	3951	0.804	0.398	2738	0.700	0.343	0.104***	10.707***
INDIR_SUB_D	3951	0.553	1.000	2738	0.383	0.000	0.170***	186.681***
INDIR_SUB_I（%）	3951	0.472	0.008	2738	0.243	0.000	0.228***	186.681***

Panel A 中以公司政治关联进行分组，其中政治关联组直接研发支持倾向均值（=0.939）在10%也低于非政治关联组均值（=0.942）；间接政府研发支持倾向（INDIR_SUB_D）的均值和中位数在政治关联组和非政治关联组之间并无显著性差异；有政治关联样本间接支持强度（INDIR_SUB_I）的均值（=0.282）在1%置信水平上显著地低于无政治关联组样本，这表明政治关联并不能促使科技型中小企业获取间接研发支持资源。

Panel B 中按照全样本公司纳税额中位数进行分组，其中纳税额低企业组（N1 =3347）获得政府直接研发支持资源的倾向和强度均值在1%水平上显著高于纳税高企业组（N2 =3342）。纳税额低企业组获得政府间接研发支持强度①（INDIR_SUB_I）均值也在1%水平上显著高于纳税额高企业组。因此，可以佐证前文相关性分析的结果。

Panel C 报告了研发强度高企业组与研发强度低企业组获得政府研发支持资源差异情况，研发强度高企业组获得政府研发支持强度均值和倾向均值（直接支持和间接支持）均显著地高于研发强度低企业组，并且中位数 Wilcoxon 统计量也在1%水平上显著，表明研发投资强度高的企业更容易（更多地）获得政府研发支持资源。

类似地，Panel D 至 Panel F 分别考察了政府研发支持资源在不同规模、不同业绩、不同宏观经济发展状况地区的样本企业间分配差异。从单因素分析结果看，规模小企业组和宏观经济总量较小的地区企业组要显著地更容易（更多地）获得政府研发支持资源；特别地，业绩差样本组获得间接政府研发支持强度均值同业绩优样本组均值之差为 -0.196，在1%水平上显著；而两组在获得政府直接研发支持上，均值 T 检验和中位数 Wilcoxon 秩和检验在10%水平上显著，表明业绩优样本组只能更容易（更多地）获得间接政府研发支持资源，而直接支持资源分配给财务业绩较差的公司的可能性更高。综上所述，单因素分析结果基本同变量相关性分析保持一致，初步统计检验结果较好地支撑了本章所提研究假设3，其他几个理论假设并未找到显著性统计经验证据。

（三）回归分析

通过构建多元线性回归分析模型，尽可能控制其他重要因素，本章再次检

---

① 其中，纳税额高企业组直接支持强度均值（0.621）显著低于纳税额低企业组直接支持强度平均水平（0.901），表明纳税额高企业组在税收优惠上并不比纳税额低企业组更具有优势。

验了科技型中小企业获得不同类型政府研发支持资源的因素。具体而言，主要从科技型中小企业自身特征和所处外部环境两方面进行考量，本章主要关注两类因素对企业获得政府支持强度的影响，但考虑到已有文献关注科技型企业获得政府研发支持资源的倾向（秦雪征等，2012），为保持文献研究可比性，本章所建模型包括 Logit 概率模型和 OLS 回归模型。科技型中小企业获得政府研发支持通常可能表现出一定时间滞后性（朱平芳等，2003），为此，笔者还建立了滞后变量动态回归模型。

由表 4 – 5 主要变量相关系数矩阵描述可知，模型中各自变量间的 Pearson 相关系数和 Spearman 相关系数绝对值均显著低于 0.75，且各 OLS 回归变量的方差膨胀因子 VIF 值都低于 10，VIF 均值也明显未超过 5.0（邓新明、熊会兵等，2014；Snijders and Bosker，1999），总体可以认为所建统计模型不存在多重共线性问题。

表 4 – 7 报告了科技型中小企业政府研发支持强度影响因素的回归结果。政府研发支持强度分别由直接研发支持强度（Y = ITEM_SUB_I）和间接研发支持强度（Y = INDIR_SUB_I）测度。Panel A 是当期影响因素对当期科技型中小企业政府研发支持强度的回归结果，Panel B 是滞后一期影响因素对当期科技型中小企业政府研发支持强度的回归结果。

Panel A 和 Panel B 中，模型（Model1 – 2 和 Model1 – 4）的政治关联系数在 5% 水平上显著为正，政治关联系数在其他两个模型中虽符号为正值，但并不显著，表明企业政治关联的影响在科技型中小企业获得直接研发支持项目上更为显著。这可能是因为目前我国政府（尤其地方政府）在制定间接政府研发支持政策时，并未过多地向具有政治关联的企业倾斜，满足一定条件的科技型中小企业均能获得间接研发支持资源；但是直接研发支持资源更加稀缺，具备政治关联背景的科技型中小企业才可以获得此类支持。企业纳税额在各模型（Model1 – 1 和 Model1 – 3）中系数均显著为负，并且统计意义上的显著性水平达到 1%，表明当科技型中小企业为政府贡献更多税收时，并不会更容易地从政府部门获得更多研发支持资源，相反，那些公认的高科技公司可以通过优惠税率获得更多政府税收优惠。政府给予具有高科技资质认证的公司更多税收优惠，未获得资质认证的公司承担了更多税收负担，并未享受到政府基于科技创新活动给予的税收减免、返还等优惠。这一结论也佐证了我国科技创新税收优惠是具有明确政策导向性的，政府不会因为公司为地方经济发展贡献了较高的税收收入，在未达到科技创新政策要求时对其给予关于研发创新方面的税收优惠支持。

表 4－7　　关于政府支持强度的回归分析

Panel A：当期因素（X）对当期政府支持强度（Y）的 LEVEL 数据						Panel B：上一期因素（X）对当期政府支持强度（Y）的 LEVEL 数据				
因变量	预期符号	Y = INDIR_SUB_I		Y = ITEM_SUB_I		因变量	Y = INDIR_SUB_I		Y = ITEM_SUB_I	
自变量/OLS 模型		Modell －1	t－stat	Modell －2	t－stat	自变量/OLS 模型	Modell －3	t－stat	Modell －4	t－stat
POLITIC	+	0.010	(0.25)	0.121 **	(2.42)	POLITIC	0.037	(0.80)	0.159 ***	(2.69)
TAX	+	－0.061 ***	(－3.12)	－0.013	(－0.72)	L. TAX	－0.084 ***	(－3.46)	0.008	(0.32)
RD	+	2.946 ***	(9.81)	4.883 ***	(15.64)	L. RD	2.946 ***	(8.37)	4.634 ***	(13.05)
SIZE	+	0.025	(0.97)	－0.044	(－1.60)	L. SIZE	0.118 ***	(3.60)	－0.037	(－1.04)
ROA	+	0.025 ***	(6.25)	0.000	(0.11)	L. ROA	0.029 ***	(5.94)	－0.001	(－0.16)
LNGDP	+	－0.074 ***	(－4.05)	－0.032	(－1.42)	L. LNGDP	－0.045 **	(－2.34)	－0.035	(－1.33)
LEV	?	－0.004 ***	(－4.70)	－0.002 **	(－2.04)	L. LEV	－0.005 ***	(－5.42)	－0.000	(－0.37)
Growth	?	－0.002 ***	(－5.15)	－0.003 ***	(－7.09)	L. Growth	－0.001 ***	(－3.12)	－0.003 ***	(－5.62)
INS	?	0.001 *	(1.76)	0.002 ***	(3.11)	L. INS	0.001 **	(2.15)	0.002 **	(2.46)
TOP3	?	－0.003 ***	(－3.43)	－0.005 ***	(－5.64)	L. TOP3	－0.004 ***	(－3.77)	－0.005 ***	(－4.64)
DUAL	?	－0.025	(－1.00)	－0.022	(－0.91)	L. DUAL	－0.012	(－0.42)	0.011	(0.41)
GREN	?	0.168 ***	(3.41)	－0.061	(－1.44)	L. GREN	0.208 ***	(3.76)	－0.058	(－1.16)
GAOPAY	?	0.027	(1.34)	0.025	(1.21)	L. GAOPAY	0.000	(0.01)	0.017	(0.68)
BIG4	?	－0.158 **	(－2.56)	－0.122 *	(－1.78)	L. BIG4	－0.108 ***	(－2.90)	－0.030	(－0.43)
LISTAGE	?	－0.081 ***	(－3.27)	－0.025	(－1.06)	LISTAGE	－0.047	(－1.27)	0.028	(0.71)
INDUSTRY		YES		YES		INDUSTRY	YES		YES	
YEAR		YES		YES		YEAR	YES		YES	
Constant		0.357	(1.09)	1.473 ***	(4.57)	Constant	－0.373	(－0.98)	1.557 ***	(4.02)
Observations		6689		6689		Observations	5194		5194	
VIF_mean		3.475		3.475		VIF_mean	3.015		3.015	
R^2_adjust		0.165		0.232		R2_adjust	0.167		0.206	

注：（1）括号内报告了经 White 异方差调整和按照股票代码、年份进行群（Cluster）调整的 t 统计量。

（2）***，**，* 分别表示在 0.01，0.05，0.1 的水平上显著（双尾）。

从回归模型结果看，各模型中企业研发强度（RD）回归系数均显著为正，再次表明，当企业研发强度（RD）越高时，其获得政府研发支持资源的可能性就越大，获得政府研发支持强度也越高；同时也说明目前国内政府研发支持强度同企业研发支出水平是密切相关的，这同以往文献结论相一致（朱平芳等，2003；解维敏等，2009；Wallsten，2000；白俊红，2011）。企业规模也是影响科技型中小企业获得政府研发支持资源的重要因素，但从本书模型结果看，企业规模只能影响科技型中小企业获得税收优惠型政府研发支持资源的概率，企业获得政府直接研发支持资源情况同企业规模关系并不明显。同时，企业业绩同科技型中小企业获得政府研发支持资源的关系也类似于企业规模，经营业绩优劣并不能显著地影响科技型中小企业获得直接研发支持资源。

最后，表4－7回归结果表明所处地区经济条件也显著影响着科技型中小企业获得政府研发支持资源。在模型（Model1－1）和模型（Model1－3）中地方生产总值（LNGDP）系数至少在5%水平上显著为负，其他模型中系数虽然为负但并不显著。研究结论并未支持所处经济环境好的科技型中小企业更容易获得间接研发支持资源的研究结论，这同以往相关经验研究结论不同（唐清泉等，2007；潘越等，2009），可能是因为经济发展水平较低的地区，为了鼓励发展本地区科技创新，在引进和支持高科技企业方面降低税收优惠的标准和门槛，这一地区的高科技公司相比经济发展水平较高的地区可能获得更高的间接型研发支持资源。而经济发展水平较高的地区，地方财力虽然相对较强，但并不会采用“普惠制”的方式降低支持企业研发创新的政策标准。因此，回归分析结果并未发现，相比地方经济发展水平较高地区，经济发展水平较低地区的科技公司可能显著地获得更高直接研发支持资源。

表4－8列示了关于科技型中小企业政府研发支持倾向的影响因素回归分析结果。综合Panel A和Panel B实证检验结果可知，无论选择当期影响因素还是选择上期影响因素，科技型中小企业获取政府直接研发支持倾向与企业政治关联背景均存在显著正向相关关系，而获取间接政府研发支持倾向同政治关联因素关系不显著。间接政府支持资源同企业纳税额（TAX）、规模大小（SIZE）、经营业绩（ROA）和地方经济水平（LNGDP）均在至少10%水平上显著正相关，而直接研发支持倾向同这些变量关系并不显著。总体表明，规模越大的科技型中小企业越容易获得政府间接研发支持。通过计量模型实证结果不难发现，科技型中小企业研发投入水平（RD）是影响其获得政府研发支持资源的重要因素，在一定程度上，研发投入强度越高的科技型中小企业更容易获得政府研发支

表 4-8　　关于政府支持倾向的回归分析

Panel A：当期因素（X）对当期政府支持倾向（Y）的 LEVEL 数据						Panel B：上一期因素（X）对当期政府支持倾向（Y）的 LEVEL 数据				
因变量	预期符号	Y = INDIR_SUB_D		Y = ITEM_SUB_D		因变量	Y = INDIR_SUB_D		Y = ITEM_SUB_D	
自变量/Logit 模型		Model2 - 1	Z - stat	Model2 - 2	Z - stat	自变量/Logit 模型	Model2 - 3	Z - stat	Model2 - 4	Z - stat
POLITIC	+	-0.168 *	(-1.75)	-0.437 ***	(-2.69)	POLITIC	-0.212 **	(-2.05)	-0.610 ***	(-3.16)
TAX	+	0.016	(0.40)	0.042	(0.41)	L. TAX	-0.053	(-1.19)	-0.105	(-0.80)
RD	+	1.975 ***	(4.22)	3.387 **	(2.34)	L. RD	1.495 ***	(2.86)	4.241 **	(2.37)
SIZE	+	0.253 ***	(4.25)	-0.134	(-0.98)	L. SIZE	0.310 ***	(4.28)	-0.014	(-0.08)
ROA	+	0.016 **	(2.22)	-0.028 *	(-1.90)	L. ROA	0.023 ***	(2.76)	-0.016	(-0.92)
LNGDP	+	-0.376 ***	(-8.10)	-0.042	(-0.49)	L. LNGDP	-0.333 ***	(-6.53)	-0.247 **	(-2.15)
LEV	?	-0.001	(-0.61)	0.005	(1.04)	L. LEV	-0.003	(-1.46)	0.008	(1.39)
Growth	?	-0.002 **	(-2.26)	0.000	(0.16)	L. Growth	0.001	(0.94)	0.003	(1.30)
INS	?	-0.001	(-0.73)	-0.006 **	(-2.00)	L. INS	-0.001	(-0.73)	-0.007 **	(-2.05)
TOP3	?	-0.006 ***	(-2.73)	-0.005	(-1.13)	L. TOP3	-0.007 ***	(-3.05)	-0.001	(-0.20)
DUAL	?	0.015	(0.28)	-0.060	(-0.53)	L. DUAL	0.023	(0.39)	-0.186	(-1.36)
GREN	?	0.412 ***	(4.07)	-0.259	(-1.24)	L. GREN	0.468 ***	(4.14)	-0.319	(-1.23)
GAOPAY	?	0.054	(1.09)	0.258 ***	(2.74)	L. GAOPAY	0.040	(0.73)	0.315 ***	(2.73)
BIG4	?	-0.027	(-0.11)	-0.597	(-1.54)	L. BIG4	-0.009	(-0.03)	-0.641	(-1.18)
LISTAGE	?	0.115 **	(2.25)	-0.002	(-0.02)	LISTAGE	0.214 ***	(2.69)	-0.390 **	(-2.13)
INDUSTRY		YES		YES		INDUSTRY	YES		YES	
YEAR		YES		YES		YEAR	YES		YES	
Constant		-1.207	(-1.54)	5.053 ***	(3.24)	Constant	-2.172 **	(-2.48)	5.619 ***	(2.93)
Observations		6689		6689		Observations	5504		5504	
pseudo R^2		0.0588		0.0708		pseudo R^2	0.0530		0.0905	

注：（1）括号内报告了经按照股票代码、年份进行群（Cluster）调整的 Z 统计量。

（2）***，**，* 分别表示在 0.01，0.05，0.1 的水平上显著（双尾）。

持资源（包括直接研发支持和间接研发支持）。

五、拓展性分析

国内学者在探讨政府创新支持时，还单独关注了政府贴息类补助的效应（张杰等，2015），还有部分学者并未考虑政府补助的类型（魏志华等，2015；余明桂等，2016）。为确保研究结论的可比性，本章在关注与科技创新活动相关的政府补贴分配的同时，进一步分析了非创新类的政府补助资源配置过程。

表4－9报告了政府贴息类补贴强度（Intres_SUB_I）和非研发类政府补贴强度（Nonrd_SUB_I）同企业异质性特征的关系。显然，Model3－4中政治关联（POLITIC）的系数在10%显著性水平上为正，表明具有政治关联特征的科技型中小企业可以获得更多非研发类政府补贴；相比税负水平较低的科技型中小企业，承担的税负水平较高的公司无法获得更高的贴息类补贴和非研发类补贴；相比获利能力较差的科技型中小企业，获利能力（ROA）高的公司，可以获得更高贴息类补贴和非研发类政府补贴。

前文回归分析结果验证了研发投入水平越高的公司可以获得更多的政府研发支持资源，这一效应是否会因为公司的异质性特征发生变化？为此，本章以公司政治关联为研究视角，探讨公司异质性特征在其中的调节效应。表4－10报告了对应的实证检验结果。Model4－1中公司政治关联与研发投入强度的交乘项（POLITIC * RD）系数显著为负，而Model4－2中交乘项的系数显著为正，且显著性水平均在1%以上；在滞后一期的模型（Panel B）中交乘项（POLITIC * L. RD）的符号和显著性水平均保持很好的稳健性。这表明公司创新研发投入高的公司的确可以获得更多的直接和间接的政府创新支持资源，但是公司政治关联只能正向调节研发投入与直接政府创新补贴的正相关性。

六、稳健性检验

为确保本章实证检验结果的可靠性，笔者主要从样本分组、变量替代和模型设定等方面做了进一步的稳健性检验。

表 4－9　　关于政府支持强度的拓展性回归分析

Panel A：当期因素（X）对当期政府支持强度（Y）的 LEVEL 数据						Panel B：上一期因素（X）对当期政府支持强度（Y）的 LEVEL 数据				
因变量	预期符号	Y = Intres_SUB_I		Y = Nonrd_SUB_I		因变量	Y = Intres_SUB_I		Y = Nonrd_SUB_I	
自变量/OLS 模型		Model3－1	t－stat	Model3－2	t－stat	自变量/OLS 模型	Model3－3	t－stat	Model3－4	t－stat
POLITIC	+	－0.004	(－0.72)	0.040	(1.30)	POLITIC	－0.007	(－1.28)	0.062 *	(1.78)
TAX	+	－0.006 **	(－2.36)	－0.026 *	(－1.88)	L. TAX	－0.005	(－1.64)	－0.027 *	(－1.67)
RD	+	－0.016	(－0.77)	0.118	(0.74)	L. RD	－0.014	(－0.59)	0.030	(0.17)
SIZE	+	－0.000	(－0.01)	－0.017	(－0.93)	L. SIZE	－0.005	(－1.35)	－0.018	(－0.87)
ROA	+	0.001 ***	(2.60)	0.009 ***	(3.65)	L. ROA	0.001 ***	(2.95)	0.007 **	(2.18)
LNGDP	+	－0.001	(－0.23)	－0.076 ***	(－4.92)	L. LNGDP	0.000	(0.03)	－0.086 ***	(－5.05)
LEV	?	0.001 ***	(7.64)	0.001 ***	(2.60)	L. LEV	0.001 ***	(7.97)	0.001	(1.28)
Growth	?	0.000	(0.57)	－0.001 ***	(－5.28)	L. Growth	0.000	(1.54)	－0.001 ***	(－2.81)
INS	?	0.000	(0.52)	0.001 **	(2.30)	L. INS	0.000	(0.75)	0.000	(0.28)
TOP3	?	－0.000 **	(－1.97)	－0.001	(－0.89)	L. TOP3	－0.000 *	(－1.81)	－0.000	(－0.52)
DUAL	?	0.004	(1.32)	0.007	(0.43)	L. DUAL	0.002	(0.78)	0.011	(0.67)
GREN	?	0.006	(1.15)	－0.036	(－1.37)	L. GREN	0.003	(0.59)	－0.051	(－1.62)
GAOPAY	?	－0.003	(－1.26)	0.009	(0.57)	L. GAOPAY	－0.002	(－0.90)	0.009	(0.55)
BIG4	?	－0.014 **	(－2.45)	0.056	(0.69)	L. BIG4	－0.023 ***	(－5.84)	0.118	(1.06)
LISTAGE	?	－0.002	(－0.75)	－0.093 ***	(－6.48)	LISTAGE	－0.005	(－1.05)	－0.066 ***	(－3.01)
INDUSTRY		YES		YES		INDUSTRY	YES		YES	
YEAR		YES		YES		YEAR	YES		YES	
Constant		0.100 **	(2.53)	1.735 ***	(7.27)	Constant	0.115 ***	(2.79)	1.454 ***	(6.06)
Observations		6689		6689		Observations	5194		5194	
VIF_mean		3.475		3.475		VIF_mean	3.015		3.015	
R^2_adjust		0.0293		0.0834		R2_adjust	0.0328		0.0611	

注：(1) 括号内报告了经 White 异方差调整和按照股票代码、年份进行群（Cluster）调整的 t 统计量。

(2) ***，**，* 分别表示在 0.01，0.05，0.1 的水平上显著（双尾）。

(3) Intres_SUB_I 表示贴息类政府补贴；Nonrd_SUB_I 表示非研发类的政府补贴。

表 4-10　　关于公司异质性特征的调节效应

Panel A：当期因素（X）对当期政府支持强度（Y）的 LEVEL 数据						Panel B：上一期因素（X）对当期政府支持强度（Y）的 LEVEL 数据				
因变量	预期符号	Y = INDIR_SUB_D		Y = ITEM_SUB_D		因变量	Y = INDIR_SUB_D		Y = ITEM_SUB_D	
OLS 模型		Model4-1	t-stat	Model4-2	t-stat	OLS 模型	Model4-3	t-stat	Model4-4	t-stat
POLITIC		0.153***	(3.41)	-0.109	(-1.64)	POLITIC	0.190***	(3.68)	-0.036	(-0.46)
TAX		-0.058***	(-2.97)	-0.018	(-0.98)	L. TAX	-0.081***	(-3.35)	0.005	(0.20)
RD		3.139***	(9.78)	4.572***	(14.42)	L. RD	3.161***	(8.40)	4.361***	(12.11)
POLITIC * RD		-1.934***	(-3.06)	3.118***	(3.31)	POLITIC * L. RD	-2.089***	(-2.79)	2.654***	(2.64)
SIZE		0.024	(0.91)	-0.041	(-1.51)	L. SIZE	0.119***	(3.61)	-0.038	(-1.07)
ROA		0.025***	(6.31)	-0.000	(-0.05)	L. ROA	0.030***	(6.04)	-0.001	(-0.35)
LNGDP		-0.069***	(-3.79)	-0.040*	(-1.75)	L. LNGDP	-0.040**	(-2.04)	-0.043	(-1.60)
LEV		-0.004***	(-4.77)	-0.002*	(-1.93)	L. LEV	-0.005***	(-5.51)	-0.000	(-0.27)
Growth		-0.002***	(-5.27)	-0.003***	(-6.89)	L. Growth	-0.002***	(-3.24)	-0.003***	(-5.48)
INS		0.001*	(1.70)	0.002***	(3.21)	L. INS	0.001**	(2.09)	0.002**	(2.56)
TOP3		-0.003***	(-3.49)	-0.005***	(-5.54)	L. TOP3	-0.004***	(-3.82)	-0.005***	(-4.59)
DUAL		-0.027	(-1.07)	-0.020	(-0.80)	L. DUAL	-0.013	(-0.46)	0.013	(0.46)
GREN		0.162***	(3.28)	-0.052	(-1.22)	L. GREN	0.202***	(3.63)	-0.049	(-0.99)
GAOPAY		0.028	(1.39)	0.024	(1.14)	L. GAOPAY	0.001	(0.03)	0.016	(0.66)
BIG4		-0.162**	(-2.57)	-0.116*	(-1.68)	L. BIG4	-0.106***	(-2.84)	-0.031	(-0.46)
LISTAGE		-0.081***	(-3.24)	-0.027	(-1.13)	L. LISTAGE	-0.044	(-1.18)	0.023	(0.59)
INDUSTRY		YES		YES		INDUSTRY	YES		YES	
YEAR		YES		YES		YEAR	YES		YES	
Constant		0.470	(1.37)	1.689***	(4.97)	Constant	-0.332	(-0.84)	1.706***	(4.24)
Observations		6689		6689		Observations	5194		5194	
VIF_mean		1.439		1.439		VIF_mean	1.182		1.182	
R^2_adjust		0.167		0.236		R2_adjust	0.169		0.209	

注：（1）括号内报告了经 White 异方差调整和按照股票代码、年份进行群（Cluster）调整的 t 统计量。

（2）***，**，* 分别表示在 0.01，0.05，0.1 的水平上显著（双尾）。

（3）Intres_SUB_I 表示贴息类政府补贴强度；Nonrd_SUB_I 表示非研发类的政府补贴强度。

（一）样本细分

本书根据科技型中小企业的地理区域和所处成长阶段差异，将全部科技型中小企业样本细分为东部、中部和西部三个地区，成长期企业、成熟期企业和衰退期企业三组。然后，按照各分样本建立前文的回归分析模型。实证检验结果分别列示在表 4－11 的 Panel A—Panel D 中，限于篇幅，笔者仅在进一步检验中报告了同研究假设相关的关键解释变量回归结果。在两类分组情况下，政治关联变量系数只有在成熟期科技型中小企业中与两类政府研发支持的回归系数稳健地至少在 10% 水平上显著为正，这表明在政府研发支持资源过程中，企业政治关联干扰并不是关键因素。在东部地区和西部地区的样本中，政治关联同直接研发支持资源的回归系数显著为正，保持良好的稳健性。这再次说明了政府在配置研发支持资源时更关注的是企业研发投入状况，意味着政府研发支持政策总体方向是鼓励和引导企业加大自主研发力度，而这与现存文献发现具有政治关联的企业可以获得更多财政补贴（陈冬华，2003；Faccio et al.，2006；余明桂等，2010）的结论不一致，也说明了我国政府研发支持政策与一般性企业补贴的配置过程有所不同。总体看，在各分组回归模型中，企业研发投入强度的回归系数均至少在 5% 统计水平上显著为正值，在选择当期影响因素和滞后一期影响因素时，除个别变量在不同组中显著性下降外，同研究假设相关的变量系数符号均未变化，进一步表明研究实证结果均较稳健。

表 4－11　　　政府研发支持资源配置因素的稳健性检验

Panel A：当期期因素（X）对当期政府支持强度（Y）的 LEVEL 数据

区域		东部地区		中部地区		西部地区	
因变量	预期符号	Y1	Y2	Y1	Y2	Y1	Y2
自变量/模型		OLS	OLS	OLS	OLS	OLS	OLS
POLITIC	+	0.048 (0.76)	0.186 (1.61)	−0.106 (−1.34)	−0.097 (−0.69)	0.079 (0.97)	−0.064 (−0.49)
TAX	+	−0.064*** (−2.85)	−0.003 (−0.15)	0.001 (0.02)	−0.010 (−0.14)	−0.054 (−0.94)	−0.090 (−1.04)
RD	+	3.614*** (9.76)	4.982*** (9.37)	2.348*** (4.01)	5.491*** (6.03)	−1.475** (−2.48)	3.724*** (3.67)
SIZE	+	0.039 (1.30)	−0.026 (−0.62)	−0.139** (−2.03)	−0.171* (−1.75)	0.040 (0.48)	−0.116 (−0.91)

续表

Panel A：当期期因素（X）对当期政府支持强度（Y）的 LEVEL 数据							
区域		东部地区		中部地区		西部地区	
因变量	预期符号	Y1	Y2	Y1	Y2	Y1	Y2
自变量/模型		OLS	OLS	OLS	OLS	OLS	OLS
ROA	+	0.024*** (5.25)	-0.003 (-0.63)	0.025** (2.44)	0.001 (0.07)	0.022 (1.53)	0.021 (1.15)
LNGDP	+	-0.157*** (-4.97)	0.052 (1.03)	-0.031 (-0.43)	0.107 (1.18)	-0.014 (-0.31)	-0.058 (-0.72)
Controls		YES	YES	YES	YES	YES	YES
INDUSTRY		YES	YES	YES	YES	YES	YES
YEAR		YES	YES	YES	YES	YES	YES
Constant		0.820* (1.81)	0.322 (0.50)	1.992*** (3.05)	1.775 (1.56)	0.351 (0.45)	1.964* (1.68)
Observations		5294	5294	871	871	524	524
VIF		3.516	3.516	3.301	3.301	2.659	2.659
R2_adjust		0.188	0.242	0.162	0.255	0.190	0.178
Panel B：前一期因素（X）对当期政府支持强度（Y）的 LEVEL 数据							
区域		东部地区		中部地区		西部地区	
因变量	预期符号	Y1	Y2	Y1	Y2	Y1	Y2
自变量/模型		OLS	OLS	OLS	OLS	OLS	OLS
POLITIC	+	0.044 (0.65)	0.259*** (3.40)	-0.086 (-1.04)	-0.111 (-0.68)	0.141* (1.68)	0.018 (0.12)
L. TAX	+	-0.069*** (-2.71)	0.016 (0.68)	-0.000 (-0.01)	-0.055 (-0.71)	-0.087* (-1.66)	-0.119 (-1.40)
L. RD	+	3.530*** (8.64)	4.619*** (12.11)	1.977*** (3.14)	4.910*** (5.33)	-1.464** (-2.54)	4.480*** (3.53)
L. SIZE	+	0.109*** (3.09)	-0.005 (-0.13)	-0.072 (-0.87)	-0.193* (-1.73)	0.182** (2.01)	-0.053 (-0.27)
L. ROA	+	0.026*** (4.95)	-0.002 (-0.52)	0.025** (2.19)	0.010 (0.65)	0.030** (2.05)	0.047** (1.97)
L. LNGDP	+	-0.126*** (-3.72)	0.045 (1.35)	-0.023 (-0.28)	0.085 (0.86)	-0.015 (-0.36)	-0.086 (-0.95)

续表

Panel B：前一期因素（X）对当期政府支持强度（Y）的 LEVEL 数据							
区域		东部地区		中部地区		西部地区	
因变量	预期符号	Y1	Y2	Y1	Y2	Y1	Y2
自变量/模型		OLS	OLS	OLS	OLS	OLS	OLS
Controls		YES	YES	YES	YES	YES	YES
INDUSTRY		YES	YES	YES	YES	YES	YES
YEAR		YES	YES	YES	YES	YES	YES
Constant		0.331 (0.67)	0.536 (1.19)	1.780** (2.24)	2.592* (1.85)	-0.032 (-0.04)	1.588 (1.05)
Observations		4364	4364	715	715	425	425
VIF		3.781	3.781	3.173	3.173	2.630	2.630
R^2_adjust		0.187	0.209	0.155	0.245	0.204	0.197

Panel C：当期期因素（X）对当期政府支持强度（Y）的 LEVEL 数据							
成长周期		成长期		成熟期		衰退期	
因变量	预期符号	Y1	Y2	Y1	Y2	Y1	Y2
自变量/模型		OLS	OLS	OLS	OLS	OLS	OLS
POLITIC	+	0.024 (0.17)	-0.347*** (-2.59)	0.113* (1.73)	0.205*** (2.62)	-0.088 (-1.52)	0.224*** (2.66)
TAX	+	-0.153** (-2.45)	-0.039 (-0.66)	-0.080*** (-2.72)	-0.027 (-0.92)	-0.029 (-1.01)	0.006 (0.24)
RD	+	2.805*** (3.25)	5.097*** (3.68)	2.832*** (6.82)	4.891*** (11.03)	3.252*** (6.52)	4.652*** (9.33)
SIZE	+	0.132* (1.66)	-0.168* (-1.88)	0.055 (1.28)	-0.019 (-0.42)	-0.012 (-0.34)	-0.043 (-1.07)
ROA	+	0.046*** (3.64)	0.021* (1.93)	0.033*** (5.29)	-0.005 (-1.07)	0.012** (2.16)	-0.002 (-0.30)
LNGDP	+	-0.062 (-1.11)	-0.201** (-2.10)	0.016 (0.54)	0.019 (0.49)	-0.078*** (-2.67)	-0.065* (-1.90)
Controls		YES	YES	YES	YES	YES	YES
INDUSTRY		YES	YES	YES	YES	YES	YES
YEAR		YES	YES	YES	YES	YES	YES
Constant		0.584 (0.59)	3.967*** (3.69)	-0.367 (-0.72)	1.351*** (2.73)	0.726 (1.63)	1.095** (2.25)
Observations		1065	1065	2898	2898	2726	2726
VIF		2.270	2.270	3.352	3.352	3.506	3.506
R^2_adjust		0.164	0.261	0.164	0.241	0.181	0.221

续表

Panel D：前一期因素（X）对当期政府支持强度（Y）的 LEVEL 数据							
成长周期		成长期		成熟期		衰退期	
因变量	预期符号	Y1	Y2	Y1	Y2	Y1	Y2
自变量/模型		OLS	OLS	OLS	OLS	OLS	OLS
POLITIC	+	-0.020 (-0.11)	-0.195 (-1.27)	0.126* (1.83)	0.226** (2.57)	-0.065 (-1.05)	0.207** (2.36)
L. TAX	+	-0.089 (-1.23)	-0.119 (-1.19)	-0.103*** (-3.20)	0.022 (0.67)	-0.041 (-1.33)	-0.014 (-0.49)
L. RD	+	2.581** (2.51)	5.604*** (4.75)	2.710*** (5.96)	4.648*** (9.54)	3.140*** (5.67)	4.265*** (7.84)
L. SIZE	+	0.173* (1.77)	-0.092 (-0.82)	0.161*** (3.22)	-0.074 (-1.36)	0.072 (1.64)	0.002 (0.03)
L. ROA	+	0.025* (1.90)	0.049*** (2.74)	0.041*** (5.85)	-0.005 (-0.95)	0.016** (2.38)	0.002 (0.24)
L. LNGDP	+	-0.062 (-1.11)	-0.201** (-2.10)	0.016 (0.54)	0.019 (0.49)	-0.078*** (-2.67)	-0.065* (-1.90)
Controls		YES	YES	YES	YES	YES	YES
INDUSTRY		YES	YES	YES	YES	YES	YES
YEAR		YES	YES	YES	YES	YES	YES
Constant		1.310 (1.03)	3.147** (2.54)	-1.167** (-2.08)	1.752*** (3.11)	0.082 (0.16)	1.375** (2.51)
Observations		628	628	2452	2452	2424	2424
VIF		2.622	2.622	3.248	3.248	3.318	3.318
R^2_adjust		0.162	0.271	0.163	0.203	0.181	0.190

注：(1) Y1 和 Y2 为模型被解释变量，分别表示间接研发支持强度（INDIR_SUB_I）、直接研发支持强度（ITEM_SUB_I）。

(2) 括号内报告了经按照股票代码、年份进行群（Cluster）调整的 t 统计量。

(3) ***，**，*分别表示在 0.01，0.05，0.1 的水平上显著（双尾）。

（二）变量替换和模型选择

研究设计中涉及核心变量数目较多，目前有关文献中关于此类核心变量的定义也不统一。鉴于此，本书基于变量测度和模型选择方面做了以下几方面稳健性测试：(1) 以研发支持与公司总资产比值作为政府研发支持强度，以公司销售收入、员工人数对数值测度公司规模大小，以公司每股盈余（EPS）反映公司经营业绩，以地方财政收入衡量地方经济状况；（2）在控制变量选择上，以公司总资产增长率作为成长性变量，以前5大股东持股比例衡量公司股东结构；（3）考虑了各主要变量经过行业中位数调整后的回归结果。经变量替换的模型结果同上节基准回归模型结果保持很好的一致性，也进一步增强了研究结论的可靠性。

本章所建模型也考虑了主要影响因素的时间序列效应，选择了主要变量的滞后一期取值，并且主要模型所选用样本为混合数据（Pooling Data）。笔者还尝试采用了面板回归模型，所选样本为非平衡面板数据①，个别模型使用固定面板效应并不合适②。根据固定效应F检验和随机效应Hausman检验结果，在稳健性检验中笔者较多选用随机效应模型。为更好地考察研究样本个体在时间维度上的变化，本书还尝试建立主要变量差分模型，模型回归结果详见表4－12。其中企业政治关联因素的回归系数并不显著，而研发投入强度与直接研发支持补贴的

表4－12　　政府研发支持资源配置因素的稳健性：差分模型

因变量	Y = ΔINDIR_SUB_I		Y = ΔITEM_SUB_I	
自变量/OLS 模型	OLS	tstat	OLS	tstat
POLITIC	0.011	(0.80)	0.043	(1.34)
ΔTAX	-0.019	(-1.19)	-0.010	(-0.40)
ΔRD	-0.380	(-1.12)	1.708**	(2.33)
ΔSIZE	0.048	(1.61)	0.142**	(1.98)
ΔROA	0.003	(0.92)	0.012**	(2.34)
ΔLNGDP	0.631*	(1.79)	0.647	(1.56)
Controls	YES		YES	
INDUSTRY	YES		YES	
YEAR	YES		YES	
Constant	-0.097	(-1.21)	-0.050	(-0.46)
Observations	5194		5194	
VIF	2.587		2.587	
R2_adjust	0.014		0.031	

注：（1）括号内报告了经按照股票代码、年份进行群（Cluster）调整的t统计量。
（2）**，*分别表示在0.05，0.1的水平上显著（双尾）。

① 不同个体在年份序列上的观测值条目存在差异。
② 固定效应模型无法控制行业和年度个体效应。

系数显著为正，也说明我国政府研发支持政策更加关注企业研发投入状况，而政治关联无法显著地干扰政府创新支持资源配置。此外，基于政府研发支持倾向 Logit 模型，笔者还重新建立研发支持倾向的 Probit 模型，限于篇幅，回归结果在此不再赘述。各稳健性测试结果基本同前文实证模型相一致，表明本章结论具有很强稳健性。

七、本章小结

本章利用 A 股中小板和创业板上市公司 2008—2016 年非平衡面板数据，基于现存相关经验研究，将政府研发支持细分为直接研发支持和间接研发支持，通过单因素分析和回归模型探讨了科技型中小企业政府研发支持资源的配置因素。

主要实证结论包括：第一，科技型中小企业研发强度与两种类型的政府研发支持强度均显著正相关，表明企业研发强度是影响其获得政府研发支持资源的关键因素，我国政府研发支持资源分配更倾向于研发强度高的科技型中小企业；第二，在部分地区，成熟期的科技型中小企业，可能倾向于利用政治关联获得直接研发支持资源，但并未发现可以获得间接支持的经验证据；第三，政府研发支持强度（倾向）同企业纳税额、所在地方宏观经济水平呈显著负向关系，可能是因为经济发展水平较低的地区，为了鼓励发展本地区科技创新，在引进和支持高科技企业方面放低税收优惠的标准和门槛，这一地区的高科技公司相比经济发展水平较高的地区可能获得更高的间接型研发支持资源。但是稳健性检验结论表明，地方经济发展增量越高，辖区内的科技型中小企业可能获得的政府研发支持资源增量就越多，这意味着相比地方经济总量，地方经济的增量对企业研发支持的影响更为积极。此外，政府并不会因为企业对地方经济贡献了更多税收，而增加对企业创新支持资源的配置。总体而言，科技型中小企业政府研发支持资源配置是以引导企业加大研发投入为导向的，并未表现出显著的配置有偏性。

第五章 政府研发支持与企业融资约束

一、引言

企业创新是典型的资本密集型投资，需要大量资金的投入，当内部资金不足以支撑创新项目，而外部融资存在严重约束时，企业不得不推迟或放弃创新(周煜皓，2017)。根据融资约束理论，当企业内部现金流不足且外部融资成本较高时，会主动放弃一些净现值为正的投资项目，即融资约束导致的投资不足问题（卢馨等，2013）。目前，融资约束日益成为阻碍我国科技型中小企业可持续发展的瓶颈（吕玉芹，2005）。中小企业融资难问题备受国内政界和学界关注。纵观已有文献，国内相关研究多表现在理论分析和政策建议等方面[①]，关于具体政策实施效果的理论和经验研究仍不多见，专门针对扶持政策作用机理的文献更加鲜见。党的十八届三中全会已明确提出要改善科技型中小企业融资条件。考虑到我国对中小企业不断出台扶持政策，笔者利用我国深市中小板和创业板科技型中小企业数据，尝试探讨政府研发支持对缓解我国科技型中小企业融资约束问题方面的影响。

政府研发支持不但可以在一定程度上直接提供企业研发资金，还向外部资本市场释放利好信号，并且政府对获得研发支持的企业具有外部治理效应。本章基于现存经典文献，通过单因素分析和多元回归模型，主要检验三个问题：(1）政府研发支持是否可以有效缓解科技型中小企业融资约束；（2）不同类型的政府研发支持对科技型中小企业融资约束的影响是否存在差异；（3）不同期限的政府研发支持对科技型中小企业融资约束的影响有何不同。本书研究结论为缓解高科技企业发展融资约束困境和完善我国政府对科技型中小企业研发的

① 绝大多相关研究着眼于分析外部宏观的融资体系构建与改革。

支持政策提供了一定的理论指导和现实启示。

二、理论分析与研究假设

（一）资源效应假说

政府研发支持资源有利于科技型中小企业获取特殊生产要素、税收优惠和开展技术合作，然而我国政府对科技型中小企业扶持资源总量仍不高，且在支持资源配置方面具有较高程度有偏性。陈运森等（2009）认为在中国现行的政治经济体制之下，政府能显著地影响社会资源配置状况，并发现政治关联企业可以获得更多外部融资便利。邵敏等（2011）和步丹璐等（2012）发现，具有政治关联的企业更容易获得政府补助。高科技行业企业需要加大研发资源的投入，而资金是其顺利开展研发投资的重要前提。对于存在较高程度融资约束的中小企业，尤其是科技型中小企业，它们获得政府研发支持资源时，就意味着扶持资金直接流入或者减少企业经营现金流的流出，从而在一定程度上缓解企业融资约束，这就是政府研发支持的资源效应。

（二）信号传递假说

在信息不对称条件下，商业银行无法识别中小企业的内部投资风险，且研发投资具有其独特性，研发活动是一项进行持续积累投资的过程，研发投资面临着较大的调整成本（Himmelberg and Petersen，1994；卢馨等，2013；钟凯、程小可等，2017）；相比有形资产投资，企业的研发投资风险更高，更高的投资风险造成借贷双方更大程度上的信息不对称，外部融资约束强度更大（Myers，1977；Carpenter et al.，2002；Blanes et al.，2004；Meuleman et al.，2012；李彰、苏竣，2017）。因此，科技型中小企业申请银行贷款或公开募集资金时面临更高程度的信息不对称，逆向选择问题成为民营企业融资不畅的主要原因（林毅夫等，2001；于蔚等，2012）。此时，获得政府研发支持可以为投资者评估企业价值、进行投资决策提供必要参考依据。

完善的评级机构和审计机构可以在分析和评价企业质量和未来业绩方面为投资者提供高质量信息。而我国金融系统的基础设施不健全，没有完善的信用评估体系，市场上缺乏具有高公信力和高专业水准的第三方认证机构（于蔚等，

2012）。然而，科技型中小企业能够获得政府研发支持资源的，表明其研发活动获得政府部门认可，研发产品的社会效益、经济效益相对较高，经济可行性和研发成功概率相对更高，向资本市场释放企业未来业绩利好信号，大大降低了资本市场资金供求双方的信息不对称程度，从而缓解科技型中小企业融资约束，即政府研发支持的信号传递效应（王刚刚等，2017）。

综合以上讨论可知，政府研发支持可以直接为科技型中小企业提供研发资金，获得政府研发支持可以向资本市场释放利好信号。因此，政府研发支持政策应当为缓解科技型中小企业融资约束问题发挥积极作用。为此，笔者提出本章假设1：

H1：获政府 R&D 支持强度越高的企业，其融资约束越弱。

（三）公司外部治理理论

公司治理领域的研究一直备受学者关注。公司治理问题更大程度上是一个关于委托—代理的经济问题（陈冬华，2003）。政府部门出于提升地方经济竞争力，提高地方经济实力，稳定社会就业，扩大税源等方面的考虑，将经济资源投入到微观研发企业，期望微观企业能够高效、合理地利用政府研发支持资源。实际上，目前企业在申请和使用科研经费时乱象丛生，骗取项目资金、违规使用资金现象时常见诸报端[①]，其中，涉及的科研课题项目不乏国家级科技支撑计划和863计划等。例如，科技支撑计划“城市生态化公共照明与低碳建筑技术研究及示范”课题（编号2012BAC05B01）的承担单位——大连三维传热技术有限公司，挪用科研专项经费407万元，并向检查人员提供虚假财务资料[②]。微观企业同政府之间在某种程度上构成委托—代理关系。

根据代理理论，合理的制度安排可以有效降低代理问题和降低代理成本（Jensen et al.，1976）。政府研发支持是国家竞争和企业战略的一种正式制度，企业获得研发支持资源的同时也必须接受政府主管部门的考核评价。研发投资活动是一个持续性、积累性的投资过程（卢馨等，2013），通常情况下，政府对高新技术创新项目支持资金数额较大，不同层次的研发支持部门都将继续对企业进行的研发项目进行后续追踪管理，对项目进行论证和考评，以确保扶持资

① 科研经费乱象：纵向经费申请受偏爱 报销存漏洞［OL］. http：//www. qianhuaweb. com/content/2014 - 01/15/content_4600801. htm.

② 科技部首次点名通报4起违规使用科研经费问题［OL］. http：//paper. people. com. cn/rmrb/html/2014 - 08/04/nw. D110000renmrb_20140804_3 - 12. htm.

金获得最大投入—产出比。政府部门对科技型中小企业管理层和股东的外部监督和治理机制，不仅解决了政府部门—微观企业的委托代理问题和管理者与股东之间的利益冲突问题，而且解决了公司大小股东间的第二类委托代理问题，即政府研发支持的外部治理效应。

（四）研发支持类型与期限

一般地，政府研发支持可采取多种方式，主要包括财政补贴、权益投资、贷款贴息和税收优惠等（刘虹等，2012；秦雪征等，2012）。不同政府研发支持为企业带来的资源效应、信号传递效应和外部治理效应也会产生差异。研究发现，政府研发补贴的方式不同，政府的角色不同（唐清泉等，2008）。根据前文理论分析，相比未指明使用用途的一般性研发支持资源，政府指明使用用途、有明确项目的研发支持资金在更大程度上接受政府部门的监督和考评。政府间接研发支持（例如税收优惠）无须政府单独划拨财政资金，申请审批更加灵活，覆盖企业数目更多（胡明勇等，2001），对企业具体研发项目不做过多详细要求，企业获得此类研发支持资源时，向资本市场释放利好信号效应被同类企业冲淡。因此，与政府间接研发支持相比，政府直接研发支持的外部治理效应更强，向资本市场释放更强利好信号。基于研发支持政策对企业融资约束的动态影响视角，在相同条件下，当企业长期获取政府研发支持时，政府研发支持的资源效应、信号传递效应和外部治理效应均会优于短期政府研发支持。为此，提出本章假设 2 和假设 3：

H2：相比间接支持，直接政府研发支持更能显著地缓解科技型中小企业融资约束。

H3：相比短期支持，长期政府研发支持更能显著地缓解科技型中小企业融资约束。

三、研究设计

本部分实证研究设计主要分析科技型中小企业的政府研发支持资源对缓解其融资约束困境的作用。主要包括研究样本、变量选择与实证模型等内容。具体而言，首先，基于第四章实证研究所选择数据来源，描述了所选择样本的具体分布情况；然后，借鉴现存经典经验研究所选择的相关变量，阐述了各变量定义与计算方法，并构建计量分析模型。

（一）研究样本

本章实证研究所选择数据来源和样本筛选程序同第四章一致。其中，投资—现金流敏感性模型（Fazzari，Hubbard et al.，1988）、融资约束 KZ 指数（Kaplan and Zingales，1997）和外源融资约束指数（Cleary，1999；罗宏、陈丽霖，2012）的变量均来自 Wind 资讯金融数据库原始数据并经自行计算而得。剔除融资约束的度量指数无法计算或相关财务数据缺失的观察记录，最终本章所选样本共包括 6667 条记录①。此外，为消除变量异常值影响，笔者在 1% 和 99% 分位数水平上对各连续变量进行缩尾处理（Winsorize）。

（二）变量与模型

1. 投资—现金流敏感性模型

公司金融类实证研究文献做了大量关于识别和检验企业融资约束程度的有益尝试。其中，早期文献（Fazzari et al.，1988）率先构建投资—现金流敏感性模型（Investment - Cash Flow Sensitivity）识别企业融资约束，以模型中企业现金流回归系数（投资—现金流敏感度）的大小来反映融资约束的强弱。此模型在后续企业融资约束研究中被广泛引用。考虑到企业面临融资约束时，投资决策受到企业投资机会、财务状况等多方面因素影响，国内外学者对此模型又做了多种改进（Colombo et al.，2013；罗宏等，2012；连玉君、程建，2007；卢馨等，2013；罗党论、甄丽明，2008）。综合相关经典文献，本书参考投资—现金流模型（Fazzari et al.，1988；罗宏等，2012；卢馨等，2013；姜付秀、石贝贝等，2016；李栋栋、陈涛琴，2017），检验科技型中小企业政府研发支持对企业投资—内部现金流敏感性的影响，借此分析科技型中小企业研发支持能否解决其所面临的融资约束问题。本书所构建企业投资—现金流敏感性回归模型如下：

$$\frac{I_t}{K_{t-1}} = \gamma_0 + \gamma_1 \frac{CF_t}{K_{t-1}} + \gamma_2 SUB\_I_t + \gamma_3 SUB\_I_t * \frac{CF_t}{K_{t-1}} + \sum_{k=1}^{10} \gamma_k CONTROLS + \sum_{k=1}^{12} \alpha_k IND + \sum_{k=1}^{6} \beta_k YEAR + \varepsilon \quad (式 5-1)$$

其中，I/K 表示企业当期投资水平，C/F 表示经营活动现金流量，γ_1 表示投

① 考虑到本章建立企业投资——现金流敏感性模型 Fazzari（1988）所使用关键变量存在缺少值，最终样本观察记录共 6667 条。

资对经营活动现金流量的敏感性。若 γ_1 显著大于 0，表示企业的投资对其内部现金流敏感，企业外部融资约束明显；若 γ_1 显著等于 0，表示企业的投资对其内部现金流不敏感，企业受外部融资约束不显著。SUB_I 表示政府研发支持强度。交互项 SUB_I *（I/K）的系数 γ_3 表示政府研发支持对企业投资—现金流敏感性系数的调节作用。若 γ_3 显著小于 0，表示政府研发支持可以显著降低科技型中小企业的投资—现金流敏感系数，即政府研发支持可以有效缓解科技型中小企业融资约束。根据本章理论分析，笔者假设 γ_3 显著小于 0。模型涉及主要变量的有关定义详见表 5－1，其他控制变量定义与前文保持一致，同时控制了行业和年份固定效应。

表 5－1　测算融资约束涉及的变量定义

变量名称	变量代码	变量取值方法及说明
企业投资	I/K	（本期固定资产、在建工程净值、工程物资三项增加值之和）/期初总资产净值（Fazzari et al.，1988；罗宏等，2012）
Cleary 指数	Cleary	企业融资约束 Cleary 指数（Cleary，1999；罗宏等，2012）
KZ 指数	KZ	企业融资约束 KZ 指数（Kaplan et al.，1997；黎文靖等，2017）
长期政府研发支持	SUB_D_i	过去 3 年、4 年、5 年内均获得较高政府研发支持，＝1；否则，＝0。（按照同年份同行业样本分组，政府研发支持强度高于上四分位数（P75）的样本视作当年获得较高政府研发支持强度。）
现金流量	CF/K	当期经营活动产生的现金净流量/期初总资产（连玉君等，2007；罗宏等，2012）
主营业务收入	S/K	本期主营业务收入/期初总资产（童盼等，2005）
现金持有	CAH/K	期末现金及等价物余额与期初总资产的比值（罗宏等，2012）
托宾 Q 值	TOBINQ	（期末股权市值＋负债账面价值）/期末总资产账面价值
清偿比率	SALVACY	期末所有者权益与期末总负债比（阳佳余，2012）
流动比率	Lratio	期末流动资产/期末流动负债（罗宏等，2012）
有形资产净值率	NET_TANGIB	期末企业有形资产/期初总资产（阳佳余，2012）
商业信用水平	ACCR	（期末应付账款＋期末应付票据＋期末预收账款）/期初总资产（魏志华等，2014；罗宏等，2012）
银行贷款	BANKCNC	（期初短期借款＋期初长期借款）/期初总资产（魏志华等，2014）
股利支付率	DIVID	每股股利/每股收益×100（罗宏等，2012）

2. 融资约束指数构造

投资—现金流敏感性模型（Fazzari et al.，1988）虽在公司金融类文献研究中被广泛引用，但该模型也存在一些自身不足，部分学者并不认同此模型的合理性（于蔚等，2012；Kaplan et al.，1997；Cleary，1999）。相关研究认为，融资约束并非导致投资对现金流敏感的唯一原因（Vogt，1994；于蔚等，2012），由于股东、经理人的委托代理关系，管理层可能因帝国构建、在职消费等原因进行过度投资，影响到投资—现金流敏感度；同时，企业现金流量不仅包含财务信息，也包含部分投资机会的信息。部分经验证据显示，投资对现金流的敏感性并未随着融资约束程度增强而增大（Kaplan et al.，1997；Cleary，1999；连玉君等，2007）。为此，学者尝试构建可以测度企业融资约束程度的指数。

事实上，企业融资约束程度很难直接测度（卢馨等，2013），但理论上，企业的融资约束程度可以通过许多关键的公司财务指标间接地反映出来（魏志华、曾爱民等，2014；黎文靖、李茫茫，2017）。Kaplan et al.（1997）认为现金流量比率、股利支付率、企业价值（Tobin'Q）、资产负债率等指标可以作为反映企业融资约束程度的代理变量，并首次以这些指标对全样本按照融资约束程度进行分组打分，然后建立顺序 Logit 回归模型（Order Probit），并将模型的预测值作为融资约束的综合指数——KZ 指数。这种计算融资约束指数的方法在随后的相关经验研究中被广泛借鉴（魏志华等，2014；Almeida，Campello et al.，2004；罗宏等，2012；Cleary，1999；姜付秀等，2016；黎文靖等，2017）。当然，此种选择多个定量财务指标构建综合信息综合指标的方法也存在一定缺陷①，受到部分学者的质疑。例如，为克服综合指数可能存在的内生性问题，Hadlock and Pierce（2010）指出应当使用外生变量构建企业融资约束指数，并尝试构建以企业规模和成立年龄为基础的 SA 指数②，学者均是直接利用其测量公式进行计算（Linck，Netter et al.，2013；吴娜，2013），但考虑到国内外融资环境、制度背景差异，直接利用此计算公式测度中国公司融资约束仍欠妥，因此，国内学者对 SA 指数引用并不广泛。综合融资约束指标测度学术界的认可度和相关数据的可得性，本书主要借鉴经验研究文献（魏志华等，2014；Almeida et al.，2004；阳佳余，2012；罗宏等，2012；Cleary，1999；Kaplan et al.，1997），构建了企业融资约束指数——KZ 指

① 在综合融资约束指数中包含了某些具有内生性特征的融资变量，可能产生内生性问题吴娜（2013）。

② 其计算公式为：$SA = -0.737 * SIZE + 0.043 * SIZE^2 - 0.04 * AGE$。

数和 Cleary 指数，以测度科技型中小企业融资约束状况。

本章构建 KZ 指数步骤具体如下：(1) 借鉴此前学者（阳佳余，2012；罗宏等，2012）的做法，按照现金流量比率（C/F）、现金持有（CASH/F）、股利支付率（DIVID）、企业价值（TOBINQ）和资产负债率（LEV）的大小，分别将相同年份的样本分为3组。现金流量比率（C/F）、现金持有（CASH/F）、股利支付率（DIVID）三项指标相同年份的原始值所属高组、中组和低组的记录分别赋值1，2，3；企业价值（Tobin'Q）和资产负债率（LEV）两项指标相同年份的原始值所属高组、中组和低组的记录分别赋值3，2，1。(2) 加总各组赋值，将5变量所赋值横向加总生成 KZ 总分。(3) 采用顺序逻辑回归（Order Probit)[①] 模型，将第（2）步中所得 KZ 总分作为因变量，以金流量比率（C/F）、现金持有（CASH/F）、股利支付率（DIVID）、企业价值（Tobin'Q）和资产负债率（LEV）作为解释变量构建回归模型，估计变量回归系数。(4) 运用上述回归模型的估计系数，重新计算出因变量的预测值。此预测值测度该样本融资约束程度——KZ 指数，并且 KZ 指数越大，意味着上市公司面临的融资约束程度越高。

企业的融资约束程度同企业内外部多种因素关系密切。国内学者（阳佳余，2012；罗宏等，2012）综合考虑了可以反映企业内外部融资约束的代理指标，主要包括企业受到的内源资金约束、商业信贷约束、外源资金约束、投资机会等方面。为此，本章也构建了样本融资约束指数——Cleary 指数[②]，计算思路同 KZ 指数类似。不同之处在于，笔者选择了更多反映企业融资能力的指标。具体计算思路为：(1) 选择资产规模、流动性比率、有形资产净值率、现金持有比率、商业信用水平和总资产报酬率（ROA）六个指标，该类指标越高，表明企业越容易获取外部资金或具有更高内部积累，其融资约束程度也越低。(2) 将相同年份全部样本按照上述六个原始取值由高到低分为5组，分别赋值1，2，3，4和5，再将六个指标分组的赋值进行横向加总得到 Cleary 总分。(3) 采用顺序逻辑回归（Order Probit）模型，将第（2）步中所得 Cleary 总分作为因变量，以资产规模、流动性比率和有形资产净值率等六个指标变量作为解释变量进行回归，估计变量回归系数。(4) 运用上述回归模型的估计系数，重新计算出因变量的预测值，此预测值作为融资约束 Cleary 指数值，该指标数值越高，

① 在稳健性检验中还采用了 Order Logit 模型，实证检验结果保持一致。

② 按照阳佳余（2012）和罗宏等（2012）的做法，计算的 Cleary 指数越高代表公司融资约束程度越低；与这两篇文献做法不同，笔者在按照变量分组赋值时同两位学者的赋值顺序相反，因此计算的 Cleary 指数越高代表公司融资约束程度越高。

则表明企业的融资约束程度也越高。

3. 其他控制变量

为检验本章所提研究假设，除构建投资—现金流敏感性模型（Fazzari et al.，1988）（式5-1）外，笔者参照相关经验研究构建关于融资约束综合指数回归模型（式5-2），探讨了科技型中小企业政府研发支持强度对其融资约束状况的影响。借鉴经典研究文献（卢馨等，2013；魏志华等，2014；阳佳余，2012；罗宏等，2012；于蔚等，2012；罗党论等，2008；童盼、陆正飞，2005），笔者还控制了企业财务业绩、股权结构、高管薪酬、审计意见类型、上市年龄等因素。相关变量定义详见表5-2。本章构建的基本多元回归模型如下：

$$FINC\_Index = \beta_0 + \beta_1 SUB\_I + \sum_{k=1}^{9} \beta_k CONTROLS + \sum_{k=1}^{12} a_k IND + \sum_{k=1}^{6} \gamma_k YEAR + \varepsilon$$

（式5-2）

其中，融资约束指数FINC_Index分别由Cleary指数和KZ指数作为代理变量；为了进一步探究不同类型政府研发支持强度对科技型中小企业融资约束的影响差异，同以上章节分类保持一致，将政府研发支持分为直接研发支持强度（ITEM_SUB_I）与间接研发支持强度（INDIR_SUB_I）。此外，为更深入研究政府研发支持对缓解中小企业融资约束的动态效应，笔者还分析了不同期限研发支持（SUB_D）在缓解科技型中小企业融资约束方面的差异。

表5-2　　融资约束模型有关变量描述性统计

变量	观测值	最小值	均值	中位数	最大值	标准差
Panel A：投资-现金流敏感性模型						
I/K	6667	-0.077	0.064	0.038	0.490	0.089
CF/K	6667	-0.242	0.060	0.057	0.559	0.103
S/K	6667	0.128	0.784	0.674	3.489	0.495
CAH/K	6667	0.018	0.398	0.242	2.637	0.480
Panel B：融资约束指数						
KZ3	6667	-0.729	1.225	1.178	3.465	0.827
KZ5	6667	-0.950	1.246	1.198	3.681	0.900
Cleary3	6667	-18.861	-9.897	-9.346	-6.316	2.161
Cleary5	6667	-21.784	-11.410	-10.769	-7.344	2.501

注：融资约束指数KZ3（Cleary3）表示计算KZ（Cleary）指数时将主要变量按照从小到大分为高、中、低三组，分别赋值，为保证结果稳健性笔者还尝试将所用变量按照从小到大分为五组，分别赋值计算并表示为KZ5（Cleary5）。

基于本章研究假设和理论分析，政府研发支持可以有效地缓解科技型中小企业融资约束程度，预期政府研发支持强度系数显著为负，且直接政府研发支持强度系数也显著为负，而间接政府研发支持强度系数不显著。通常情况下，较大规模的企业或上市年龄较大的公司拥有更多社会资源，其融资约束相对较低，预期公司规模系数和企业上市年龄变量的系数显著为负。企业财务业绩（ROA）越好，现金流越高，机构持股比例越高，其融资约束就越低，因此，预期企业总资产报酬率（ROA）和机构持股（INS）的系数应当显著为负；相反，投资机会多，企业融资规模就大，因此主营业务收入增长率（Growth）的系数预期显著为正；当企业资产负债率较高时，企业财务风险加大，进一步获得外部融资的困难增大，故企业资产负债率（LEV）系数也应当显著为正。

四、实证结果与分析

（一）描述性分析

表5－2报告了各主要变量的描述性统计情况。Panel A描述了投资—现金流敏感性模型所涉及的主要变量分布。由于企业投资变量（I/K）[①] 存在缺失值，样本总数共6667条记录；企业投资（I/K）、经营活动现金净流量（CF/K）、主营业务收入（S/K）和现金持有（CAH/K）的均值（中位数）分别为0.064（0.038），0.060（0.057），0.784（0.674），0.398（0.242），投资—现金流敏感性模型中主要变量的均值和中位数相差不大，其分布可近似视作是对称的，变量取值分布同主流文献相一致（姜付秀等，2016）。Panel B列示了融资约束指数——Cleary指数和KZ指数的具体情况，相同年份全部样本的测算变量按照原始取值由高到低，细分为三组和五组，计算出的KZ指数和Cleary指数分别保持良好的稳健性，KZ指数的数量级与最新主流文献结果相差不大（姜付秀等，2016；黎文靖等，2017）；相比KZ指数，Cleary指数的数量级更高，方差更大，波动性更差一些。总体看，各个指数的标准差变动不大，说明本章使用融资约束指数波动相差不大。除样本数量减少外，本章所涉及其他解释变量和控制变

① 企业投资水平（I/K）以（本期固定资产、在建工程净值、工程物资三项增加值之和）/期初总资产净值作为代理变量。个别公司个别年份的固定资产、在建工程和工程物资增加值为负数，导致企业投资（I/K）最小值为负值。

量同第四章控制变量的描述保持异质性，也初步显示了本研究样本数据的一贯性。

表 5－3 中 Panel A 列示了投资—现金流敏感性模型（Fazzari et al.，1988）所涉及各主要变量间的相关系数矩阵。可知，各变量之间除资产负债率（LEV）同银行贷款（BANKCNC）的相关系数在 1% 水平上显著达到 0.70 以上外，其他各变量之间的 Spearman 相关系数和 Pearson 相关系数的绝对值基本上都处在 0.10 以下，初步表明后续实证分析模型中基本不存在多重共线性问题。从企业投资水平（I/K）同主要变量相关性系数分析，企业经营活动现金净流量（CF/K）、主营业务收入（S/K）、现金持有（CAH/K）、企业价值（TOBIN'Q）和主营业务收入增长率（Growth）同企业投资水平（I/K）至少在 10% 水平上显著为正，初步表明现金流量状况和企业财务业绩同企业投资水平显著正相关；但是，科技型中小企业获得政府研发支持同企业投资水平并不存在显著的相关关系。为进一步验证政府研发支持对科技型中小企业融资约束的影响，笔者在后续投资—现金流敏感性回归模型中做进一步讨论。

表 5－3 中 Panel B 报告了科技型中小企业融资约束指数回归模型中主要变量间的相关系数矩阵。显然，Cleary 融资约束指数和 KZ 指数之间的相关系数接近 0.50，并且在 1% 水平上显著，表明根据两类指数所得实证结果具有一定的稳健性。不难发现，政府直接研发支持强度（ITEM_SUB_I）同 Cleary 融资约束指数和 KZ 指数的相关系数均显著为负值，间接研发支持强度（INDIR_SUB_I）同两类融资约束指数的相关系数也均为负值且在 1% 水平上显著，意味着两类政府研发支持对缓解科技型中小企业融资约束均具有显著的缓解效应。此外，融资约束指数同企业业绩（ROA）和股权集中度（TOP3）相关系数也显著为负值，初步表明企业财务业绩越好，持股集中度越高，其融资约束就越低；相反，企业融资约束指数同资产负债率（LEV）相关系数显著为正，初步表明企业资产负债率越高，融资约束就越高。总之，通过各主要变量相关性分析，验证了本章所提假设。

（二）单因素分析

为了进一步验证科技型中小企业政府研发支持强度对其融资约束状况的影响，本书分别按照科技型中小企业直接研发支持强度（ITEM_SUB_I）、间接研发支持强度（INDIR_SUB_I）和总资产报酬率（ROA）的中位数，将全样本逐年细分为两组，然后对两组样本融资约束指数的均值和中位数进行独立样本 T 检验

表 5－3　　　　主要变量相关系数矩阵

Panel A：投资——现金流敏感性模型的主要变量相关系数矩阵

变量		1	2	3	4	5	6	7	8	9	10	11	12	13	14
I/K	1	1	0.082***	0.025*	0.024*	0.169***	0.122***	-0.106***	0.167***	0.013	0.022	0.192***	0.205***	-0.010	0.131***
TAX_SUB_I	2	0.065***	1	0.157***	0.081***	-0.070***	0.026*	0.095***	-0.065***	-0.035**	0.069***	0.036**	0.026*	0.030**	-0.106***
ITEM_SUB_I	3	0.012	0.156***	1	0.012	-0.353***	0.065***	0.207***	-0.152***	-0.199***	-0.079***	-0.066***	-0.025*	-0.022	-0.166***
CF/K	4	0.012*	0.097***	0.062***	1	0.100***	0.284***	0.219***	-0.311***	-0.223***	-0.009	0.366***	0.054***	0.071***	0.060***
S/K	5	0.176***	-0.112***	-0.271***	0.027*	1	0.139***	-0.041***	0.169***	0.214***	0.070***	0.427***	0.287***	0.045***	0.147***
CAH/K	6	0.111***	0.123***	0.0791***	0.122***	0.260***	1	0.249***	-0.394***	-0.501***	-0.283***	0.384***	0.178***	-0.093***	0.154***
TOBIN'Q	7	-0.084***	0.179***	0.153***	0.082***	-0.034**	0.156***	1	-0.291***	-0.358***	-0.333***	0.346***	0.120***	-0.005	0.006
BANKCNC	8	0.280***	-0.154***	-0.127***	-0.094***	0.181***	-0.196***	-0.240***	1	0.742***	0.322***	-0.175***	0.089***	0.076***	-0.089***
LEV	9	0.048***	-0.171***	-0.186***	-0.069***	0.170***	-0.401***	-0.313***	0.704***	1	0.439***	-0.226***	0.067***	0.167***	-0.102***
SIZE	10	0.056***	-0.091***	-0.091***	-0.011	0.086***	-0.218***	-0.313***	0.305***	0.465***	1	-0.026*	0.109***	0.335***	-0.093***
ROA	11	0.134***	0.086***	-0.056***	0.115***	0.346***	0.326***	0.341***	-0.139***	-0.236***	0.008	1	0.361***	0.067***	0.157***
Growth	12	0.193***	0.014	-0.058***	0.015	0.264***	0.111***	0.077***	0.148***	0.088***	0.137***	0.292***	1	0.101***	-0.010
INS	13	-0.000	-0.021	-0.012	0.003	0.051***	-0.122***	-0.010	0.053***	0.171***	0.331***	0.091***	0.074***	1	0.058***
TOP3	14	0.105***	-0.064***	-0.117***	0.025*	0.151***	0.140***	0.014	-0.046***	-0.092***	-0.068***	0.158***	-0.015	0.116***	1

续表

Panel B：关于融资约束指数回归模型的主要变量相关系数矩阵

变量		1	2	3	4	5	6	7	8	9	10	11	12	13
KZ3	1	1	0.999 ***	0.483 ***	0.482 ***	-0.051 ***	-0.155 ***	0.885 ***	0.261 ***	-0.278 ***	0.126 ***	-0.094 ***	0.087 ***	0.089 ***
KZ5	2	0.999 ***	1	0.481 ***	0.479 ***	-0.053 ***	-0.153 ***	0.872 ***	0.248 ***	-0.279 ***	0.121 ***	-0.092 ***	0.084 ***	0.089 ***
Cleary3	3	0.494 ***	0.496 ***	1	1.000 ***	-0.060 ***	-0.050 ***	0.488 ***	0.016	-0.672 ***	0.038 ***	-0.124 ***	-0.045 ***	0.099 ***
Cleary5	4	0.493 ***	0.494 ***	1.000 ***	1	-0.061 ***	-0.052 ***	0.487 ***	0.0162	-0.662 ***	0.040 ***	-0.122 ***	-0.045 ***	0.098 ***
TAX_SUB_I	5	-0.142 ***	-0.140 ***	-0.139 ***	-0.139 ***	1	0.157 ***	-0.035 **	0.069 ***	0.036 **	0.030 **	-0.106 ***	0.069 ***	-0.090
ITEM_SUB_I	6	-0.131 ***	-0.128 ***	-0.062 ***	-0.064 ***	0.156 ***	1	-0.199 ***	-0.079 ***	-0.066 ***	-0.022	-0.166 ***	0.0143	0.003
LEV	7	0.881 ***	0.866 ***	0.443 ***	0.442 ***	-0.171 ***	-0.186 ***	1	0.439 ***	-0.226 ***	0.167 ***	-0.102 ***	0.111 ***	0.072 ***
SIZE	8	0.275 ***	0.260 ***	0.055 ***	0.056 ***	-0.091 ***	-0.091 ***	0.465 ***	1	-0.026 *	0.335 ***	-0.093 ***	0.239 ***	-0.031 **
ROA	9	-0.299 ***	-0.302 ***	-0.570 ***	-0.560 ***	0.086 ***	-0.056 ***	-0.236 ***	0.008	1	0.067 ***	0.157 ***	0.028 *	-0.108 ***
INS	10	0.125 ***	0.120 ***	0.069 ***	0.071 ***	-0.021	-0.012	0.171 ***	0.331 ***	0.091 ***	1	0.058 ***	0.061 ***	-0.027 *
TOP3	11	-0.096 ***	-0.100 ***	-0.142 ***	-0.141 ***	-0.064 ***	-0.117 ***	-0.092 ***	-0.068 ***	0.158 ***	0.116 ***	1	-0.048 ***	-0.035 **
GREN	12	0.092 ***	0.089 ***	-0.028 *	-0.023 *	0.048 ***	0.002	0.120 ***	0.247 ***	0.025 *	0.061 ***	-0.053 ***	1	-0.019
LISTAGE	13	0.103 ***	0.104 ***	0.079 ***	0.078 ***	0.021	0.030 **	0.087 ***	-0.030 **	-0.110 ***	-0.030 **	-0.038 **	-0.024 *	1

注：（1）相关系数矩阵上三角和下三角部分分别列示了各变量之间的 Pearson 相关系数和 Spearman 相关系数。

（2）由于限于篇幅和版面，笔者仅列示了后续统计分析所用核心变量间的相关系数，其他未列示变量之间相关系数在 1% 水平上均未超过 0.5。

（3）融资约束指数 KZ3 表示计算 KZ 指数时将主要变量按照从小到大分为高、中、低三组，分别赋值，为保证结果稳健性笔者还尝试将所用变量按照从小到大分为五组，分别赋值；计算融资约束指数 KZ5（Cleary5），两类指标相关系数分别达 0.90 以上。

（4）***，**，* 分别表示在 0.01，0.05，0.1 的水平上显著（双尾）。

和 Wilcoxon 秩和检验，考察两组之间的融资约束程度有无显著差异，相关检验结果分别列示在表 5-4 的 Panel A 至 Panel C。

表 5-4　　　　　　　　　　单因素分析

Panel A：直接研发支持低强度组（N1 = 3336）与直接研发支持高强度组（N2 = 3331）								
变量	N1	均值 1	中位数 1	N2	均值 2	中位数 2	均值差	秩和检验（Z）
KZ3	3336	1.337	1.294	3331	1.114	1.071	0.223***	67.936***
KZ5	3336	1.363	1.331	3331	1.128	1.091	0.234***	65.535***
Cleary3	3336	-9.765	-9.286	3331	-10.03	-9.409	0.265***	7.866***
Cleary5	3336	-11.26	-10.70	3331	-11.57	-10.84	0.310***	10.218***
Panel B：间接研发支持低强度组（N1 = 3716）与间接研发支持高强度组（N2 = 2951）								
变量	N1	均值 1	中位数 1	N2	均值 2	中位数 2	均值差	秩和检验（Z）
KZ3	3716	1.236	1.184	2951	1.212	1.168	0.024	0.257
KZ5	3716	1.260	1.206	2951	1.228	1.183	0.032	0.726
Cleary3	3716	-9.872	-9.310	2951	-9.930	-9.392	0.058	4.986**
Cleary5	3716	-11.38	-10.73	2951	-11.45	-10.83	0.066	4.768**
Panel C：企业业绩（ROA）较差组（N1 = 3336）与企业业绩（ROA）较优组（N2 = 3331）								
变量	N1	均值 1	中位数 1	N2	均值 2	中位数 2	均值差	秩和检验（Z）
KZ3	3336	1.407	1.348	3331	1.043	0.991	0.365***	195.273***
KZ5	3336	1.448	1.390	3331	1.043	1.003	0.405***	202.178***
Cleary3	3336	-9.053	-8.756	3331	-10.74	-10.03	1.689***	1336.468***
Cleary5	3336	-10.45	-10.10	3331	-12.37	-11.55	1.920***	1276.271***

注：（1）融资约束指数 KZ3（Cleary3）表示计算 KZ（Cleary）指数时将主要变量按照从小到大分为高、中、低三组，分别赋值。为保证结果稳健性笔者还尝试将所用变量按照从小到大分为五组，分别赋值计算融资约束指数 KZ5（Cleary5）。具体计算公式如表 5-6 所示。

（2）***，** 分别表示在 0.01，0.05 的水平上显著（双尾）。

表 5-4 Panel A 列示了按照直接政府研发支持强度（ITEM_SUB_I）进行分组的单因素分析结果。其中，直接政府研发支持强度高于同年中位数的样本组（N2 = 3331）的融资约束指数（KZ3，KZ5 和 Cleary 3，Cleary 5）均值（1.114，1.128，-10.03，-11.57），要低于间接政府研发支持低强度组（N1 = 3336）对应的均值（1.337，1.363，-9.765，-11.26），并且在 1% 水平上显著。两组中位数 Wilcoxon 秩和检验的统计量 Chi^2 值也在 1% 水平上显著。这同上节相关性分析结论相一致，再次说明了直接政府研发支持强度越高，企业融资约束程度就越低。Panel B 分别报告了按照间接研发支持强度（INDIR_SUB_I）中位数

进行分组的单因素分析结果，间接政府研发支持低强度组的均值同间接政府研发支持高强度组之间无显著差异，未能显著地证明间接政府研发支持强度对企业融资约束的缓解效应，而两组的中位数存在显著差异。Panel C 报告了按照企业经营业绩中位数分组的单因素分析结果，也是同前文的相关系数分析结果相一致的，在此不再赘述。综上所述，单因素均值 T 检验和中位数 Wilcoxon 秩和检验结果均较好地验证了本章所提研究假设 1 和假设 2。

（三）回归分析

本部分通过构建多元线性回归分析模型，进一步检验了政府研发支持对科技型中小企业融资约束的影响；同时讨论了不同类型政府研发支持强度对科技型中小企业融资约束影响差异，以及不同支持期限的政府研发支持对缓解科技型中小企业融资约束的作用。考虑到政府研发支持对象选择的偏误性（Selection Bias）并由此可能引起的内生性问题，本章还构建了 Heckman 两阶段回归模型（Heckman，1979）和工具变量动态回归模型，并采用 GMM 系统估计（Blundell and Bond，1998）和 LSDVC（Least Squares Dummy Variable Corrected）等多种方法进行参数估计。通过一系列的稳健性检验，各个回归模型结果仍然相对比较稳定，可以较好地证明本章所提假设。

由表 5-3 主要变量相关系数矩阵描述可知，模型中各自变量间的 Pearson 相关系数和 Spearman 相关系数绝对值均不超过 0.75，且各 OLS 回归变量的方差膨胀因子 VIF 值都低于 10，VIF 均值也明显未超过 5.0（邓新明等，2014；Snijders et al.，1999），总体表明所建统计模型不存在多重共线性问题。

1. 政府研发支持与企业投资—现金流敏感性系数

本章进一步讨论了直接政府研发支持强度（ITEM_SUB_I）和间接政府研发支持强度（INDIR_SUB_I）对科技型中小企业投资—现金流敏感性的影响。表 5-5 中报告了科技型中小企业投资—现金流敏感性模型回归结果，其中 Panel A 和 Panel B 分别建立了混合数据 OLS 回归模型和面板固定效应模型[①]。

由 Panel A 中模型 1（Model 1）和 Panel B 中模型 1（Model 1）回归结果可知，直接政府研发支持强度（ITEM_SUB_I）的系数为正[②]，表明直接政府研发支持同科技型中小企业投资水平正向变动；现金流量（CF/K）的系数至少在

① 本书中时间序列维度年数相对较少，固定效应模型中行业效应和年度个体效应被自动忽略。

② 只有在面板数据效应模型中，变量的显著性水平才达到10%。

10%水平上显著为正值，表明科技型中小企业投资—现金流敏感性系数为正；直接政府研发支持强度同现金流的交互性系数（ITEM_SUB_I * CF/K）至少在5%水平上显著为负值，表明获得政府研发支持的科技型中小企业相比未获政府研发支持的样本，投资—现金流敏感性系数显著下降；并且两种效应加总后，投资—现金流敏感性系数变为负值（例如 Panel A 中，-0.008+0.005=-0.003），表明即便企业现金流处在较低水平，科技型中小企业也会进行较高水平的投资，即政府研发支持可以有效提高科技型中小企业投资水平。

表 5-5　　　　投资——现金流敏感性回归模型

Panel A：投资——现金流敏感性模型：OLS 回归分析

模型		(Model 1)		(Model 2)	
因变量	预期符号	Y = I/K		Y = I/K	
自变量		OLS	t-stat	OLS	t-stat
ITEM_SUB_D	+	0.005***	(4.39)		
ITEM_SUB_D * CF/K	-	-0.008**	(-2.21)		
INDIR_SUB_D	+			0.002*	(1.75)
INDIR_SUB_D * CF/K	-			-0.004*	(-1.85)
CF/K	+	0.093***	(5.38)	0.088***	(5.55)
CONTROLs	-	YES		YES	
INDUSTRY		YES		YES	
YEAR		YES		YES	
Constant		-0.062**	(-2.32)	-0.061**	(-2.26)
Observations		6667		6667	
VIF		4.659		4.655	
R^2_adjust		0.195		0.192	

Panel B：投资——现金流敏感性模型：面板数据固定效应

模型		(Model 1)		(Model 2)	
因变量	预期符号	Y = I/K		Y = I/K	
自变量		固定效应	t-stat	固定效应	t-stat
ITEM_SUB_D	+	0.180**	(2.56)		
ITEM_SUB_D * CF/K	-	-1.671***	(-3.47)		
INDIR_SUB_D	+			0.029	(0.75)
INDIR_SUB_D * CF/K	-			0.396	(1.29)
CF/K	+	1.409***	(3.04)	0.254	(1.03)

续表

Panel B：投资——现金流敏感性模型：面板数据固定效应					
模型		(Model 1)		(Model 2)	
因变量	预期符号	Y = I/K		Y = I/K	
自变量		固定效应	t - stat	固定效应	t - stat
CONTROLs	-	YES		YES	
INDUSTRY		YES		YES	
YEAR		YES		YES	
Constant		-0.279	(-0.60)	-0.128	(-0.28)
Observations		3428		3428	
Number ofstkcde		923		923	
R^2_overall		0.245		0.241	

注：(1) 括号内报告了经 White 异方差调整和按照股票代码、年份进行了群调整的 t 统计量。

(2) 模型 1（Model 1）至模型 3（Model 3）均是本章式 5 - 1 的变型，是分别将直接政府研发支持强度（ITEM_SUB_I）和间接研发支持强度（INDIR_SUB_I）及其同经营活动现金净流量的交互项放入 OLS 模型和面板固定效应模型。

(3) 回归模型观测值共 6667 条，共涉及 923 只股票。

(4) R^2_overall 表示面板模型总体拟合优度 R^2。

(5) ***，**，*分别表示在 0.01，0.05，0.1 的水平上显著（双尾）。

表 5 - 5 中实证分析结果显示，只有直接政府研发支持强度同现金流的交互项系数（ITEM_SUB_I * CF/K）稳健地显著为负，而间接政府研发支持强度同现金流的交互项系数（INDIR_SUB_I * CF/K）为负值，但在 10% 水平上不显著，表明直接政府研发支持政策可以有效缓解科技型中小企业融资约束，而间接政府研发支持强度对降低其投资—敏感性系数的效应并不显著。这同本章相关系数分析和单因素分析结果也是相一致的。此外，与童盼等（2005）的结果相符，主营业务收入（S/K）系数显著为正，企业主营业务销售收入越高，企业投资水平就越高；企业投资水平同企业价值（TOBINQ）和主营业务增长（Growth）正相关，而同企业资产负债率（LEV）显著负相关，这同国内学者的结论一致（罗宏等，2012；罗党论等，2008；卢馨等，2013）。

2. 政府研发支持强度与企业融资约束指数

笔者借鉴主要经验研究文献（魏志华等，2014；Almeida et al.，2004；阳佳余，2012；罗宏等，2012；Cleary，1999；Kaplan et al.，1997；黎文靖等，2017），构建了企业融资约束指数——KZ 指数和 Cleary 指数。

顺序逻辑回归（Order Probit）模型结果详见表 5 - 6。除商业信用水平

（ACCR）和流动比率（Lratio）显著性在计算 Cleary 指数时不显著外，其他回归变量系数符号与本章节的理论分析均相符，如果公司的经营性净现金流量越低，现金持有水平越低，股利支付率越低，资产负债率越高，经营业绩越差，公司规模越小，商业信用越少，银企关系越差，投资机会越多，那么，其融资约束程度越高。本章所计算的 KZ 指数和 Cleary 指数①越高，则意味着公司融资约束程度越高。

根据回归结果，本章所计算 KZ 指数和 Cleary 指数的计算公式分别为：

$$KZ3 = -1.385 * CF/K - 9.926 * DIVID + 0.040 * LEV + 0.124 * TOBINQ - 0.316 * CAH/K$$

$$KZ5 = -1.551 * CF/K - 11.748 * DIVID + 0.042 * LEV + 0.139 * TOBINQ - 0.374 * CAH/K$$

$$Cleary3 = -0.422 * CAH/K - 3.405 * ACCR - 0.468 * SIZE - 2.226 * NET\_TANGIB - 0.104 * Lratio - 0.093 * ROA$$

$$Cleary5 = -0.605 * CAH/K - 4.022 * ACCR - 0.541 * SIZE - 2.489 * NET\_TANGIB - 0.124 * Lratio - 0.103 * ROA$$

为进一步探究不同类型政府研发支持强度对缓解科技型中小企业融资约束的影响差异，笔者还基于直接政府研发支持强度（ITEM_SUB_I）和间接政府研发支持强度（INDIR_SUB_I）分别对融资约束指数建立回归模型，结果分别列示在表 5－7 中 Panel A 和 Panel B 的模型 1（Model1）和模型 2（Model2）。不难发现，无论选择 KZ 融资约束指数还是 Cleary 融资约束指数，直接政府研发支持强度（ITEM_SUB_I）的回归系数均显著为负值，间接政府研发支持强度（INDIR_SUB_I）的系数在 1% 水平上也显著为负。这再次说明了直接政府研发支持可以有效缓解科技型中小企业的融资约束，间接政府研发支持政策也可以显著地改善科技型中小企业的融资约束状况。

其他控制变量——现金持有（CAH/K）、企业规模（SIZE）、经营业绩（ROA）和机构投资者持股比例（INS）至少在 5% 水平上显著为负，这表明如果企业持有现金越多，规模越大，经营业绩越好，机构投资者持股比例越高，那么其面临的融资约束水平就越低，这同以往经验研究（魏志华等，2014）的结论相一致。相反，企业资产负债率（LEV）和投资机会（Growth）同企业融资约束

① 按照阳佳余（2012）和罗宏（2012）做法，计算的 Cleary 指数越高代表公司融资约束程度越低。与这两篇文献做法不同，笔者在按照变量分组赋值时同两位学者的赋值顺序相反，因此计算的 Cleary 指数越高，代表公司融资约束程度越高。

指数显著正向变动，这可能是因为企业资产负债率越高，企业财务风险加大，很难获得更多融资；投资机会多，企业融资规模就更大，其融资约束程度也将增大。

表 5-6　　融资约束指数计算

模型	(Moldel 1)		(Model 2)		(Model 3)		(Model 4)	
自变量	coef	Z-stat	coef	Z-stat	coef	Z-stat	coef	Z-stat
CF/K	-1.385***	(-18.50)	-1.551***	(-20.85)				
DIVID	-9.926***	(-24.30)	-11.748***	(-28.72)				
LEV	0.040***	(51.34)	0.042***	(54.49)				
TOBINQ	0.124***	(21.41)	0.139***	(24.26)				
CAH/K	-0.316***	(-13.53)	-0.374***	(-16.16)	-0.422***	(-5.15)	-0.605***	(-7.36)
ACCR					-3.405***	(-34.93)	-4.022***	(-40.87)
SIZE					-0.468***	(-25.95)	-0.541***	(-29.98)
NET_TANGIB					-2.226***	(-31.02)	-2.489***	(-34.30)
Lratio					-0.104***	(-19.62)	-0.124***	(-22.52)
ROA					-0.093***	(-41.97)	-0.103***	(-46.04)
Observations	8026		8026		11885		11885	
Model Chi^2	5070***		5913***		8679***		10422***	
pseudo R^2	0.153		0.140		0.159		0.153	

注：（1）括号内报告了经稳健性 robust 调整的 Z 统计量。

（2）模型 1（Model 1）至模型 3（Model 3）均采用了顺序逻辑模型（Order Probit），分别估计出了三组赋值 KZ 指数（KZ3），五组赋值 KZ 指数（KZ5）和三组赋值 Cleary 指数（Cleary3），五组赋值 Cleary 指数（Cleary5）的计算公式。

（3）KZ 指数和 Cleary 指数回归模型观测值分别为 8026 条和 11885 条。

（4）*** 表示在 0.01 的水平上显著（双尾）。

3. 融资约束与政府研发支持期限效应

为进一步检验不同期限政府研发支持对科技型中小企业融资约束状况的影响，笔者还以 KZ3 和 Cleary3 融资约束指数为例，分别建立了 OLS 回归模型。由表 5-8 中模型 1 至模型 3 的回归结果可知，过去 3 年、4 年和 5 年均获得政府研发较高支持强度的企业样本，其政府研发支持（$ITEM\_SUB\_D_3$，$ITEM\_SUB\_D_4$，$ITEM\_SUB\_D_5$）回归系数分别为 -0.034，-0.053，-0.065，显著性水平均达到 1%，并且各个系数显著性水平和绝对值大小均呈现递增趋势，模型 4 至模型 6 的回归模型也表现出类似结果。这很好地证明了政府研发支持强度的确可以有效缓解科技型中小企业融资约束，并且获研发支持时间长的科技型中小企

表 5 – 7 对融资约束指数的回归分析

Panel A：政府研发支持强度与 KZ 融资约束指数（KZ3）

模型		(Model1)		(Model 2)		(Model 3)		(Model 4)	
因变量	预期符号	Y = KZ3		Y = KZ3		Y = KZ5		Y = KZ5	
自变量		OLS	tstat	OLS	tstat	OLS	tstat	OLS	tstat
ITEM_SUB_I	–	–0.035***	(–4.44)			–0.035***	(–4.10)		
INDIR_SUB_I	–			–0.038***	(–4.92)			–0.040***	(–4.71)
CNOTROLs	–	YES		YES		YES		YES	
INDUSTRY		YES		YES		YES		YES	
YEAR		YES		YES		YES		YES	
Constant		–0.466***	(–2.79)	–0.510***	(–3.06)	–0.353*	(–1.95)	–0.397**	(–2.19)
Observations		6667		6667		6667		6667	
VIF		2.588		2.581		2.588		2.581	
R^2_adjust		0.432		0.432		0.436		0.437	

续表

Panel B：政府研发支持强度与 Cleary 融资约束指数									
模型		(Model1)		(Model 2)		(Model 3)		(Model 4)	
因变量	预期符号	Y = Cleary3		Y = Cleary3		Y = Cleary5		Y = Cleary5	
自变量		OLS	tstat	OLS	tstat	OLS	tstat	OLS	tstat
ITEM_SUB_I	–	−0.059***	(−3.81)			−0.068***	(−3.83)		
INDIR_SUB_I	–			−0.067***	(−4.61)			−0.078***	(−4.65)
CNOTROLs	–	YES		YES		YES		YES	
INDUSTRY		YES		YES		YES		YES	
YEAR		YES		YES		YES		YES	
Constant		−4.712***	(−13.50)	−4.784***	(−13.67)	−5.420***	(−13.35)	−5.503***	(−13.52)
Observations		6667		6667		6667		6667	
VIF		2.588		2.581		2.588		2.581	
R^2_adjust		0.780		0.780		0.780		0.781	

注：（1）括号内报告了经 White 异方差调整和按照股票代码、年份进行群调整的 t 统计量。

（2）Panel A 中模型 1（Model 1）至模型 3（Model 3）均是本章式 5－1 的变形，是分别将政府研发支持强度（T_SUB_I）、直接政府研发支持强度（ITEM_SUB_I）和间接研发支持强度（INDIR_SUB_I）及其同经营活动现金净流量的交互项放入 OLS 模型。

（3）Panel B 中模型 1（Model 1）至模型 3（Model 3）均是本章式 5－1 的变形，是分别将直接政府研发支持强度（ITEM_SUB_I）和间接研发支持强度（INDIR_SUB_I）作为 0－1 选择变量，所构建的 Heckman 模型。

（4）回归模型观测值共 3544 条，VIF 表示方差膨胀因子。

（5）***，**，* 分别表示在 0.01，0.05，0.1 的水平上显著（双尾）。

表 5-8　　融资约束与政府研发支持期限效应

模型		(Model1)	(Model 2)	(Model 3)	(Model 4)	(Model 5)	(Model 6)
因变量	预期符号	Y = KZ3	Y = KZ3	Y = KZ3	Y = Cleary3	Y = Cleary3	Y = Cleary3
自变量		OLS	OLS	OLS	OLS	OLS	OLS
ITEM _SUB_D_3	-	-0.034**			-0.006***		
		(-2.04)			(-3.18)		
ITEM _SUB_D_4	-		-0.053***			-0.045***	
			(-3.10)			(-4.11)	
ITEM _SUB_D_5	-			-0.065***			-0.049***
				(-4.36)			(-4.99)
CONTROLs		YES	YES	YES	YES	YES	YES
INDUSTRY		YES	YES	YES	YES	YES	YES
YEAR		YES	YES	YES	YES	YES	YES
Observations		6667	6667	6667	6667	6667	6667
R^2_adjust		0.629	0.629	0.629	0.786	0.786	0.786

注：(1) 括号内报告了经 White 异方差调整和按照股票代码、年份进行群调整的 t 统计量。

(2) ITEM _SUB_D_3，ITEM _SUB_D_4，ITEM _SUB_D_5，=1 表示科技型中小企业过去三年、四年和五年均连续获得较高直接政府研发支持强度，否则，=0（按照同年份同行业样本分组，直接政府研发支持强度高于上四分位数（P75）的样本视作当年获得较高政府研发支持强度）；模型控制变量和常数项回归系数未列示。

(3) ***，** 分别表示在 0.01，0.05 的水平上显著（双尾）。

业，其融资约束受政府研发支持的影响程度更大更显著，进而验证了本章假设 3。

五、稳健性检验

为确保本章实证检验结果的可靠性，笔者主要从变量替代和内生性两方面做了进一步的稳健性检验。

（一）变量替代

本书基于变量测度和模型选择方面做了以下几方面稳健性测试：(1) 以五

组赋值法计算 KZ 指数（KZ5）和 Cleary 指数（Cleary5）测度企业融资约束，以研发支持与公司总资产比值反映政府研发支持强度。（2）在控制变量选择上，以公司每股盈余（EPS）反映公司经营业绩；以公司总资产增长率作为成长性变量，以第一大股东和前五大股东持股比例衡量公司股东结构。（3）考虑了各主要变量经过行业均值调整后的情况。回归结果同基准回归模型的结果保持高度一致。

（二）内生性问题

当研究设计的模型中涉及内生性指示变量（D）时，样本选择过程就产生处理效应（Treatment Effect），并因此可能带来估计偏误。例如，当研究管理层盈余预测是否会影响公司资本成本时，模型包含一个内生性指示变量，即样本公司管理层是否进行了盈余预测（Lennox，Francis et al.，2012）。类似地，本章主要研究政府研发支持对科技型中小企业融资约束的影响，所涉及样本也涉及一个内生性指示变量，即政府是否获得了政府研发支持资源。由本书第四章内容可知，政府研发支持资源分布并不是随机的，尤其是直接政府研发支持资源。因此，本章的研究样本很可能存在由此引起的处理效应。为此，笔者借鉴现存财务会计类似经验研究做法，构建 Heckman 两阶段回归模型（Lennox et al.，2012；Heckman，1979）。

1. Heckman 两阶段模型

根据 Lennox et al.（2012），对于处理效应（Treatment Effect），逆米尔斯比率的计算方法如下。

若处理效应模型为：

$$Y = \beta' X + \theta D + u \qquad (式 5-3)$$

其中，Y 为被解释变量，X 为包括常数项的外生性变量，D 为内生性指示变量，并且是由式 5-4 中的二元选择模型决定的。

当 $D^* >= 0$ 时，$D = 1$；当 $D^* < 0$ 时，$D = 0$

$$D^* = \alpha'_0 Z + \alpha'_1 X + v \qquad (式 5-4)$$

其中，通常假设式 5-4 的残差项 v 服从正态分布，并以 Probit 模型对二元选择模型进行参数估计。为消除因两项残差 u 和 v 存在较高相关性而产生的内生性问题，在第二阶段回归模型中加入逆米尔斯比率（IMR），计算公式为：

当 D = 1 时，

$$MILLS = \varphi(\hat{\alpha}'_0 Z + \hat{\alpha}'_1 X) / \phi(\hat{\alpha}'_0 Z + \hat{\alpha}'_1 X) \qquad (式 5-5)$$

当 D = 0 时，

$$MILLS = -\varphi(\hat{\alpha}_0'Z + \hat{\alpha}_1'X)/[1 - \phi(\hat{\alpha}_0'Z + \hat{\alpha}_1'X)] \quad (式5-6)$$

其中，φ（·）和 ϕ（·）分别表示正态分布密度函数和累计分布函数。

具体而言，第一阶段笔者利用 Probit 回归模型（详见第四章模型）计算出逆米尔斯比率（Inverse Mills' Ratio，下文缩写为 IMR），并将逆米尔斯比率放入第二阶段回归模型，以控制回归模型残差项的相关性并解决模型内生性问题。投资—现金流敏感性模型的两阶段回归结果见表 5-9 中 Panel A，政府研发支持强度与科技型中小企业融资约束回归模型结果列示在表 5-9 中 Panel B。显然，加入逆米尔斯比率的第二阶段 Heckman 回归结果在显著性水平和系数符号上均同上一节基准回归模型保持较高的一致性，这说明本章的实证研究结论具有非常好的稳健性。

表 5-9　　Heckman 第二阶段回归模型结果

Panel A：投资——现金流敏感性模型：OLS 回归分析

模型		(Model1)		(Model 2)	
因变量	预期符号	Y = I/K		Y = I/K	
自变量		OLS	tstat	OLS	tstat
ITEM_SUB_I	+	0.006***	(4.40)		
ITEM_SUB_I * CF/K	-	-0.010*	(-1.83)		
INDIR_SUB_I	+			-0.001	(-0.49)
INDIR_SUB_I * CF/K	-			-0.004*	(-1.72)
CF/K		0.088***	(4.83)	0.085***	(5.07)
IMR_ITEM_SUB_I		-0.001**	(-2.55)		
IMR _INDIR_SUB_I				-0.004**	(-2.53)
CONTROLs		YES		YES	
INDUSTRY		YES		YES	
YEAR		YES		YES	
Constant		-0.062**	(-2.27)	-0.061**	(-2.22)
Observations		6316		6344	
R2_adjust		0.198		0.199	

续表

Panel B：政府研发支持强度与融资约束指数

模型		(Model1)		(Model 2)		(Model 3)		(Model 4)	
因变量	预期符号	Y = KZ3		Y = KZ3		Y = Cleary3		Y = Cleary3	
自变量		OLS	tstat	OLS	tstat	OLS	tstat	OLS	tstat
ITEM_SUB_I	-	-0.042***	(-5.24)			-0.059***	(-3.73)		
INDIR_SUB_I	-			-0.040***	(-4.79)			-0.076***	(-4.91)
IMR_ITEM_SUB_I		0.029*	(1.69)			0.056*	(1.76)		
IMR _INDIR_SUB_I				0.013*	(1.67)			0.029*	(1.73)
CNOTROLs		YES		YES		YES		YES	
INDUSTRY		YES		YES		YES		YES	
YEAR		YES		YES		YES		YES	
Constant		-0.351**	(-2.06)	-0.404**	(-2.37)	-4.658***	(-12.67)	-4.695***	(-12.78)
Observations		6316		6344		6316		6344	
VIF		0.426		0.426		0.779		0.780	
R^2_adjust		-0.042***	(-5.24)			-0.059***	(-3.73)		

注：（1）括号内报告了经 White 异方差调整和按照股票代码、年份进行群调整的 t 统计量。

（2）Panel A 中模型 1（Model1）至模型 3（Model3）均是本章式 5-1 的变形，是分别将政府研发支持倾向（T_SUB_D）、直接政府研发支持倾向（ITEM_SUB_D）和间接研发支持倾向（INDIR_SUB_D）及共同经营活动现金净流量的交互项放入 OLS 模型。

（3）模型 1（Model 1）至模型 3（Model 3）均是本章式 5-1 的变形，是分别将直接政府研发支持强度（ITEM_SUB_I）和间接研发支持强度（INDIR_SUB_I）作为 0-1 选择变量构建的 heckman 模型。

（4）IMR_T_SUB_I，IMR_ITEM_SUB_I，IMR _INDIR_SUB_I 表示相应逆米尔斯比率。

（5）***，**，*分别表示在 0.01，0.05，0.1 的水平上显著（双尾）。

2. GMM 动态面板模型

模型的内生性问题仍可能来自解释变量与被解释变量之间的双向因果关系。例如，融资约束程度较弱的科技型中小企业更注重研发活动，并不断加大研发资金投入，在产品研发、技术合作和专利产出等方面取得了一定成效，也积累了较高的研发技术和专业人才。因此，政府更看好这类科技型中小企业，将更多的研发支持资源配置到此类企业中。

为消除此类内生性问题，国内外学者也做了较多的尝试，其中选择合适的工具变量，重新对模型进行参数估计是最常见的方法之一。但是此类处理方法最大的挑战在于工具变量的选择，并且多数情形下，合理的工具变量较难找到。参照以往研究文献（Hsu et al.，2009；Colombo，Grilli et al.，2009；张杰、芦哲等，2012；吴娜，2013），笔者采用工具变量回归模型并通过 GMM 方法估计出模型参数。基于工具变量选择标准①，本章在估计政府研发补助强度时，选择支持强度滞后一期数值和研发支出作为工具变量，同时第一阶段中还包括企业员工规模、政治关联、纳税额、高管两职合一、高管人数、股权集中度，事务所类型和公司上市年龄等变量。此外，动态面板模型中加入政府研发强度一期滞后项。

利用工具变量广义矩估计方法②（IV - GMM）所得的动态面板模型结果见表5 - 10。此外，笔者还采用了有限信息极大似然估计（IV - LIML）方法，模型回归结果同广义矩估计方法所得结果相一致③。从表5 - 10 模型估计结果发现，模型过度识别检验统计量 Sargan 值在10%的显著水平上均不显著，故接受原假设。这表明模型过度识别约束成立，动态面板模型设定基本合理，所选工具变量可有效缓解动态面板模型的内生性问题。

表5 - 10　　GMM 动态面板模型回归结果

模型		(Model1)		(Model 2)	
因变量④	预期符号	Y = KZ3		Y = KZ3	
自变量		IV - GMM	tstat	IV - GMM	tstat
L. KZ3	-	0.064 ***	(6.22)	0.059 ***	(6.25)
L. ITEM_SUB_I	-	-0.017 *	(-1.79)		
L. INDIR_SUB_I	-			-0.001	(-0.01)
CNOTROLs	-	YES		YES	
INDUSTRY		YES		YES	
YEAR		YES		YES	
Observations		5080		5080	
Number ofstkcde		1013		1013	
Sargan J		2.742		5.004	
Sargan J_p		0.254		0.198	

注：（1）括号内报告了经 White 异方差调整和按照股票代码、年份进行群调整的 t 统计量。

（2）模型1（Model 1）、模型2（Model 2）均是本章式5 - 2 的变形，是分别将直接政府研发支持强度一期滞后项（L. ITEM_SUB_I）和间接研发支持强度一期滞后项（L. INDIR_SUB_I）作为解释变量构建的 IV - GMM 模型。

（3）回归模型观测值共5080 条，Sargan J 和 Sargan J_p 分别为工具变量过度识别的 Sargan 检验统计量及其 p 值。

（4）***，* 分别表示在0.01，0.1 的水平上显著（双尾）。

① 工具变量应当同内生性变量高度相关，而同模型扰动项不相关或低度相关。

② 具体命令为 Stata15.1，外部命令为 xtivreg2。

③ 限于篇幅，文中未列出相应估计结果。

④ 当以 KZ 融资约束指数为因变量时，动态面板模型的 GMM 估计结果也保持较高稳健性，限于篇幅，文中未列出。

从表 5 - 10 系数估计值看，滞后一期融资约束指数回归系数至少在 1% 水平上显著为正，表明科技型中小企业融资约束现象普遍存在并呈现动态波动态势；滞后一期的直接政府研发支持强度（L. ITEM_SUB_I）系数显著为负，再次表明直接政府研发支持强度可以有效缓解科技型中小企业融资约束程度；并且在模型 1（Model1）和模型 2（Model 2）中，只有滞后一期直接政府研发支持强度（L. ITEM_SUB_I）系数显著为负，而滞后一期的间接政府研发支持强度（L. INDIR_SUB_I）系数虽然为负，但是在 10% 水平上并不显著，这意味着直接政府研发支持更能显著地缓解科技型中小企业融资约束。此外，其他关键控制变量的符号和显著性水平也同本章的基准回归模型结果基本一致，为节约版面，报告从简。综上所述，在考虑样本选择偏误和变量双向因果关系可能引起的内生性问题后，本章实证研究结论仍保持较高稳健性水平。

六、本章小结

本章利用中国深市中小板和创业板上市公司 2008—2016 年非平衡面板数据，探讨了政府研发支持对科技型中小企业融资约束的影响。为进一步探讨不同类型和不同期限政府研发支持的经济后果差异性，笔者参照现存相关经验研究，分别讨论了直接研发支持和间接研发支持、长期研发支持与短期研发支持对科技型中小企业融资约束的影响差异，并且通过单因素分析和回归模型所得到的实证研究结论相一致。考虑到样本选择和变量双向因果可能导致的模型内生性问题，笔者通过构建 Heckman 两阶段回归模型和 GMM 动态面板模型进行了一系列稳健性检验，本章主要结论仍成立。

本章主要实证结论包括：一是科技型中小企业获得政府研发支持资源后，可以有效缓解其融资约束，验证了政府研发支持的治理效应和信号传递效应；二是直接研发支持可以显著地缓解科技型中小企业融资约束，但是间接政府研发支持并未显著地降低科技型中小企业的融资约束；三是相比短期政府研发支持，长期政府研发支持更能显著地降低企业融资约束程度。此外，现金持有水平越高，企业规模越大，经营业绩越好，机构投资者持股比例越高，企业面临的融资约束水平就越低。相反地，企业资产负债率（LEV）和投资机会（Growth）同企业融资约束指数显著正向变动，这可能是因为企业资产负债率高，企业财务风险加大，很难获得更多融资；企业投资机会多，企业融资规模会更大，其融资约束程度也将增大。

第六章　政府研发支持与公司超额在职消费[①]

一、引言

经济新常态下，中国经济社会由粗放型发展转为集约型发展，最根本的是依靠科技创新。高科技公司是中国科技创新的重要主体，2015 年中国高科技企业已达 29631 家，主营业务收入 139968.6 亿元，利润总额达到 8986.3 亿元[②]。政府创新补助是支持中国高科技公司技术创新的重要工具，经过长期实践经验的积累，“中央主导、地方配套”的创新补助政策体系已经基本形成；但支持体系中可能存在一些实际问题。有必要进一步打开创新补助政策的“黑匣子”，从新的视角考察和分析政府创新补助政策的具体实施效果，这对于完善和改进创新补助政策顶层设计具有重要的理论意义和现实价值。

关于在职消费的话题一直备受学术界和商界关注。在职消费具体包括货币薪酬补充、正常职务消费和自娱性消费三种成分（孙世敏等，2016），其实货币薪酬补充和正常职务消费可以有效激励管理层、提高内部办事效率和降低外部交易费用，体现出在职消费的“效率观”；但是自娱性在职消费将成为管理层侵害剩余收益的手段，表现为公司代理成本的增加，高科技公司自娱性在职消费更容易成为提升中国科技创新核心竞争力和产品市场优势的阻力。政府给予公司技术创新资金支持后，两者已成为目标融合的利益共同体，政府有义务和责任参与公司治理活动，监督和审查公司内部事务；高科技公司获得创新补助后也将接受来自政府部门的监管和审计，在政府部门的外部治理监督下，完成高

---

① 本章内容已公开发表在《管理评论》2020 年第 3 期。

② 《证券日报》，2016－11－03（C01）。

质量的创新项目（王刚刚等，2017；Montmartin et al.，2015）。在政府的外部治理作用下，高科技公司代理成本理应下降，自娱性在职消费水平也将随之下降。

对高科技公司而言，能够获得政府创新补助无疑是重要积极信号。政府创新补助直接增加了公司现金流入量，降低了公司研发活动的边际成本和技术创新风险预期（杨洋等，2015；余明桂等，2016；王刚刚等，2017）。基于创新补助择优假说，政府部门对研发项目进行“择优”（Pick the Winners）扶持，即政府偏好于支持那些低风险、高成功率的科研项目（Wallsten，2000）。在分配创新补助前，政府部门会专门组织专家认真筛选研发项目。获得创新补助表明该公司研发项目较为可靠（Colombo et al.，2013），对公司创新实力进行了有效的认证和隐性的背书，使公司进一步获得更多外部融资金额（王刚刚等，2017）。创新补助的积极信号影响公司高管的情绪，情绪直接影响人类的消费行为，积极情绪使个体更倾向于将意外之财用于享乐消费（李爱梅、李斌等，2014），在获得政府创新补助所带来的积极情绪驱动下，公司自娱性在职消费水平将显著增加。

从以上分析可以看出，政府创新补助可能对公司自娱性在职消费水平产生两种截然不同的影响。（1）政府在向高科技公司提供无偿的研发补助后，同时制定有关管理规章、办法，监督资金合规使用，对降低高管代理成本具有很好的震慑作用，称作“外部治理效应”；（2）公司高管在获得来自政府部门的“意外现金流入量”之后催生积极情绪，并在积极情绪驱动下，很可能将意外现金流量转化为享乐性支出，提高自娱性在职消费水平，称作“积极情绪效应”。

近些年来，中国各级政府不断加大对高科技公司的补助力度，部分高科技公司的年度政府补助达到亿元级别，并且呈逐年增长态势。例如电子元件龙头企业“京东方”，2011 年至 2015 年获得政府补助分别为 6.66 亿元、9.26 亿元、8.38 亿元、8.3 亿元和 10.45 亿元。动辄数以亿计的创新补助对高科技公司的在职消费水平产生何种影响？换而言之，政府创新补助究竟表现为“外部治理效应”还是“积极情绪效应”？这是政策制定者、高科技公司和学术界必须关注的重要问题。

与既有文献相比，本书的可能贡献和创新主要为：（1）以政府创新补助所产生的积极信号为背景，引入消费者行为理论解释高管在职消费行为，开辟了理解公司代理成本影响因素的新视角，也为理解公司资源诅咒效应提供了新的解释。（2）以研究自娱性在职消费水平为切入点，分析在政府对高科技公司实施创新补助后存在道德风险的情况下，政府部门是否参与到公司外部治理活动中，从公司治理视角检验了政府创新补助的政策效应。（3）以补助政策调整和党的十八大后国有企业反腐败为“自然实验”背景，首次实证分析了事后补助的政策效应，探讨了制度环境变化对政府创新补助政策效应的调节作用，并进一步探讨了自娱性在职消费对公司创新产出和营运效率的负面影响，为优化政府创新政策顶层设计和提升企业创新内生动力提供最新的直接经验证据。

二、理论分析与研究假设

（一）政府创新补助与自娱性在职消费

基于信息不对称理论，政府部门对高科技公司的创新活动进行补助之后会发生道德风险，即高科技公司很少或者不会将创新补助资金投入到技术创新活动，而是将补助资金用于提高高管自身效用的在职消费。为降低补助资金的事后道德风险，政府部门制定了专门的创新补助资金管理办法，通过这些专项制度文件监督公司创新补助资金开支；另外，政府部门还根据创新补助进度对高科技公司财务活动进行抽样审计，这对于防止高管侵占公司资源具有较好的震慑力，可以发挥较好的公司外部治理作用。公司获得政府创新补助后，迫于政府部门的监管压力会投入更多的研发资源，并能高质量地完成研发项目（Montmartin et al.，2015），意味着公司高管私吞内部现金流量的可能性降低。因此，政府创新补助具有监管认证效应（王刚刚等，2017）。在创新补助政策执行过程中，高科技公司高管会迫于外部监督压力，减少对公司剩余收益的侵占，降低用于提高自身效用的自娱性在职消费水平，高管自利性机会主义行为减少（孙世敏等，2016）。可见，在政府创新补助的外部治理效应影响下，高科技公司自娱性在职消费水平将显著下降。因此，提出假设 1a：

H1a：政府创新补助越高，高科技公司自娱性在职消费水平越低。

心理账户理论认为，个体在进行经济决策时，从心理上会对财富的来源和支付方式等进行编码、记录、分类和估价，并且心理学的记账模式与经济学、数学的模式存在显著差别（李爱梅等，2014；Thaler，1985）。来自政府部门的创新补助资金是同公司经营活动、筹资活动所取得的现金流量存在本质区别的，公司管理层会将创新补助资金编码在“意外现金流量”的特殊账户之中。这是因为在中国政府补助的特殊分配体制下，大部分创新补助具有无偿性，目的是单纯吸引高科技公司入驻本地区或奖励本地区公司发展高新技术，特别是在中央把创新提升为国家战略，实施产业政策对企业创新进行扶持时，促进地区企业创新能力和水平将成为考核地方官员的重要政绩标准（黎文靖等，2016），各地方政府按照中央财政创新补助的一定比例直接安排配套资金，并且对这些创新补助资金缺乏实质性追踪监管。

获得政府创新补助可以显著地提升公司高管的积极情绪。主要原因包括：（1）很高比例的政府创新补助资金都具有无偿性，尤其研发奖励类资金，获得补助资金意味着一笔额外现金流量直接流入高科技公司，获得“意外现金流量”可以产生愉快、高兴的心理反应；（2）在目前中国政府部门对创新补助资金专业化管理水平不高、监督不力的背景下，高管机会主义行为的成本很低，高管的监管压力很容易下降，进而心理放松；（3）获得创新补助表明公司研发实力得到政府认可和信任，这一利好信号也可以迅速地传递到资本市场，有利于市场生产要素向这类高科技公司聚集，例如公司可以利用政府的认证效应降低融资约束（王刚刚等，2017），这类公司高管因可以相对更容易地获得更多市场资源而产生积极情绪。情绪是影响人类行为决策的关键因素，积极情绪会影响意外之财的消费决策，促使个体倾向于选择享乐消费（李爱梅等，2014）。高科技公司高管在积极情绪驱动下，很容易产生享乐消费冲动。因此，提出 H1b 的竞争性假设：

H1b：政府创新补助越高，高科技公司自娱性在职消费水平越高。

（二）“后补助”政策的调节效应

政策变化是影响公司决策的重要因素。2013 年中国政府对国家科技创新补助资金管理尝试新的改革，开始实施强调企业为主体地位和研发成果为管理导向的“后补助”政策。具体包括：（1）弱化政府部门对创新补助资金事前配置的干预，高科技公司只需凭借自身研发实力在事前提交申请，按照“能者居上”的原则引导高科技公司实施立项程序，减少高科技公司为获取稀缺的创新补助进行的寻租活动；（2）弱化对高科技公司具体创新活动中财务开支的监管，以公司事后的科技成果产出为导向，公司先自行投入研发资金，当取得科研成果并顺利验收后再给予相应补助，经核定、拨付的事后补助资金投向不再受政府部门监管，而是由高科技公司统筹安排使用。

实施后补助政策并不利于提升高科技公司的外部治理水平。政府同高科技公司虽然是重要利益相关者，但是两者之间存在严重的代理问题。高科技公司的高管主要关心个人财富、职位安全、权力威望以及个人效用最大化（Wright，Ferris et al.，1996），委托—代理关系导致高管很可能私自占用来自政府的创新补助资金。后补助政策为高管最大化个人效用提供了外部条件，这是因为后补助政策最显著的特征正是严重弱化了创新补助资金的过程监督，只要公司的创新产出验收达标或者勉强验收过关，事后获得的创新补助资金就可以不受政府部门的监督。监督是公司治理的重要机制，在缺少有效的政府部门直接监督和审计的情况下，高管产生更高的自利动机和更多的机会主义行为（Jensen et al.，1976），提升了创新补助资金的代理成本，进一步增加了高科技公司的自娱性在职消费支出（孙世敏等，2016）。

实施后补助政策可以显著地提升高管的积极情绪。这是因为实施后补助政策，获得政府创新补助的高科技公司已经顺利通过政府部门的科研成果验收程序，达到科研成果绩效考核的要求，公司几乎不存在因科研成果验收考核而产生的压力；后补助政策只对科研产出成果组织验收，不再进行财务验收，即给予高科技公司高管在使用创新补助资金方面的更多自由决策权。政府部门削弱了直接监督的力度，消除了公司高管自娱性消费决策的后顾之忧，高管在统筹和使用创新补助资金时将会更加愉快和放松。显然，实施后补助政策之后，高科技公司高管的积极情绪被强化，进而导致其有更大冲动进行自娱性在职消费。

（三）国企反腐政策的调节效应

在中国以公有制经济为主体的特色市场经济体系中，与其他所有权性质的企业不同，国有企业的特殊所有权性质决定了党组织和政府需要对其进行直接的控制、治理和监督（马连福、王元芳等，2012）。（1）党的领导和党的建设是中国国有企业的光荣传统，将党的领导融入公司治理各个环节是中国国有企业的独特优势，很好地实现了对国有企业经营发展、技术创新的引领和监督，提升了国有企业治理效率。党的十八大之后，党组织更加注重国有企业党风廉政建设，加强对党员领导干部廉洁自律教育，通过锤炼国有企业高管党性修养，使其自觉践行勤俭节约的工作作风。（2）党组织和行政主管部门直接决定国有企业高管的行政晋升，政治素质、组织纪律和工作作风是选拔和任用国有企业领导干部的重要前提条件，高管为了职位的升迁和职级的提升，会自觉地放弃娱乐性消费行为。（3）党组织和行政主管部门会组织定期的专项巡视检查和责任审计，特别是党的十八大以来，出台和修订了多项国有企业高管干部的管理细则，对国有企业高管厉行节约，减少在职消费提出明确要求，反腐工作对国有企业高管在职消费形成有力的震慑（黎文靖、池勤伟，2015）。可见，在后补助政策实施之后，与非国有企业相比，国有企业进行自娱性在职消费的可能性更低，这主要归因于党的十八大召开后政治生态改善，迫于上级党组织和行政部门的监督和审计，国有企业高管不会在创新补助积极情绪驱动下增加自娱性在职消费。最后，本书进一步提出关于后补助政策和国企反腐工作调节效应的假设：

H2a：开展国企反腐之后，在国有产权性质公司中，创新补助与自娱性在职消费的正向关系将会显著降低。

H2b：实施后补助政策后，在非国有产权性质公司中，创新补助与自娱性在职消费的正向关系将会显著增加。

三、研究设计

（一）数据样本

为凸显政府补助的积极情绪效应，本章只选择创新类补助作为研究对象，排除非创新类政府补助数据的混杂干扰，这是因为多数与创新无关的补助主要是基于帮助企业度过经营困境期，或为满足监管部门规定的硬性指标而保住本地“壳资源”（陈晓等，2001），非创新类补贴大多分配给了经验不善、业绩较差的公司。业绩较差的高管在获得政府补贴后可能更多是内疚感，为公司经营困境产生自责感；处在经营困难期，依靠政府补贴接济度日的公司很难因获得政府补贴而赢得市场的认可，相反投资者很可能对这类公司丧失信心，提高警惕。与以往仅探讨某一类型创新补助（张杰等，2015），或只分析中央财政创新补助而忽视地方政府配套创新补助政策效应的文献做法不同，本书研究的创新补助涵盖了来自各级政府及有关部委的创新补助数据。

（二）模型设定

为考察政府创新补助对高科技公司自娱性在职消费水平的影响，进一步分析政府创新补助政策变化和国有企业反腐败对不同产权性质高科技公司自娱性消费的调节效应，本章建立如下回归分析模型：

$$ADF = \alpha + \beta_1 SUB + CONTROLs + INDUSTRY + YEAR + \varepsilon \quad (式6-1)$$

$$ADF = \alpha + \beta_1 SUB + \beta_2 POST + \beta_3 SUB * POST + CONTROLs + INDUSTRY + YEAR + \varepsilon \quad (式6-2)$$

模型中涉及变量具体定义如下：

1. 因变量

公司在职消费活动是隐蔽的，只有自娱性在职消费活动才会增加公司代理成本，本书采用两种方法测度公司自娱性在职消费（ADF）。第一种方法在已有文献（孙世敏等，2016）做法的基础上做了适当改进，具体分三步测算自娱性在职消费水平：（1）从国泰安（CSMAR）数据库所披露的管理费用明细中筛选出公司的办公费、差旅费、业务招待费、通讯费、交通费、培训费、会议费、车费、装修费和董事会费等在职消费项目，并计算总和；（2）为去除公司规模效应，以在职消费与当期主营业务收入之比作为因变量，以公司规模（SIZE）、资产负债率（LEV）、高管人数的对数值（lnMAG）、公司员工人数的对数值（lnEMP）、主营业务收入增长率（GROWTH）和公司所在城市的职工平均薪酬水平（lnAWAG）为自变量，按照同行业同年度①进行 OLS 回归；（3）根据回归分析的估计参数，测算出公司在职消费水平的预测值，以在职消费的实际值与预测值之差作为自娱性在职消费的代理变量（ADF1）。第二种方法采用虚拟变量方法，业务招待费、办公费、通讯费、交通费等费用同公司经营规模、业务量最为密切相关，在职消费与当期主营业务收入之比越高意味着该公司的在职消费水平相对于主营业务收入也越高，公司高管为提升私人效用所进行的自娱性消费水平也越高②。按照同行业同年度样本公司的在职消费水平（在职消费与当期主营业务收入之比）进行排序，在职消费水平在 20% 分位数以上的样本定义为自娱性消费水平高的公司，ADF2 取值为 1，否则取值 0。

2. 自变量

（1）SUB 表示政府创新补助强度，为政府创新补助金额与本期主营业务收入之比。（2）SOE 表示公司的所有权性质（马连福等，2012；党力、杨瑞龙等，2015；黎文靖等，2015），为虚拟变量。若公司最终控制人为国有产权，则取 1，否则取 0。（3）POST 表示实施后补助和中央反腐败政策的外生事件处置效应。2013 年中国开始实施技术创新后补助政策，巧合的是 2013 年中央反腐工作也在国有企业广泛开展，为此，借鉴关于外生性自然事件的研究设计思路（党力等，2015；金宇超、靳庆鲁等，2016），以实施后补助政策和中央反腐事件所在年份 2013 年为分界点，设置虚拟变量。2012 年及之前年度取 0，2013 年及之后年度

---

① 同行业同年度数据进行回归分析时，确保回归样本数在 30 个以上，否则剔除该行业、年度的样本记录。

② 事实上，两种代理变量（ADF1 和 ADF2）的相关系数显著为正值也恰好说明这点。

取 1。

3. 控制变量

借鉴现存文献（孙世敏等，2016；程惠芳、陆嘉俊，2014；张杰等，2015；黎文靖等，2016；徐保昌、谢建国，2015；彭红星、毛新述，2017），控制了其他可能影响公司自娱性在职消费的重要因素包括：(1) 企业规模（SIZE），公司期末总资产的自然对数；(2) 资产负债率（LEV），期末负债总计占期末资产总计的比例；(3) 有形资产比率（TANGI），期末固定资产总计占期末资产总计的比重；(4) 股权集中度（TOP1），期末第一大股东持股数量占期末股票总数的比例；（5）独立董事占比（IDB），独立董事人数占公司董事总数的比例；(6) 审计事务所类型（BIG4），若公司当年外部审计机构为国际四大事务所，则取 1，否则取 0；(7) 总资产报酬率（ROA），当前公司净利润与期末总资产的比值；(8) 经营活动现金净流量（LNCF），本期经营活动现金净流量的自然对数值；(9) 成长性（GROWTH），与上年相比，公司主营业务收入的增长率；(10) 上市年龄（AGE），公司自上市以来的年数。模型中还控制了年度（YEAR）和行业（INDUSTRY）的固定效应。

根据假设 1a 与假设 1b，本书预期 $\beta_1<0$ 或者 $\beta_1>0$。为考察后补助政策、国企反腐败对政府创新补助强度和公司自娱性在职消费关系的调节效应，在模型（式 6-1）中加入交互项（SOE * POST）。基于假设 2a 和假设 2b，本书预计国企反腐政策可以正向调节创新补助的外部治理效应，在国有产权性质公司样本中降低创新补助与自娱性在职消费之间的关系，即在分析国有样本数据时 $\beta_3<0$，后补助政策可以正向调节创新补助的积极情绪效应，非国有企业几乎不受国企反腐败政策的影响；因此，预计在非国有产权性质公司样本中，后补助政策可以正向调节政府创新补助与公司自娱性在职消费的正向关系，即在非国有产权性质公司中 $\beta_3>0$，且均至少在 10% 统计水平上显著。

四、实证结果与分析

（一）描述性统计和单因素分析

表 6-1 对主要变量进行描述性统计，各个变量观察记录均为 4278 条。高科技公司自娱性在职消费（ADF1）均值约为 0，标准差为 1.82；自娱性在职消费

虚拟变量（ADF2）均值约为0.19，标准差为0.39；政府创新补助强度平均水平仅为0.60%，最大值为6.24%，表明政府创新补助金额相对于公司总收入规模仍然偏低；产权性质（SOE）的均值为0.37，表明总样本记录中约有37%的国有企业样本记录；政策处置效应（POST）的均值为0.50，政策实施前后的样本数近乎相等。

表6－1　　　　变量描述性统计

变量	观测值	最小值	均值	中位数	最大值	标准差
ADF1	4278	－9.1144	－0.0106	－0.2790	14.8091	1.8224
ADF2	4278	0.0000	0.1968	0.0000	1.0000	0.3976
SUB	4278	0.0000	0.6001	0.1872	6.2377	1.1021

表6－2报告了核心变量之间的相关系数矩阵。可知：高科技公司自娱性在职消费（ADF1、ADF2）同政府创新补助强度的Spearman，Pearson相关系数均在1%水平上显著为正值，分别为（0.10、0.15）和（0.09、0.16），可初步判定在不控制其他因素条件下，政府创新补助显著地提升了高科技公司自娱性在职消费水平，初步验证了创新补助的积极情绪效应；其他变量间相关系数的绝对值均在0.30以下，初步表明后续实证分析模型中这些变量间基本不存在多重共线性问题。

表6－2　　　　主要变量相关系数矩阵

		1	2	3	4	5	6
ADF1	1	1.0000	0.5626 ***	0.0923 ***	0.0535 ***	0.0076	0.0293
ADF2	2	0.6000 ***	1.0000	0.1625 ***	－0.0852 ***	0.0050	－0.0480 **
SUB	3	0.1019 ***	0.1482 ***	1.0000	－0.1126 ***	0.0643 ***	－0.0697 ***
SOE	4	0.0059	－0.0852 ***	－0.0768 ***	1.0000	－0.1234 ***	0.1227 ***
POST	5	0.0051	0.0050	0.0283 *	－0.1234 ***	1.0000	－0.0122
BIG4	6	0.0060	－0.0480 **	－0.0474 ***	0.1227 ***	－0.0122	1.0000

注：（1）相关系数矩阵上三角和下三角部分分别列示了各变量之间的Pearson相关系数和Spearman相关系数。

（2）***，**，*分别表示在0.01，0.05，0.1的水平上显著（双尾）。

本书按照同年度同行业公司的政府创新补助强度从小到大进行排序，将样本细分为两组：低创新补助强度组和高创新补助强度组。从表6－3的单因素分析结果看，高创新补助强度组的自娱性在职消费水平（ADF1，ADF2）均值和中位数在 1% 水平上显著地高于低创新补助强度组，两组均值之差分别为 0.30 和 0.12，这初步表明创新补助强度显著地提升了高科技公司自娱性在职消费水平。

表 6-3　　均值和中位数检验

分组	低创新补助强度			高创新补助强度				
变量	观察值	均值	中位数	观察值	均值	中位数	均值差	卡方
ADF1	2142	-0.1591	-0.3880	2136	0.1384	-0.1730	0.2975 ***	32.3479 ***
ADF2	2142	0.1368	0.0000	2136	0.2570	0.0000	0.1209 ***	97.8034 ***

注：(1) *** 表示在 0.01 的水平上显著。

(2) 显著性分别为独立样本 t 检验和中位数 Wilcoxon 秩和检验结果。

(二) 基准模型实证结果

表 6-4 中列 (1) 至列 (12) 中分别采用 OLS 模型、Tobit 模型①和 Logit 模型的估计结果，为保持结果的稳健性，我们同时采用两个变量 (ADF1) 和 (ADF2) 作为公司自娱性在职消费的代理变量。当不考虑公司产权性质和政策处置效应影响时，全样本的 OLS 回归模型、Tobit 模型和 Logit 模型中政府创新补助强度回归系数分别为 0.1697，0.3073 和 0.2497，仅考虑自娱性在职消费 (ADF1) 大于 0 时创新补助强度回归系数分别为 0.2029，并且均在 1% 水平上显著为正值，即更高的政府创新补助强度伴随着更多的自娱性在职消费。这意味着目前中国政府创新补助政策并未发挥出外部治理效应，而是表现出积极情绪效应。实证结果支持本书所提假设 1b，拒绝假设 1a，这也从微观企业经验数据层面发现政府创新补助对高科技企业产生的负面影响，从消费心理学视角阐释了公司资源诅咒效应（袁堂军，2009；杨其静，2011；袁建国等，2015）的原因。

为检验假设 2，本书进一步将样本细分为国有产权和非国有产权两组，分别加入交乘项——创新补助强度与政策变化 (SUB * POST) 建立回归分析模型。除第 (12) 列之外，分组样本回归模型中政府创新补助强度的系数 β_1 仍然显著为正，再次验证了政府创新补助的积极情绪效应。在国有产权性质公司样本中，交乘项 (SUB * POST) 的回归系数 β_3 分别为 -0.2110，-0.2987，-0.2651 和

① 应当剔除 ADF1 小于零的影响，这导致 ADF1 呈左测截尾，OLS 的估计结果可能存在偏误，建议增加列示采用 Tobit 估计方法的估计结果。在此感谢专家提出的修改建议。

表 6-4　政府创新补助强度与高科技公司在职消费的基准模型结果

	(1)	(2)	(3)	(4)	(5)	(6)	(7)	(8)	(9)	(10)	(11)	(12)
自变量	Y = ADF1			Y = ADF1			Y = ADF2			Y = ADF1 且 ADF1 > = 0		
样本	全样本	国有	非国有	全样本	国有	非国有	全样本	国有	非国有	全样本	国有	非国有
模型	OLS 模型			Tobit 模型			Logit 模型			OLS 模型		
SUB	0.1697 *** (4.71)	0.1973 ** (2.17)	0.1045 ** (2.44)	0.3073 *** (6.15)	0.3278 *** (2.86)	0.2014 *** (2.73)	0.2497 *** (7.68)	0.2469 *** (3.54)	0.2159 *** (3.77)	0.2029 *** (3.84)	0.2555 * (1.95)	0.0616 (0.95)
POST	-0.0784 (-0.70)	-0.0657 (-0.48)	-0.0749 (-0.75)	-0.1346 (-0.99)	-0.2918 (-1.29)	-0.1598 (-0.88)	0.0014 (0.01)	-0.5248 * (-1.92)	0.0898 (0.58)	-0.0805 (-0.49)	0.0111 (0.05)	-0.0611 (-0.38)
SUB * POST		-0.2110 * (-1.82)	0.2221 ** (2.51)		-0.2987 * (-1.88)	0.3518 *** (2.94)		-0.2651 ** (-2.13)	0.2276 *** (2.71)		-0.1196 (-0.64)	0.2684 ** (2.28)
CONTROLs	YES	YES	YES	YES	YES	YES	YES	YES	YES	YES	YES	YES
INDUSTRY	YES	YES	YES	YES	YES	YES	YES	YES	YES	YES	YES	YES
YEAR	YES	YES	YES	YES	YES	YES	YES	YES	YES	YES	YES	YES
Observations	4278	1569	2709	4278	1569	2709	4278	1569	2709	1691	650	1041
F/CHI^2	4.928	1.543	6.354	5.716	1.314	7.005	362.3	101.9	330.3	12.44	6.285	10.46
VIF	3.232	1.894	2.133							3.478	1.670	2.439
R^2_adjust/ pseudo	0.0245	0.0168	0.0555	0.0147	0.00906	0.0303	0.122	0.102	0.155	0.193	0.170	0.227

注：(1) 回归模型中因变量分别为 ADF1 和 ADF2；将样本细分为国有产权性质公司和非国有产权性质公司。

(2) ***，**，* 分别表示在 0.01，0.05，0.1 的显著性水平上显著；括号内为经 Robust 调整的稳健性 t 统计量。

-0.1196，并且除第（11）列中回归系数不显著外，其他三个模型中 β_3 均至少在10%的水平上显著。这说明在国有产权性质高科技公司中，受国企反腐政策影响，后补助政策对积极情绪的正向调节作用被显著地抑制；这也恰恰证实了中央加强对国有企业党的领导和深入开展反腐工作具有外部治理效应，显著地降低了高管在获得创新补助资金后进行自娱性在职消费的积极情绪。

而在非国有企业样本中，交乘项（SUB * POST）的系数 β_3 分别为0.2221，0.3518，0.2276和0.2684，并且回归系数均至少在5%水平上显著为正，这说明在中国政府实施后补助政策后，政府创新补助强度与公司自娱性在职消费水平的正向关系得到加强，支持了后补助政策会对高管积极情绪效应产生正向调节的假设2b。综合以上分析，由于国企反腐政策对非国有企业外部治理效应十分有限，本书通过分析不同产权性质高科技企业在政策变化后交乘项（SUB * POST）的系数符号，区分了国企反腐政策和后补助政策调节作用①，实证研究结论支持本书提出的假设1b、假设2a和假设2b。此外，对所有OLS回归方程进行了多重共线性检验，方差膨胀因子VIF均值小于5，总体可以认为所建回归分析模型不存在多重共线性问题。

五、稳健性检验

为确保模型结果的可靠性和稳健性，本书分别通过细分样本公司、选择不同代理变量、样本匹配等做法进行了稳健性分析和检验。

（一）样本分组

基准回归模型中的全部样本公司涉及中国A股全部高科技上市公司，政府创新补助对于高科技公司在职消费的影响是否在不同高管特征的公司之间表现出差异性呢？本书将总样本进一步细分为高管具有研发技术背景和无研发技术背景的两组。不同分组样本的模型回归结果详见表6-5。无论在高管具有研发技术背景的样本中，还是在高管无研发技术背景的样本中，政府创新补助强度的系数仍然全部在1%水平上显著为正值。这表明当获得政府创新补助资金后，

① 关于POST变量设计，国企反腐政策与后补助政策实施年份相同，应当区分检验两种政策外生冲击的调节效应。感谢专家提出的修改建议。

无论高科技公司高管有无研发技术背景，均会受到创新补助的积极情绪效应驱动，增加自娱性在职消费，提升私人效用；同时也说明目前中国政府对创新补助资金的管理效果欠佳，未能有效地发挥应有的公司外部治理效应，保证高科技公司将更多政府创新补助投入到研发活动，从而降低自娱性在职消费水平。与基准回归模型相比，分析结果保持很好稳健性，并且其他各控制变量的回归系数与基准回归模型的结果基本保持一致。

表 6-5　样本分组的稳健性检验结果

	(1)	(2)	(3)	(4)	(5)	(6)
因变量	Y = ADF1		Y = ADF1		Y = ADF2	
样本	有研发背景	无研发背景	有研发背景	无研发背景	有研发背景	无研发背景
模型	OLS 模型		Tobit 模型		Logit 模型	
SUB	0.1566*** (2.71)	0.1708*** (3.66)	0.2950*** (3.63)	0.3033*** (4.76)	0.2594*** (5.03)	0.2320*** (5.37)
POST	-0.1770 (-0.99)	0.0134 (0.09)	-0.3224 (-1.43)	-0.0174 (-0.10)	0.0332 (0.17)	-0.0234 (-0.15)
SOE	0.1694 (1.39)	-0.2033** (-2.24)	0.2870 (1.44)	-0.2919* (-1.92)	0.1890 (1.12)	-0.2687* (-1.87)
CONTROLs	YES	YES	YES	YES	YES	YES
INDUSTRY	YES	YES	YES	YES	YES	YES
YEAR	YES	YES	YES	YES	YES	YES
Constant	-0.1427 (-0.15)	-0.9137* (-1.65)	-1.2497 (-0.83)	-1.9316** (-2.15)	3.8637*** (2.85)	3.3479*** (3.56)
Observations	1592	2686	1592	2686	1592	2686
F/CHI^2	3.869	3.152	3.500	3.884	137.00	243.80
VIF	3.674	3.070				
R2_adjust	0.0324	0.0305	0.0179	0.0177	0.113	0.143

注：（1）回归模型中因变量分别为 ADF1 和 ADF2。

（2）将样本细分为高管具有研发技术背景的公司和无研发技术背景的公司。

（3）***，**，*分别表示在 0.01，0.05，0.1 的显著性水平上显著；括号内为经 Robust 调整的稳健性 t 统计量。

（二）替代变量

考虑到政府创新补助政策效应可能存在时滞性，将基准回归模型中核心解释变量替换为滞后一期的政府创新补助强度。同时考虑到创新补助资金在更长期间的动态变化，本书还尝试构建公司过去三年内获得创新补助强度的平均值（SUBMN）[①] 作为解释变量，以保证结果的稳健性。模型的回归结果分别见表 6－6 和表 6－7 中的（1）列至（12）列。回归模型中滞后一期政府创新补助强度（L. SUB）、平均政府创新补助强度（SUBMN）、交乘项（L. SUB * POST，SUBMN * POST）的回归系数均保持较高的稳健性。此外，其他控制变量系数符号与基准模型的回归结果保持一致。OLS 回归模型变量对应的方差膨胀因子 VIF 均值小于 5，表明稳健性检验回归模型也不存在多重共线性问题。

（三）内生性问题

利用基准回归模型研究政府创新补助政策效应的最大挑战在于，政府创新补助资金在不同行业和公司间的分配可能是非随机的，政府在选择补助对象时存在较高的自选择性（Self－Selection）（张杰等，2015；Boeing，2016；彭红星等，2017；王刚刚等，2017），即能够获得政府创新补助的公司是实力强的公司，而实力强的公司经济资源充裕，可能导致高管有更大空间进行自娱性在职消费。存在样本选择偏误时，直接采用 OLS 估计方法很可能会得到有偏误的系数估计值，所得到的实证研究结论并不支持创新补助强度与自娱性在职消费的因果关系。

为此，本书还根据高科技公司获得政府创新补助倾向的差异，同时采用半径匹配、最近邻匹配和核匹配的方法进行样本配对，构建 PSM 倾向得分匹配模型。具体参考主流文献（Rubin，1977；Rosenbaum et al.，1983；王刚刚等，2017；彭红星等，2017）的做法：（1）以 HSUB（具体定义为，所获政府创新补助强度在同行业同年度 20% 分位数以上的高科技公司为补助高强度样本，取值为 1，否则取值 0）作为因变量，以公司研发投入强度（RD）、公司规模（SIZE）、资产负债率（LEV）、有形资产率（TANGI）、总资产报酬率（ROA）、产权性质（SOE）和年龄（AGE）作为解释变量，同时加入年份和行业固定效应，建立 Logit 模型并计算出可以获得高强度创新补助的倾向得分。（2）分别以 0.01 为匹配半径进行匹配，以处理组和对照组数量 1∶4 进行最近邻匹配和核匹配，分别得到 3795 条、2204 条和 3805 条样本记录。（3）以匹配成功的记录作为样本再进行回归分析，结果见表 6－8。显然，PSM 倾向得分匹配模型回归结果仍保持良好的稳健性。

---

① 限于内容篇幅，本章未做详细报告。

表 6－6 替代变量的稳健性检验结果（解释变量为 L. SUB）

	(1)	(2)	(3)	(4)	(5)	(6)	(7)	(8)	(9)	(10)	(11)	(12)
自变量	Y = ADF1			Y = ADF1			Y = ADF2			Y = ADF1 且 ADF1 > = 0		
样本	全样本	国有	非国有	全样本	国有	非国有	全样本	国有	非国有	全样本	国有	非国有
模型	OLS 模型			Tobit 模型			Logit 模型			OLS 模型		
L. SUB	0.1516*** (3.88)	0.2726** (1.96)	0.0728 (1.18)	0.2598*** (4.76)	0.4074** (2.40)	0.1187 (1.17)	0.2509*** (6.91)	0.3318*** (3.01)	0.2091*** (2.97)	0.1828*** (3.08)	0.3699* (1.85)	－0.0417 (－0.41)
POST	－0.1621 (－1.58)	－0.0138 (－0.12)	－0.0518 (－0.47)	－0.1754 (－1.26)	－0.2186 (－1.04)	－0.1805 (－0.92)	－0.0708 (－0.56)	－0.5367** (－1.96)	0.0624 (0.37)	－0.2049 (－1.12)	0.0623 (0.32)	－0.0621 (－0.35)
L. SUB * POST		－0.2598* (－1.69)	0.1556* (1.81)		－0.3626* (－1.83)	0.2726** (2.12)		－0.2720* (－1.95)	0.1422 (1.57)		－0.1558 (－0.65)	0.2591** (2.02)
CONTROLs	YES	YES	YES	YES	YES	YES	YES	YES	YES	YES	YES	YES
INDUSTRY	YES	YES	YES	YES	YES	YES	YES	YES	YES	YES	YES	YES
YEAR	YES	YES	YES	YES	YES	YES	YES	YES	YES	YES	YES	YES
Observations	3846	1533	2313	3846	1533	2313	3846	1533	2313	1533	633	900
F/CHI²	4.873	1.494	6.100	4.747	1.065	5.976	334.6	91.81	290.2	10.59	5.798	9.235
VIF	3.070	2.731	2.942							3.447	2.281	3.686
R^2_adjust/ pseudo	0.0235	0.0206	0.0503	0.0116	0.00713	0.0265	0.120	0.0979	0.151	0.171	0.145	0.213

注：（1）回归模型中因变量分别为 ADF1 和 ADF2；将样本细分为国有产权性质公司和非国有产权性质公司。

（2）解释变量为创新补助强度的滞后一期值（L. SUB）；***，**，*分别表示在 0.01，0.05，0.1 的显著性水平上显著；括号内为经 Robust 调整的稳健性 t 统计量。

表 6－7　替代变量的稳健性检验结果（解释变量为 SUBMN）

	(1)	(2)	(3)	(4)	(5)	(6)	(7)	(8)	(9)	(10)	(11)	(12)
自变量	Y = ADF1			Y = ADF1			Y = ADF2			Y = ADF1 且 ADF1 > =0		
样本	全样本	国有	非国有	全样本	国有	非国有	全样本	国有	非国有	全样本	国有	非国有
模型	OLS 模型			Tobit 模型			Logit 模型			OLS 模型		
SUBMN	0.2267***	0.4167***	0.1357**	0.3980***	0.6172***	0.2613***	0.3523***	0.5689***	0.2903***	0.2512***	0.4100***	0.0551
	(5.33)	(3.43)	(2.45)	(6.85)	(4.09)	(2.98)	(9.15)	(5.62)	(4.35)	(4.29)	(2.68)	(0.71)
POST	−0.1079	−0.0020	−0.0812	−0.1643	−0.2109	−0.1650	−0.0272	−0.4147	0.0794	−0.1175	0.0035	−0.0922
	(−0.96)	(−0.02)	(−0.79)	(−1.22)	(−0.98)	(−0.88)	(−0.22)	(−1.47)	(0.49)	(−0.72)	(0.02)	(−0.55)
SUBMN * POST		−0.3996***	0.1991**		−0.5325***	0.3102**		−0.5163***	0.1978**		−0.1462	0.2889**
		(−2.69)	(2.08)		(−2.70)	(2.38)		(−3.49)	(2.18)		(−0.64)	(2.27)
CONTROLs	YES	YES	YES	YES	YES	YES	YES	YES	YES	YES	YES	YES
INDUSTRY	YES	YES	YES	YES	YES	YES	YES	YES	YES	YES	YES	YES
YEAR	YES	YES	YES	YES	YES	YES	YES	YES	YES	YES	YES	YES
Observations	4278	1569	2709	4278	1569	2709	4278	1569	2709	1691	650	1041
F/CHI^2	5.794	1.831	6.675	6.377	1.692	7.213	392.3	121.8	346.8	12.77	6.956	10.73
VIF	3.242	2.422	2.431							3.481	1.840	2.691
R^2_adjust/ pseudo	0.0274	0.0267	0.0548	0.0158	0.0122	0.0300	0.128	0.115	0.157	0.195	0.179	0.226

注：（1）回归模型中因变量分别为 ADF1 和 ADF2；将样本细分为国有产权性质公司和非国有产权性质公司。

（2）解释变量为过去三年获得创新补助强度的均值（SUBMN）；***，** 分别表示在 0.01，0.05 的显著性水平上显著；括号内为经 Robust 调整的稳健性 t 统计量。

表 6-8　　**PSM 倾向得分匹配模型的回归结果（半径匹配）**

	(1)	(2)	(3)	(4)	(5)	(6)	(7)	(8)	(9)	(10)	(11)	(12)
自变量	Y = ADF1			Y = ADF1			Y = ADF2			Y = ADF1 且 ADF1 > = 0		
样本	全样本	国有	非国有	全样本	国有	非国有	全样本	国有	非国有	全样本	国有	非国有
模型	OLS 模型			Tobit 模型			Logit 模型			OLS 模型		
匹配方法	半径匹配 (R = 0.01)			半径匹配 (R = 0.01)			半径匹配 (R = 0.01)			半径匹配 (R = 0.01)		
SUB	0.1692 *** (4.23)	0.1979 * (1.90)	0.0842 * (1.79)	0.2962 *** (5.36)	0.3150 ** (2.40)	0.1389 * (1.66)	0.2273 *** (6.38)	0.2036 *** (2.66)	0.1814 *** (2.68)	0.2029 *** (3.31)	0.2763 * (1.69)	0.0426 (0.55)
POST	-0.1766 * (-1.77)	-0.0308 (-0.22)	-0.0690 (-0.65)	-0.1314 (-0.95)	-0.2379 (-1.05)	-0.2261 (-1.19)	-0.0430 (-0.34)	-0.5400 ** (-1.96)	0.0152 (0.09)	-0.1781 (-1.05)	0.0547 (0.24)	-0.0558 (-0.32)
SUB * POST		-0.1610 (-1.24)	0.2289 ** (2.43)		-0.2151 (-1.25)	0.4003 *** (3.05)		-0.1808 (-1.39)	0.2355 ** (2.51)		-0.1210 (-0.57)	0.2698 ** (2.06)
CONTROLs	YES	YES	YES	YES	YES	YES	YES	YES	YES	YES	YES	YES
INDUSTRY	YES	YES	YES	YES	YES	YES	YES	YES	YES	YES	YES	YES
YEAR	YES	YES	YES	YES	YES	YES	YES	YES	YES	YES	YES	YES
Observations	3795	1512	2283	3795	1512	2283	3795	1512	2283	1509	625	884
F/CHI^2	4.137	1.605	5.641	4.297	1.148	5.584	306.9	90.65	277.2	9.858	5.464	8.587
VIF	3.061	1.905	2.295							3.423	1.784	2.732
R^2_adjust/ pseudo	0.0247	0.0223	0.0531	0.0115	0.00819	0.0271	0.113	0.0934	0.148	0.162	0.150	0.203

注：（1）回归模型中因变量分别为 ADF1 和 ADF2；将样本细分为国有产权性质公司和非国有产权性质公司。

（2）***，**，* 分别表示在 0.01，0.05，0.1 的显著性水平上显著；括号内为经 Robust 调整的稳健性 t 统计量。

六、拓展性研究

综合前文实证研究结论，政府创新补助政策未能发挥降低高科技公司自娱性在职消费的外部治理效应。相反，高管却因获得政府创新补助产生积极情绪，进而显著地提升了自娱性在职消费水平。自娱性在职消费会对高科技公司创新产出和营运效率产生何种经济后果呢？本书从高科技公司专利申请数量（lnAPAN）、专利产出数量（lnPANT）和总资产周转率（TURNR）三个方面进一步分析自娱性在职消费所带来的负面影响。

高科技公司研发活动面临高风险，由于所有权与经营权的分离，高管无须承担研发项目失败的风险，在政府创新补助资金的积极情绪的驱动下，公司高管具有很高的机会主义行为动机，用以增加个人效用的支出（自娱性在职消费）。因此，本书预计这将提升公司代理成本和挤占公司研发资源，不利于提升公司创新产出和营运效率。

表6-9中（1）列至（3）列分别报告了自娱性在职消费对高科技公司创新产出和营运效率的实证结果。不难发现，自娱性在职消费水平（ADF1，ADF2）

表6-9　拓展性研究的实证结果

	(1)	(2)	(3)	(4)	(5)	(6)
因变量	Y = lnAPAN		Y = lnPANT		Y = TURNR	
模型	OLS 模型	OLS 模型	OLS 模型	OLS 模型	OLS 模型	OLS 模型
ADF1	-0.0355*** (-2.97)		-0.0328*** (-3.22)		-4.2796*** (-14.05)	
ADF2		-0.2357*** (-4.11)		-0.2428*** (-4.70)		-21.9155*** (-21.65)
CONTROLs	YES	YES	YES	YES	YES	YES
INDUSTRY	YES	YES	YES	YES	YES	YES
YEAR	YES	YES	YES	YES	YES	YES
Observations	4278	4278	4278	4278	4278	4278
F	75.77	76.77	79.96	81.27	63.99	84.16
VIF	3.230	3.231	3.230	3.231	3.230	3.231
R2_adjust	0.213	0.215	0.226	0.229	0.223	0.228

注：（1）*** 表示在0.01的显著性水平上显著。
（2）括号内为经 Robust 调整的稳健性 t 统计量。

的系数均显著为负值，表明自娱性在职消费显著地降低了高科技企业的专利申请数量、专利授予数量和总资产周转率。

七、本章小结

本章以在职消费为视角，探讨政府创新补助政策究竟发挥外部治理效应还是积极情绪效应。研究发现，目前中国政府部门缺少对创新补助的实质性监管，未能发挥出显著的外部治理效应；政府创新补助资金所带来的积极情绪，导致管理层产生更高的在职消费冲动，显著地增加了高科技公司的自娱性在职消费水平。

更进一步地，2013 年中国实施国家科技计划及专项资金后补助政策，以科技成果产出为导向，放松了对高科技公司资金开支的监管，强化了高管的积极情绪，相比实施后补助政策之前，政府创新补助显著地提升了非国有高科技公司的自娱性在职消费水平；但是相比非国有企业，国有企业样本中创新补助强度与自娱性在职消费水平的正向关系得到显著的缓解，这是因为对国有企业开展的反腐工作发挥了外部治理作用。这一发现为全面理解中国经济社会转型改革情境下，优化政府创新补助政策设计和构建新型政企关系提供了既有文献仍未关注的独特视角。在既有文献开展诸多有益尝试的基础之上，本章首次验证了政府创新补助的积极情绪效应，为进一步提升政府创新补助的外部治理效应提供了必要说明，也首次为考察事后政府创新补助政策研究提供了最新经验证据。

第七章　政府研发支持与企业研发投入[①]

一、引言

新经济增长理论认为增加研发投入可以推动技术进步，实现一国经济的持续性增长。由此理论，各国政府纷纷制定旨在激励公司研发投入的补贴政策，以期获得经济持续增长动力。当前我国各级政府不断加大对高科技公司的补贴力度，2014 年全国各类公司研发经费支出 10060.6 亿元，其中 422.3 亿元的公司研发经费来自各级政府的财政资金，虽然在相对规模上与西方发达国家仍存在一定差距，但从绝对数值看已位居世界前列。政府如何分配高科技公司的巨额创新补贴？这些创新补贴是否显著提升了其研发投入？回答好这一系列学术问题，对进一步优化我国科技创新政策，引导高科技公司创新发展具有重要现实意义。

目前学界对于评价和探讨我国科技创新政策效应进行了有益尝试，但关于政府创新补贴对公司研发投入影响的研究结论仍存在较大分歧。高管是公司经营的核心，高管背景会对公司产生实质性影响。目前学者已经尝试从高管梯队理论视角探讨高管特征对微观企业的影响，主要集中在高管政治背景方面（魏志华等，2015；余明桂等，2010；杨其静，2011）。现存文献虽已开始关注公司高管的异质性特征对研发活动的影响（韩忠雪、崔建伟等，2014；余恕莲、王藤燕，2014），但对高管背景在政府创新补贴资源配置和对创新投入的调节作用方面仍关注不够（袁建国等，2015），区分高管研发技术背景和政治关联背景的文献就更为鲜见。

既有相关文献绝大多数未区分创新补贴和一般性补贴[②]的区别，为剔除非创

① 本章内容已公开发表在《财贸经济》2017 年第 3 期。

② 目前中国政府补贴种类繁多，包括科研专项、产业转型升级引导资金、人才引进培训、技术改造和企业研发等创新性补贴，也包括环境治理、财政贡献奖励、招商引资、企业融资、经营不善等一般性补贴。

新类政府补贴的混杂影响，本章从微观企业层面使用最新经验证据，分析了高管背景在政府创新资源配置和高科技研发活动中的差异性作用。本章在构建政府创新补贴和高科技公司创新投入分析框架的同时，着重探讨了公司高管背景在其中的异质性调节作用，填补了目前文献仍未充分关注高管层面特征性因素的研究空缺，并从知识产权保护程度、公司产权性质、规模大小和公司冗员负担等视角做了进一步分析。这为深入理解中国当前发展阶段下影响高科技公司研发投入的关键因素，提供了以往文献尚未重点关注的视角。本章结论有望为优化我国技术创新改革路径提供有益启示，对提升高科技公司创新投入和优化我国技术创新政策具有重要参考价值。

二、理论分析与研究假设

（一）政府创新补贴与公司高管背景

高管的研发技术背景很可能是政府筛选补贴对象的重要信号。基于创新补贴择优假说，政府管理者对研发项目进行“择优”（Pick the Winners）扶持，即政府偏好于支持那些研发基础好、风险低的科研项目（Wallsten，2000）。高科技公司创新战略是一个非常复杂和含义广泛的决策。在科技创新中，有了创新的企业家精神还不够，还需要具有创新的思维，具有围绕创新组合生产要素（创新要素），尤其是协调产学研各方的能力（洪银兴，2012）。因此，高管研发技术背景是影响其决策的重要因素，具有研发技术背景的高管更容易发挥创新精神，不仅可以有效把握市场新需求，规划研发战略，而且可以利用自身专业经验合理评估创新风险和可行性（韩忠雪等，2014；余恕莲等，2014）。可以看出高管具有研发技术背景时，公司研发能力相对更强，可以更加有效制订公司内部研发计划和提升研发项目成功概率。因此，高管具有研发技术背景的公司很可能成为政府创新补贴的对象，并获得更多政府创新补贴资源。综上所述，高管研发技术背景是政府筛选补贴对象的重要显性信号来源。为讨论政府创新补贴和公司高管背景关系，提出本章假设 1：

H1：相比非研发技术背景高管，高管研发技术背景可以显著地获得更高政府创新补贴强度。

（二）政府创新补贴、公司高管背景与研发投入

加大研发投入是高科技公司获取并保持市场竞争力的重要途径，技术创新

活动却因正向外部性而导致研发投入不足。这是因为创新主体无法完全独占其新技术知识或无法控制其扩散，结果造成公司研发投入的回报率低于其一般项目投资回报率（Arrow，1962；张杰等，2015）；同时现代技术革新突飞猛进，高科技行业所处的市场和技术环境不确定性增加，进一步提升了公司技术创新活动风险水平。政府需要扶持高科技公司的创新活动，纠正此类市场失灵现象。创新补贴政策是政府通过直接向微观企业配置经济资源，引导高科技公司创新发展。创新补贴可以降低研发边际成本和风险水平，缩小公司研发私人收益与社会收益之间的差距，从而提高公司的研发投入和收益（Guellec and van Pottelsberghe de la Potterie，2000；唐清泉等，2008）。基于公司资源理论，当科技公司获得政府创新补贴时，意味着现金流直接增加或间接地减少现金流流出，代表着公司资源的增加，能降低资金短缺（杨洋等，2015），提高其研发投入水平。

国内绝大部分学者发现政府创新补贴会促进公司加大研发资金的投入、新产品和新技术的开发（安同良等，2009；张杰等，2015），但是也有少部分学者认为，在政府创新补贴的刺激下，研发活动的要素市场需求增加，要素价格提升，从而公司研发的成本提高，挤出公司研发投入（Wallsten，2000；GÖRg and Strobl，2007）。政府创新补贴实施不当，很可能无法纠正此类市场失灵。还有学者发现政府创新补贴政策效应并不确定（刘虹等，2012）。可见，虽然目前国内外学者对政府创新补贴和公司研发投入关系进行了不少研究，但仍未形成一致结论。据此，政府创新补贴可能对公司研发投入存在双重效应，为讨论政府部门研发补贴对公司部门研发的挤入效应抑或挤出效应，提出本章假设 2：

H2：政府创新补贴可以显著地提高高科技公司研发投入强度。

由于高管团队相对于董事会的权力主要取决于 CEO 的权力，目前大量的研究仍以 CEO 或总经理特征来测定高管团队的特征（毛新述，2016）。高科技公司技术创新活动是非常复杂的过程，高管是公司经营的核心，高管背景的异质性特征是公司研发决策的关键因素。高管政治关联背景可能并不利于公司研发投入。这是因为建立和维护政治管理需要高管必须耗费大量的精力和资源，承担更多社会性负担，从而减少了在公司能力建设上的研发投入。例如，杨其静（2011）的研究显示，政治资源越丰富的公司，可能越容易诱发管理层通过寻租活动来提升公司业绩，降低了公司提升和维护产品品质的动力，削弱了管理层通过创新活动来提升公司业绩的激励。袁建国等（2015）认为具有政治资源的公司创新水平较低，研发投入产出比也更低，即存在“政治资源诅咒效应”。可见，公司依靠政治关联背景获得政府创新补贴后，需要耗费大量的企业资源维持同政府的关系，这就很可能挤占企业可用于研发的资源，公司甚至直接挪用一定比例的创新补贴。

基于高层梯队理论，公司技术创新战略决策和创新投入均会受高管人口特征的显著影响（余恕莲等，2014；韩忠雪等，2014）。位于高管层次的董事长和总经理具有的研发技术背景对公司而言是一种专门资产（余恕莲等，2014），具有研发技术背景的高管可以有效把握市场新需求，及时规划研发战略和科学评估研发可行性，深谙公司所涉及的技术及其发展动向，更能准确把握市场新需求，对研发的风险和收益有更细致的分析和预期。具有专业技术背景的董事长或总经理对研发活动有一定的认识和了解，深刻意识到资金投入对研发活动的重要性，因此在进行资源分配时会有意增加研发投入（余恕莲等，2014）。此外，具有长期科研经历和突出技术能力的高管拥有更加丰富的研发经验，能够合理评估研发风险，可以制定更加科学的研发策略并提高研发项目成功概率。显然，具有研发技术、研发经历的高管所在的公司在更注重创新投入、拥有更多低风险性研发项目的基础上，赢得更多政府创新补贴。此类公司更多的关注点在于如何提高公司核心竞争力，不需因维护“特殊关系”而耗费经济资源。

高管的两类异质性特征对公司获得创新补贴后的关注点均存在实质性差异。在创新补贴影响高科技公司研发投入决策的过程中，高管政治关联背景将表现出消极效应，而高管研发技术背景表现为积极效应。为此，在假设 1 和假设 2 的理论分析基础上提出关于公司高管背景的调节效应的假设 3。

H3a：高管政治关联背景不能显著促进政府创新补贴对高科技公司研发投入强度的提升效果。

H3b：高管研发技术背景能够显著促进政府创新补贴对高科技公司研发投入强度的提升效果。

三、研究设计

本部分实证研究设计主要分析政府研发支持资源对高科技公司创新投入的作用。主要包括研究样本、变量选择与实证模型等内容。

（一）数据样本

本章实证研究所选择数据来源和样本筛选程序同第四章一致，所选高科技公司样本涉及全部A股上市公司，其中主要来自深市中小板和沪市主板。为尽量减少数据库数据错漏与变量缺失值影响，本书综合了多家商业数据库原始数据。其中：三大财务报表数据、研发投入、员工规模、上市时间、所在地及行业代码数据来自Wind数据库，并辅以国泰安数据库（CSMAR）的数据加以核对和补充；政府创新补贴的数据是通过下载样本公司的历年年报（财务报表附注数据）并经手工检索整理而得；公司高管研发技术背景数据是基于高管简历检索并手工核对获得；高管简历背景资料来自Wind数据库中“深度资料”和国泰安数据库，并通过手工检索新浪网和凤凰网财经版块，或通过百度、Bing等搜索引擎整理补充。此外，为消除变量异常值影响，笔者在1%和99%分位数水平上对各连续变量进行缩尾处理（Winsorize）。

（二）变量与模型

1. 变量定义

与前文变量定义保持一致：（1）政府创新补贴（SUB）采用政府创新补贴强度的概念，即政府创新补贴金额与本期主营业务收入之比。（2）公司研发投入（RD）与创新补贴强度定义类似。为剔除公司研发投入的公司经营规模效应，本书借鉴（刘虹等，2012；张杰等，2015；余恕莲等，2014）的定义研发投入强度变量，即公司研发投入金额与本期主营业务收入之比。（3）高管政治关联背景（POL）以总经理和董事长简历中的政治背景加以衡量。所述政治背景是指曾经或目前是否兼任政府官员（包括中央政府、省政府、省以下地方政府官员①）、人大代表（包括全国、省、省以下人大代表）或政协委员（包括全国、省、省以下政协委员）。某年份在任公司董事长或总经理至少有一人符合上述情况之一，则该家公司被视作具有政治关联。考虑到政治关联层级的差异，本书将省级以下、省级和中央级分别赋值1，2，3。（4）高管研发技术背景（TECH）借鉴已有文献（韩忠雪等，2014；余恕莲等，2014），本书将公司董事长或总经理任何一人具有研发技术背景的样本取值为1，否则取值为0。董事长

① 中央政府官员是指在党中央及所属部门；国务院及所属部委、直属特设机构、直属机构、办事机构、直属事业单位（仅包括证监会、银监会、保监会和电监会）、部委管理的国家局；军委及解放军四总部、武警总部；最高人民法院和最高人民检察院担任行政职务的官员。省级政府官员是指在省（直辖市、自治区）委和省政府及所属厅局机构；解放军七大军区和各省军区、武警总队；省市高级人民法院和高级人民检察院担任行政职务。省以下政府官员是指在省级以下市、县（区）委和政府及所属部门；省级以下军区和武警机构；中级及基层人民法院和人民检察院担任行政职务。

或总经理研发技术背景是基于高管简历资料生成，若简历资料中披露其具有研发技术岗位的工作经历或经过相关专业学习，则认定为具有研发技术背景。(5) 控制变量借鉴现存文献（张杰等，2015；毛新述、周小伟，2015；刘虹等，2012；唐清泉等，2008）等，本章还控制了可能影响高科技公司获取政府创新补贴和研发投入的其他变量，包括产权性质（SOE）、公司规模（SIZE）和资产负债率（LEV）等。此外，模型中还加入年度和行业固定效应。

2. 模型设定

为检验高管背景对政府创新补贴强度的影响，根据已有文献，本章建立了如下 OLS 回归模型：

$$SUB_{i,t} = \alpha + \beta_1 POL_{i,t} + \beta_2 TECH_{i,t} + \beta_3 POL_{i,t} * TECH_{i,t} + CONTROLs + IND + YEAR + \varepsilon \quad (式7-1)$$

其中，下标 i 和 t 分别代表高科技公司和年份；SUB，POL 和 TECH 分别表示政府创新补贴强度、高管政治关联背景和研发技术背景；CONTROLs，IND 和 YEAR 分别表示各控制变量、行业效应和年份效应；α 为截距项；ε 表示模型残差。根据假设 1a 与假设 1b，我们预期 $\beta_1 > 0$ 且 $\beta_2 > 0$。

为检验政府创新补贴强度对高科技公司研发投入的影响和进一步探讨高管背景的中介调节作用，本章还建立如下 OLS 回归模型：

$$RD_{i,t} = \alpha + \beta_1 SUB_{i,t} + \beta_2 POL_{i,t} + \beta_4 SUB * POL_{i,t} + CONTROLs + IND + YEAR + \varepsilon \quad (式7-2)$$

$$RD_{i,t} = \alpha + \beta_1 SUB_{i,t} + \beta_3 TECH_{i,t} + \beta_5 SUB_{i,t} * TECH_{i,t} + CONTROLs + IND + YEAR + \varepsilon \quad (式7-3)$$

其中：RD 表示研发投入强度，高管背景的调节效应的检验采用了交互项的方式；CONTROLs，IND 和 YEAR 分别表示各控制变量、行业效应和年份效应；α 为截距项；ε 表示模型残差。根据假设 2，我们预期：$\beta_1 > 0$，基于假设 3a 和假设 3b，我们预计 β_2 和 β_4 不显著，$\beta_3 > 0$ 和 $\beta_5 > 0$。

四、实证结果与分析

（一）描述性分析

表 7-1 报告了各主要变量的描述性统计情况，各变量观察记录均为 5438

条。政府创新补贴强度平均水平仅为 0.48%，最大值为 2.65%，表明政府研发补贴数额相对公司总营业收入规模仍然偏小。研发投入强度平均值和中位数均在 3% 附近，最大值已达到 11%，标准差为 3.3，表明目前高科技公司之间研发投入强度存在较大差异。其他变量取值的数量级同目前主流文献保持一致。

表 7-1　　主要变量描述性统计

变量	观测值	最小值	均值	中位数	最大值	标准差
SUB	5438	0.000	0.480	0.170	2.650	0.720
RD	5438	0.000	3.320	3.030	11.170	2.980
TECH	5438	0.000	0.370	0.000	1.000	0.480
POL	5438	0.000	1.800	2.000	3.000	1.140
INTECP	5438	-0.240	16.880	11.080	53.510	15.250

（二）回归分析

本章采用 OLS 方法估计模型（1），结果详见表 7-2。各变量对应方差膨胀因子 VIF 最大值均小于 10，总体可以认为所建回归分析模型不存在多重共线性问题。以创新补贴强度作为解释变量，高管政治关联背景和研发技术背景度的系数均在 1% 水平上显著为正值。这表明政治关联背景和研发技术背景是影响高科技公司获得政府创新补贴的关键因素，实证结果支持假设 1a 和假设 1b。为进一步探讨高管政治关联样本中，同时具有研发技术背景高管的公司获得政府创新补贴的状况，模型（1）中还加入了交互项变量（POL * TECH），回归系数为负值，但在统计意义上不显著。

表 7-2　　高管背景与高科技公司创新补贴的回归结果

模型	Y-SUB				
	(1)	(2)	(3)	(4)	(5)
分组	总样本	国有	非国有	大公司	小公司
变量	OLS	OLS	OLS	OLS	OLS
POL	0.028** (2.16)	-0.004 (-0.21)	0.042** (2.41)	0.045*** (2.81)	0.019 (1.06)
TECH	0.138** (2.41)	0.063 (0.64)	0.167** (2.36)	0.219** (2.04)	0.094 (1.42)

续表

模型	Y = SUB				
	(1)	(2)	(3)	(4)	(5)
分组	总样本	国有	非国有	大公司	小公司
变量	OLS	OLS	OLS	OLS	OLS
POL * TECH	-0.032 (-1.30)	-0.026 (-0.67)	-0.029 (-0.89)	-0.065 (-1.60)	-0.014 (-0.45)
SOE	0.024 (0.62)			-0.030 (-0.57)	0.058 (1.12)
CONTROLs	YES	YES	YES	YES	YES
INDUSTRY	YES	YES	YES	YES	YES
YEAR	YES	YES	YES	YES	YES
Constant	1.274 *** (6.45)	1.574 *** (5.92)	1.109 *** (3.58)	1.561 *** (3.66)	1.469 *** (3.50)
Observations	5438	2102	3336	1918	3520
VIF	1.589	1.563	1.617	1.517	1.617
R2_adjust	0.111	0.123	0.0956	0.0956	0.0914

注：***，** 分别表示在 0.01，0.05 的显著性水平上显著；括号内为经 White 异方差调整和按照股票代码进行群（Cluster）调整的 t 统计量；控制变量（CONTROLs）包括公司规模（SIZE）、资产负债率（LEV）、有形资产比率（TANGI）、经营现金流（LNcf）、总资产报酬率（ROA）、第一大股东持股（TOP1）、盈利状况（LOSS）、上市年龄（AGE）、宏观经济增长（GDPG）等，为压缩篇幅，未详细报告。

创新补贴政策是否可以有效提升高科技企业研发投入强度？高管背景又在其中扮演何种角色？回答上述问题的分析结果见表 7－3。显然，政府创新补贴强度和高管研发技术背景的系数均显著为正，但是高管政治关联背景的回归系数并不显著。这表明政府创新补贴可以显著地提升高科技公司研发投入。相比高管无研发技术背景的公司，高管具有研发技术背景的公司研发投入水平更高，这与已有文献结论保持一致（余恕莲等，2014；韩忠雪等，2014）；且高管专业技术背景同创新补贴强度的交乘项也至少在 5% 水平上显著为正值，在高管具有研发技术背景条件下，政府创新补贴对高科技公司研发投入的促进作用更加明显。模型回归结果中，资产负债率、有形资产占比、公司成长性和股权集中度均是影响高科技公司研发投入强度的重要因素。经多重共线性检验，VIF 的最大值也远低于 10，回归模型不存在多重共线性问题。

表 7－3　高管背景与高科技公司创新投入的回归结果

模型	Y = RD											
	(1)	(2)		(3)	(4)	(5)	(6)		(7)	(8)	(9)	(10)
分组	总样本			国有		非国有			大公司		小公司	
变量	OLS	OLS		OLS	OLS	OLS	OLS		OLS	OLS	OLS	OLS
SUB	0.905*** (9.00)	0.915*** (7.08)		0.585*** (4.21)	0.579** (2.20)	1.056*** (8.11)	1.041*** (6.85)		0.664*** (4.22)	1.173*** (4.70)	0.974*** (8.58)	0.811*** (5.66)
POL		0.035 (0.13)			−0.045 (−0.70)		0.056 (1.04)			0.062 (0.94)		−0.027 (−0.53)
TECH	0.458*** (4.37)			0.114 (0.75)		0.628*** (4.58)			0.291* (1.74)		0.540*** (4.25)	
SUB * POL		0.075 (1.26)			0.188 (1.52)		0.030 (0.44)			−0.141 (−1.24)		0.160** (2.38)
SUB * TECH	0.293** (2.10)			0.927*** (3.63)		0.029 (0.17)			0.397* (1.70)		0.224 (1.40)	
CONTROLs	YES	YES		YES		YES	YES		YES		YES	YES
INDUSTRY	YES	YES		YES	YES	YES	YES		YES	YES	YES	YES
YEAR	YES	YES		YES	YES	YES	YES		YES	YES	YES	YES
Constant	1.275 (1.59)	1.288 (1.59)		4.152*** (3.71)	4.059*** (3.66)	0.351 (0.30)	0.155 (0.13)		1.194 (0.73)	1.274 (0.77)	0.225 (0.15)	0.160 (0.10)
Observations	5438	5438		2102	2102	3336	3336		1918	1918	3537	3537
VIF	1.936	3.777		1.766	3.852	2.015	3.728		1.959	5.835	1.910	3.448
R^2_adjust	0.513	0.504		0.430	0.413	0.514	0.504		0.439	0.432	0.511	0.502

注：***，**，*分别表示在 0.01，0.05，0.1 的显著性水平上显著；括号内为经 White 异方差调整和按照股票代码进行群（Cluster）调整的 t 统计量；控制变量（CONTROLs）包括公司规模（SIZE）、资产负债率（LEV）、有形资产比率（TANGI）、经营现金流（LNcf）、总资产报酬率（ROA）、第一大股东持股（TOP1）、盈利状况（LOSS）、上市年龄（AGE）、宏观经济增长（GDPG）等，为压缩篇幅，未详细报告。

五、拓展性研究

高管政治关联背景在有助于高科技公司获得政府创新补贴的情况下，为何没有显著提升研发投入？这是一个非常值得探讨的问题。基于现存文献，我们预测这很可能是因为目前中国高科技公司为了建立和维护同政府的关系，主动承担更多社会性负担，例如增加劳动力就业，增加了公司冗员程度。我们尝试从公司社会性负担视角阐释其中机理和原因。借鉴已有文献（曾庆生、陈信元，2006）和（廖冠民、沈红波，2014），我们采用超额雇员测度社会性负担，如果公司的冗员程度（超额雇员）越高，则说明其承担社会性负担越高。采用模型（式7-4）所得超额雇员测度社会性负担，如果公司的冗员程度（超额雇员）越高，则说明其承担社会性负担越高。

$$lnEMP_{i,t} = \alpha + \beta_1 SIZE_{i,t} + \beta_2 LEV_{i,t} + \beta_3 TOP1_{i,t} + \beta_4 GOA_{i,t} + \beta_5 TANGI_{i,t} + \beta_6 AGE_{i,t} \quad (式7-4)$$

其中，lnEMP为企业员工数的自然对数值；SIZE为资产总额自然对数值；LEV为资产负债率；TOP1为第一大股东持股比例；GOA为资产总额增长率；TANGI为有形资产比率；实际雇员规模与模型拟合员工规模之差，亦即模型残差ε为超额雇员REMP。

表7-4报告了拓展性研究结果。POL * SUB结果显著为正（$\beta=0.015$，$t=1.67$），TECH * SUB结果显著为负值（$\beta=-0.053$，$t=-2.51$），这表明当高管具有政治关联背景时，在可以获得更多创新补贴的情况下，也显著地承担了更多的冗余雇员；但是当高管具有研发技术背景时，结果恰好相反，雇员冗余程度在获得创新补贴的同时呈现显著的下降。可见，高科技公司在凭借政治关联获取更多创新补贴的同时会承担更多社会性负担，整体上未能表现出研发投入的增加。

制度环境是影响公司行为的重要因素（邓建平、曾勇，2009）。与一般公司相比，高科技公司最主要特点是从事密集的研发活动，这类活动的技术性产出具有明显正外部性，因此知识产权保护环境是高科技公司研发投入的关键所在。根据产权理论，当高科技公司所处地区产权保护环境优越时，研发决策层将增强对研发活动的理性预期，从研发产出中获得收益。对目前处在转型经济阶段的中国而言，高管的背景特征差异能否预期到外部知识产权保护环境因素变化，并更加重视增加研发投入？

我们以中国知识产权保护的区域差异性特征为情景，进一步回答这一问题。在模型（式 7 - 2）的基础上又加入了知识产权保护因素，回归结果见表 7 - 5，再次显示高管研发技术背景可以增加研发投入强度，而高管政治关联背景并未显著增加研发投入强度。高管研发技术背景与知识产权保护交互项（TECH * INTECP）在 10% 水平上显著为正，而 POL * INTECP 并不显著。这表明知识产权保护程度更高时，具有研发技术背景的高管对研发产出具有更好预期，显著提高了研发投入强度；而具有政治关联背景的高管对知识产权保护因素并不敏感，在知识产权保护水平有所改进的情况下仍未提升高科技公司研发投入强度。

表 7 - 4　　高管背景与超额雇员

模型	Y = REMP	Y = REMP
	(1)	(2)
变量	OLS	OLS
POL	-0.007 (-0.77)	
TECH		0.006 (0.30)
SUB	-0.072 *** (-3.70)	-0.020 (-1.32)
POL * SUB	0.015 * (1.67)	
TECH * SUB		-0.053 ** (-2.51)
CONTROLs	YES	YES
INDUSTRY	YES	YES
YEAR	YES	YES
Constant	-0.597 *** (-4.23)	-0.607 *** (-4.31)
Observations	5438	5438
VIF	1.546	1.936
R2_adjust	0.0647	0.0656

注：***，**，* 分别表示在 0.01，0.05，0.1 的显著性水平上显著；括号内为经 White 异方差调整和按照股票代码进行群（Cluster）调整的 t 统计量；控制变量（CONTROLs）包括公司规模（SIZE）、资产负债率（LEV）、有形资产比率（TANGI）、经营现金流（LNcf）、总资产报酬率（ROA）、第一大股东持股（TOP1）、盈利状况（LOSS）、上市年龄（AGE）等。

表 7 - 5　　知识产权保护、高管背景与研发投入

模型	Y = RD	Y = RD
	(1)	(2)
变量	OLS	OLS
SUB	0. 493 *** (4. 02)	0. 619 *** (3. 15)
POL		0. 011 (0. 20)
TECH	0. 299 ** (2. 12)	
INTECP	-0. 006 (-1. 62)	-0. 003 (-0. 50)
SUB * POL		0. 032 (0. 36)
SUB * TECH	0. 423 ** (2. 16)	
SUB * INTECP	0. 025 *** (4. 30)	0. 018 ** (2. 28)
POL * INTECP		-0. 000 (-0. 11)
TECH * INTECP	0. 010 * (1. 65)	
SUB * POL * INTECP		0. 002 (0. 53)
SUB * TECH * INTECP	-0. 009 (-1. 14)	
CONTROLs	YES	YES
INDUSTRY	YES	YES
YEAR	YES	YES
Constant	1. 614 ** (2. 00)	1. 532 * (1. 89)
Observations	5438	5438
VIF	4. 128	9. 162
R2_adjust	0. 520	0. 511

注：***，**，* 分别表示在 0. 01，0. 05，0. 1 的显著性水平上显著；括号内为经 White 异方差调整和按照股票代码进行群（Cluster）调整的 t 统计量；控制变量（CONTROLs）包括公司规模（SIZE）、资产负债率（LEV）、有形资产比率（TANGI）、经营现金流（LNcf）、总资产报酬率（ROA）、第一大股东持股（TOP1）、盈利状况（LOSS）、上市年龄（AGE）等。

六、稳健性检验

本章基准回归模型采用普通最小二乘法（OLS），研究政府创新补贴政策效应的最大挑战在于，创新补贴资金在不同公司间的分配可能是非随机的，或者创新补贴与研发投入之间具有双向因果关系。此时采用 OLS 方法估计参数，可能导致结果存在偏误。为消除此类内生性问题，本章将在稳健性检验中做详细报告，分别通过细分样本公司、选择代理变量、匹配样本和构建两阶段工具模型等途径做进一步稳健性测试。

（一）样本分组

基准回归模型中的全部样本公司涉及样本特征较为多样，不同所有权性质和公司规模的高科技公司在获取政府创新补贴和研发投入方面均可能表现出较大的异质性。为此，本章将按照公司控制权属性分为国有公司和非国有公司，还按照同行业同年度公司规模大小分为大规模公司和小规模公司，模型（1）、模型（2）和模型（3）的不同分组回归分析结果见表 7 - 3。显然，在非国有公司和大规模公司中，高管政治关联背景和研发技术背景更有助于获得更多政府创新补贴，高管研究技术背景更有效地促进了非国有公司和大规模公司的研发投入，分组回归分析结果同基准模型保持较高一致性。

（二）替代变量

前文分析仅考虑了当前政府创新补贴强度，这可能不利于消除政府创新补贴较大幅度的波动；并且政府创新补贴政策效应可能存在累加效应，即当期研发投入可能同过去各期获得创新补贴均存在联系。因此，本章构建了测度期间平均研发补贴强度的变量，即高科技公司近三年内获得创新补贴强度的平均值（SUBM），回归结果见表 7 - 6。回归结果同基准回归分析总体与基准模型相一致，其他控制变量系数符号与表 7 - 3 中回归结果保持一致。

（三）选择偏误

政府在选择补贴对象时存在较高的自选择性（Self - Selection）（Hsu et al.，2009；余明桂等，2010；秦雪征等，2012；安同良等，2009；孔东民、刘莎莎等，

表 7-6 替代变量

模型	Y = SUBM	Y = RD	
	(1)	(2)	(3)
变量	OLS	OLS	OLS
SUBM		1.145*** (9.39)	1.121*** (7.35)
POL	0.026** (2.08)		-0.010 (-0.22)
TECH	0.142** (2.48)	0.433*** (3.93)	
POL * TECH	-0.029 (-1.19)		
SUBM * POL			0.099 (1.42)
SUBM * TECH		0.288* (1.70)	
CONTROLs	YES	YES	YES
INDUSTRY	YES	YES	YES
YEAR	YES	YES	YES
Constant	1.272*** (6.61)	1.287 (1.61)	1.305 (1.61)
Observations	5438	5438	5438
VIF	1.589	2.042	3.811
R^2_adjust	0.141	0.524	0.516

注：***，**，*分别表示在0.01，0.05，0.1的显著性水平上显著；括号内为经White异方差调整和按照股票代码进行群（Cluster）调整的t统计量；控制变量（CONTROLs）包括公司规模（SIZE）、资产负债率（LEV）、有形资产比率（TANGI）、经营现金流（LNcf）、总资产报酬率（ROA）、第一大股东持股（TOP1）、盈利状况（LOSS）、上市年龄（AGE）、宏观经济增长（GDPG）等，同基准回归模型相一致，为压缩篇幅，详细报告未列示。

2013；张杰等，2015）。当存在样本选择偏误时，直接采用OLS估计方法研究政府创新补贴对研发投入的影响所得到的估计系数很可能是有偏的。为此，我们基于PSM方法对样本进行匹配后再做回归分析，具体步骤为：借鉴主流文献（Cerulli et al.，2012；秦雪征等，2012）的做法，首先以SUBI（=1，如果高科技公司当期获得政府创新补贴；=0，其他）为被解释变量，建立Logit模型并计算出高科技公司获得创新补贴的倾向得分（Propensity Score，简称 PS 值）；其次分别以 0.001 为匹配半径进行匹配，以处理组和对照组数量 1∶3 进行最近邻匹配和以核匹配方法进行匹配；最后以匹配成功的记录作为样本进行回归分析，回归结果分别见表 7－7（1）列至（6）列。三类匹配方法下，政府创新补贴系数仍显著为正，其他变量的 PSM 匹配模型回归结果均保持很好的稳健性。

表 7－7 PSM 倾向得分匹配模型

模型	Y = RD					
匹配	半径匹配（R = 0.001）		最近邻匹配（1∶3）		核匹配	
变量	(1)	(2)	(3)	(4)	(5)	(6)
SUB	0.976*** (11.68)	0.588*** (3.39)	0.873*** (9.73)	0.648*** (3.46)	1.055*** (12.67)	0.759*** (4.35)
TECH	0.634*** (6.43)	0.427** (2.11)	0.553*** (5.39)	0.240 (1.12)	0.621*** (6.25)	0.472** (2.37)
POL	0.010 (0.25)	−0.031 (−0.63)	0.017 (0.41)	−0.008 (−0.15)	0.010 (0.25)	−0.024 (−0.49)
SUB * TECH		0.549** (2.15)		0.505* (1.72)		0.335 (1.33)
SUB * POL		0.120 (1.48)		0.028 (0.30)		0.080 (1.03)
TECH * POL		0.008 (0.08)		0.069 (0.66)		−0.012 (−0.12)
SUB * TECH * POL		−0.072 (−0.56)		−0.015 (−0.10)		0.007 (0.06)
CONTROLs	YES	YES	YES	YES	YES	YES
INDUSTRY	YES	YES	YES	YES	YES	YES
YEAR	YES	YES	YES	YES	YES	YES
Constant	2.009** (2.38)	3.287*** (3.84)	1.833** (2.10)	2.986*** (3.38)	0.933 (1.08)	2.850*** (3.28)
Observations	3853	3853	2939	2939	4282	4282
R^2_adjust	0.474	0.477	0.427	0.430	0.506	0.508

注：***，**，*分别表示在 0.01，0.05，0.1 的显著性水平上显著；括号内为经 White 异方差调整和按照股票代码进行群（Cluster）调整的 t 统计量；控制变量（CONTROLs）包括公司规模（SIZE）、资产负债率（LEV）、有形资产比率（TANGI）、经营现金流（LNcf）、总资产报酬率（ROA）、第一大股东持股（TOP1）、盈利状况（LOSS）、上市年龄（AGE）、宏观经济增长（GDPG）等，同基准回归模型相一致，为压缩篇幅，详细报告未列示。

（四）双向因果

基准回归模型中，研发投入强度和政府创新补贴强度之间很可能存在双向因果关系，进一步引起基准模型的内生性问题。为了获得更稳健的结论，借鉴国内外学者的有益经验，采用工具变量法（杨洋等，2015；张杰等，2015）。在大样本的条件下，适当增加工具变量数目通常可以得到更为有效的估计结果，参考杨洋等（2015）的做法①，以（公司研发投入强度－公司研发投入强度均值）×（政府创新补贴强度－政府创新补贴强度均值）作为第一个工具变量（IV1），以工具变量（IV1）与高管研究技术背景的交互项作为第二个工具变量（IV2）。表7－8报告了两阶段工具变量模型的回归结果。在第一阶段回归结果中，两个工具变量的回归系数均在1%水平上显著，回归模型 Kleibergen—Paap rk LM 统计量在1%水平上显著，因此拒绝工具变量识别不足的原假设，表明我们构建的两阶段工具变量模型中工具变量与内生变量高度相关；Hansen－J 统计量的P值高于10%，因此不能在10%的显著性水平上拒绝工具变量是过度识别的原假设，表明模型过度识别约束是有效的，消除模型变量的双向因果关系后的回归结果仍保持很好的稳健性。

表7－8　　两阶段工具变量模型的回归结果

模型	Y = SUB	Y = RD	
	(1)	(2)	(3)
变量	第一阶段	第二阶段	第二阶段
SUB		2.275*** (16.02)	0.991*** (7.08)
POL	0.017* (1.84)	－0.009 (－0.28)	0.015 (0.50)
TECH	0.044 (1.27)	0.503*** (3.69)	0.248 (1.31)
SUB * TECH			0.673*** (2.71)

① 该方法可直接构造一个与内生变量相关的外生变量作为有效的工具变量，具体思路和有效性说明可参见 Lewbel A. Constructing Instruments for Regressions With Measurement Error When no Additional Data are Available, with An Application to Patents and R&D [J]. Econometrica, 1997, 65 (5): 1201－1213。

续表

模型	Y = SUB	Y = RD	
	(1)	(2)	(3)
变量	第一阶段	第二阶段	第二阶段
POL * TECH	-0.026 * (-1.73)	0.008 (0.13)	-0.003 (-0.05)
CONTROLs	YES	YES	YES
IV1	0.073 *** (7.20)		
IV2	0.065 *** (5.78)		
INDUSTRY	YES	YES	YES
YEAR	YES	YES	YES
Constant	0.350 **	1.057 *	1.314 **
	(2.37)	(1.84)	(2.42)
Observations	5438	5438	5438
Kleibergen - Paap rk LM 统计量		918.75 ***	
Hansen J 统计量的 P 值		0.148	
R - squared	0.289	0.436	0.510

注：***，**，*分别表示在0.01，0.05，0.1的显著性水平上显著；括号内为经White异方差调整和按照股票代码进行群（Cluster）调整的t统计量；控制变量（CONTROLs）包括公司规模（SIZE）、资产负债率（LEV）、有形资产比率（TANGI）、经营现金流（LNcf）、总资产报酬率（ROA）、第一大股东持股（TOP1）、盈利状况（LOSS）、上市年龄（AGE）、宏观经济增长（GDPG）等，同基准回归模型相一致，详细报告未列示。

七、本章小结

本章研究发现目前我国政府创新补贴配置过程中仍存在某些倾向性，具体表现为高管具有研发技术背景的高科技公司显著获得了更多创新补贴。政治关联背景并未显著地促进高科技公司研发投入强度，而研发技术背景显著提升了高科技公司研发投入强度。进一步分析发现，这主要是因为具有研发技术背景的高管更容易降低高科技公司超额雇员，而高科技公司通过政治关联背景获得政府创新补贴的同时，却显著地增加了公司社会性负担。总体而言，目前我国创新补贴可以纠正研发市场失灵，可以显著地提升高科技公司研发投入，这也支持了创新补贴的“挤入效应”假说。实证结论还显示：具有政治关联背景的高管并不会过多关注知识产权保护环境变化，进而随着知识产权保护程度提升而增加公司研发投入强度；相反，高管具有研发技术背景的高科技公司更能感知知识产权保护环境的变化，并且能够基于知识产权保护对研发产出产生理性预期，进而加大公司研发投入强度。

第八章　政府研发支持与企业全要素生产率[①]

一、引言

基于新经济增长理论，经济持续增长的主要源泉是要素投入、知识积累和技术创新。处在较低发展阶段的国家，由于存在技术和生产率的差距，经济增长具有后发优势，可以主要依靠资本、土地和劳动力的投入实现；而对处在更高经济发展阶段上的国家来说，经济增长则必须靠全要素生产率的提高[②]。全要素生产率（Total Factor Productivity，以下简称 TFP），是指在各种生产要素的投入水平既定的条件下，所达到的额外生产效率。在不存在技术进步的情况下，如果高科技企业资本、劳动力和其他生产要素投入的增长率都是 1%，其正常情况下的产出也应该是 1%；但高技术企业为知识技术密集型产业，一般需要具有相对较高的研发投入强度，涵盖生产要素（物质资本、人力资本、技术工艺与知识存量等）更广，技术创新可以使高科技企业产出增长率大于 1%。这个统计学意义的“残差”，在经济学意义上就是全要素生产率对产出或经济增长的贡献。

由粗放型发展转为集约型发展，最根本的是依靠科技创新。高科技企业是我国自主创新的重要主体之一，适应和引领我国经济发展的新常态，高科技企业必须转向经济持续增长的核心——提高全要素生产率。基于国家创新体系理论（Porter，1990），大力推进科技创新、建设创新型国家，必须优化政企关系，政府只有通过激发企业创新活力才能形成国家产业竞争优势。当前各级政府不断加大对高科技企业的创新补贴力度，2014 年全国各类企业研发经费支出

① 本章内容已公开发表在《数量经济技术经济研究》2018 年第 1 期。

② http：//opinion. people. com. cn/n1/2016/0224/c1003 - 28144550. html.

10060.6亿元，占全社会研发经费支出总额的77.3%。其中，422.3亿元的企业研发经费来自各级政府的财政资金，虽然在相对规模上与西方发达国家仍存在一定差距①，但从绝对数值看已经位居世界前列。政府对科技企业的巨额研发补贴的实际政策效应如何？张维迎在博鳌论坛2014年年会曾公开表示，“很多企业申请政府补贴，并未真正的创新”。如何高效地提升高科技企业全要素生产率，全面科学评价和优化中国政府的研发补贴政策等一系列问题备受学界关注，这也是政策制定部门和科技企业必须关注的重要领域。

国内外学者在探讨政府补贴政策方面做了不少尝试，形成了一些共识。现代技术革新速度突飞猛进，高科技行业所处的市场和技术环境不确定性增加，进一步提升了企业技术创新活动风险水平。技术创新活动的正外部性导致创新主体无法完全独占其新技术知识或无法控制其扩散，结果造成企业研发投入的回报率低于其一般项目投资回报率（Arrow，1962；张杰等，2015），企业研发活动存在因外部性产生的市场失灵现象，这导致企业自主研发投入不足，政府部门需对企业研发活动进行补贴。目前学者对政府补贴政策具体效应存在较大分歧。政府创新补贴对企业创新绩效同时存在正面和负面双重效应。部分文献发现，政府创新补贴政策是有效的（Hsu et al.，2009；Czarnitzki et al.，2011；徐伟民等，2011；白俊红等，2011；秦雪征等，2012）。但仍有部分学者质疑政府创新补贴资源的配置效率，认为政府创新补贴政策的初衷与实际效果之间存在严重的错位（朱平芳等，2003；余明桂等，2010），选择性的产业政策只能激励微观企业策略性创新，企业为“寻扶持”而进行“虚创新”，企业创新质量并无实质性提升（黎文靖等，2016）。

企业全要素生产率是资本、劳动和技术等要素投入在生产过程中转化为产出的效率，是评价政府创新补贴政策效应的关键指标。在目前经济下行压力增大、人口红利衰竭、资源环境约束加剧的情形下，发展方式必须由以往的依靠成本低廉要素和扩大要素投入量的增长模式，转变为依靠全要素生产效率提高的经济增长模式（刘伟，2016）。这表明提升企业全要素生产率是促进我国创新驱动发展转型的核心研究问题。目前绝大多数学者从政府研发补贴对企业研发投入（张杰等，2015）、企业的利润额（Chandler，2012）、产品质量（Czarnitzki et al.，2011）、专利产出（Colombo et al.，2012；黎文靖等，2016）、新产品销

① 根据美国国家科学基金会的数据，2012年联邦政府来源研发经费中有大约26.9%用于企业研发活动，而企业执行研发经费中大约有11.5%来自政府。

售收入（徐伟民等，2011；朱平芳等，2003）的影响视角开展有关研究。本章认为有必要从对高科技企业 TFP 影响的视角来讨论政府创新补贴的政策效应。目前国内学者尝试以 TFP 为分析起点，从若干视角探讨了中国转型发展中特定因素对企业 TFP 的影响，提供了启示性的经验证据。值得关注的是现存文献尚未形成一致结论，有必要利用最新数据对这一关键问题再做探讨。

本章尝试构建一个涵盖政府创新补贴、高管研发技术背景、区域知识产权保护程度和全要素生产率的分析框架。与以往文献一直习惯于关注政府创新补贴对企业研发投入和专利产出的视角不同，考虑到专利产出也不能准确反映创新成果的转化能力和创新效率（白俊红等，2011；陆国庆、王舟等，2014），我们从高科技企业 TFP 视角探讨分析政府创新补贴的政策效应，同时本章更加注重讨论企业层面和区域层面异质性特征的中介效应。本章发现了“反直觉”（Anti – intuitive）的政府“创新补贴异象”，这为深入理解中国当前发展阶段下影响高科技企业创新效率的关键因素，提供了以往文献尚未重点关注的视角。

虽然有少数现存文献从理论分析视角对这类“创新补贴异象”做了定性解释，但尚未发现从企业代理成本、投资行为和社会负担视角定量解释政府创新补贴未能显著提升高科技企业 TFP 的文献。本章基于委托—代理理论、资源诅咒理论进一步定量分析了其中的可能原因。本章经验证据表明，在高科技企业人力资本积累不足的情形下，政府单方面地增加创新补贴会导致企业经济资源相对过剩，导致了企业高管代理问题，政府创新补贴以更加隐蔽的形式被侵占或流失，高科技企业进行“伪创新”或“策略性创新”成为常态。这一发现为全面理解中国改革情境下，优化政府创新补贴政策设计提供了既有文献仍未关注的独特视角。各级政府在开展和推动创新驱动发展战略的过程中，需要十分重视对科技企业人力资本和研发实力的评估，降低政府创新补贴错配的成分，根据科技企业关键异质性特征，恰如其分地配置创新补贴，营造良好的科技企业创新外部产权保护环境。因此，本章研究结论为优化我国技术创新改革路径提出了建设性观点，对提升高科技企业创新效率和完善我国技术创新政策具有重要参考价值。

二、理论分析与研究假设

（一）政府创新补贴与高科技企业 TFP

企业全要素生产率一定程度上包括了企业的自主创新研发能力、技术能力以及管理能力与组织效率（张杰、黄泰岩等，2011），提升企业全要素生产率是促进经济创新驱动和发展转型的关键所在。根据前文 TFP 定义，产业或公司的全要素生产率是正常要素投入增长后所能实现的超额生产率，反映的是企业生产效率，其产生的基础应当是技术进步与创新，可以影响企业内部生产技术与要素组合的因素理应对 TFP 产生实质性影响。国内外学者从多个视角展开了 TFP 的影响因素研究。例如，清洁生产标准等环境规则因素促进企业技术创新，应用先进生产工艺和技术，进而降低成本，提升产品质量，优化整个产业结构，影响全要素生产率（韩超、胡浩然，2015；王杰、刘斌，2014）。

技术和知识具有公共产品的溢出效应，短期内研发投资的私人回报率通常低于社会平均收益率，研发活动不可避免地会遇到市场失灵和投资不足的问题（Arrow，1962；张杰等，2015），技术创新的市场失灵理论极有可能导致高科技企业创新投入乏力。国家创新体系理论（Porter，1990）认为，政府部门应当主导微观企业技术创新，纠正技术创新市场失灵。政府创新政策不仅可以直接将经济资源注入微观企业，还可以有效促进社会生产要素和经济资源流向微观企业研发活动，转嫁高科技企业创新风险水平，引导高科技企业自主创新，改进生产工艺和技术，使高科技企业获取并保持市场竞争力。政府创新补贴可以通过提升企业研发能力和部门科技进步实现全要素生产率的提升。

与市场机制相比，政府在引导高科技企业技术创新方面更加直接。但是在实现创新政策执行过程中，政府部门与高科技企业之间存在较大程度的信息不对称问题，这将产生科技企业的道德风险问题。企业获得创新补贴后，并未将补贴资金用于研发活动或真正的研发创新，国内科研资金挪作他用的事件时有发生。这表明现阶段我国科研资金有可能未激励企业技术创新活动。基于资源诅咒理论，资源禀赋丰富的企业在技术创新效率和经营业绩等方面的表现并不一定强于资源禀赋较差的企业，资源过度集中会阻碍企业进行创新活动，也降低其创新效率（袁建国等，2015；Brollo，Nannicini et al.，2013；Duran，Kammerlander et al.，2016）。其实多数情况下，只有面临较高破产风险时企业才会有动力付出更多努力来提高生产率（Schmidt，1997；邵敏等，2012）。这就意味着多数情况下，企业获得政府创新补贴后可能不会或很少投入研发项目，缺乏提升要素生产率的动力。在政府高度重视研发投入，并具有更多的资源配置权限时，企业可能花费大量资源通过种种违规途径进行“寻补贴”，并耗费更多的资源用于维护同政府的关系，并未将资源用于创新投入；政府创新补贴可能无法激励企业开展研发活动，反而扭曲了企业研发投资（杨其静，2011；邵敏等，

2012）。最新文献发现政府创新补贴政策只能激励企业的策略性创新，通过多种方式同政府部门博弈，并未提升企业的实质性创新“质量”（黎文靖等，2016；罗雨泽等，2016），因此政府创新补贴很可能无法有效地提升高科技企业 TFP。

已有文献在政府补贴对企业 TFP 的影响方面存在较大分歧。部分学者认为政府补贴可以显著提高企业全要素生产率，例如发现政府补贴的平滑机制促进了装备制造企业生产率平稳持续增长（任曙明、吕镯，2014）；部分学者发现我国政府补贴和企业研发投入并未显著提升企业全要素生产率，甚至产生负面影响（徐保昌等，2015；张海洋，2005；罗雨泽等，2016）；也有部分学者发现政府补贴水平在一定范围内可以提供企业生产率，当政府补贴力度超过一定水平时，政府补贴反而会显著地抑制企业生产率（邵敏等，2012）。为此，本章提出一组竞争性假设 1：

H1a：相比获得较少政府创新补贴的企业，获得较多创新补贴的高科技企业具有较高 TFP。

H1b：相比获得较少政府创新补贴的企业，获得较多创新补贴的高科技企业具有较低 TFP。

适应和引领我国经济发展的新常态，需要探寻新的增长动力，核心在于提高全要素生产率及其对经济增长的贡献份额，尤其需要提升高科技企业全要素生产率。

（二）政府创新补贴、高管研发技术背景与高科技企业 TFP

高管是企业经营的核心。企业技术创新战略是一个非常复杂且含义广泛的决策，高管技术背景特征是影响其研发决策的最为重要的因素。位于高管层次的董事长和总经理具有的专业技术背景对企业而言是一种专门资产，拥有这样的专门资产相当于提升了自身的人力资本价值（余恕莲等，2014）。若在经济发展中忽视人力资本的积累，人力资本长期滞后于物质资本扩张，不利于创新能力的提升（刘伟，2016），人力资本（知识资本）对研发资本投入产出效率的影响具有明显的差异（李平、崔喜君等，2007；程惠芳等，2014）。但直接考察企业人力资本对研发资源影响的现存文献较为少见。代理理论认为冗余资源能够诱发代理问题，进而导致企业的低效率（Jensen et al.，1976；Fama，1980），具有专业技术研发背景的高管可以有效把握市场新需求，及时规划研发战略和科学评估研发可行性，及早建设产品研发项目并进一步降低研发资源的冗余程度，因此具有专业技术背景高管的企业代理成本大大降低。此外，具有长期科研经历和突出技术能力的高管拥有更加丰富的研发经验，能够合理评估研发风险，可以制定更加科学的研发策略并提高研发项目成功概率。总之，具有专业技术研发经历的高管所在公司更注重创新投入和企业能力建设，拥有更多风险水平较低的创新研发项目，产出更多创新成果，最终有效地提升企业 TFP。为此，我们提出关于企业高管专业技术背景的调节效应的假设 2。

H2：相比高管不具备研发技术背景的高科技企业，高管具有研发技术背景可以对政府创新补贴与 TFP 关系产生显著正向调节效应。

（三）政府创新补贴、知识产权保护与高科技企业 TFP

产权制度因素对技术进步存在“制度改进效应”。知识产权制度的完善有利于各国的技术创新。知识、技术具有公共物品非排他性和非竞争性的天然特征，这就要求知识产权制度给予相应的协调与保护来激发创新行为（王华，2011）。良好的法律法规和监管体系，为本地受补贴企业提供优质的制度性基础设施，降低补贴企业在产业升级和扩大规模过程中的外部性风险，间接促进企业全要素生产率的提升（徐保昌等，2015）。知识产权保护通常被认为是降低创新技术知识被模仿风险和提高创新收益的有效手段，进而有利于企业进行创新（毛其淋等，2015）。对于高科技企业而言，所处地区知识产权保护水平越高，意味着对高科技创新产出的司法保障体系越完善。良好的外部知识产权保护环境，降低了高科技企业新产品、新技术等创新产出收益被侵害的风险。一旦发生知识产权侵权纠纷，高效的司法体系可以有效保护创新成果的专有性，提高创新企业的预期收益，从而激励高科技企业充分利用政府创新补贴进行技术创新活动，提升创新企业生产效率。此外，在知识产权保护水平较高的地区，公众对产权的法制观念和维权意识都比较强，因而针对科技成果的侵权行为也将大大减少，这提高了高科技企业创新的积极性，增强了创新企业通过研发创新提高生产效率和赚取超额利润的动机。因此，当所属地区的知识产权保护水平较高时，高科技企业将会有更强动力利用创新补贴资金进行技术创新，提升自身 TFP 水平。

H3：相比知识产权保护程度较低的地区，所处知识产权保护程度较高地区的高科技企业具有更高 TFP。

三、研究设计

本部分实证研究设计主要分析政府研发支持是否可以显著地提升企业全要

素生产率。在本章研究设计中，笔者主要介绍了单因素分析、实证回归模型和稳健性检验。考虑到本章实证研究可能存在因样本选择偏误、双向因果关系而存在的内生性问题，笔者重新构建了基于倾向得分匹配方法（Propensity Score Matching Method）回归模型，并且考虑了最近邻匹配、半径匹配、核匹配等多种匹配方法，尽量确保实证结果的稳健性。以A股高科技行业的上市公司为研究对象，借鉴《战略性新兴产业分类目录》《战略性新兴产业分类（2012）（试行）》和OECD[①]相关文件，对照《上市公司行业分类指引（2012年修订）》，确定高科技上市公司行业代码。具体涉及三个门类和19个大类[②]，并按照以下步骤进一步筛选样本：（1）剔除2009年（不含）以前数据记录，以尽量消除2008年金融危机对数据的影响；（2）剔除资产负债率大于1的样本，即资不抵债企业；（3）剔除主营业务收入小于或等于零的样本记录；（4）为消除IPO对有关财务数据的影响，剔除公司IPO当年的样本记录；（5）剔除被特殊处理的ST，*ST等公司。此外，为消除极端异常值的干扰，在1%水平上对创新补贴强度、TFP和公司规模等主要连续变量数据进行Winsorize处理。

为尽量减少数据库数据错漏与变量缺失值影响，本章综合了多家商业数据库原始数据。其中：三大财务报表数据、上市时间、所在地及行业代码数据来自Wind数据库，并辅以国泰安数据库（CSMAR）的数据加以对照和补充；政府创新补贴[③]的数据是通过下载样本公司的历年年报（财务报表附注数据）并经手工检索整理而得；公司高管技术背景是基于高管简历生成；高管简历背景资料来自Wind数据库中“深度资料”，对于高管简历的缺失值，我们通过手工检索新浪网和凤凰网财经版块，并辅之以百度、Bing等搜索引擎整理补充；知识产权保护程度来自《中国市场化指数》（樊纲、王小鲁等，2011）；宏观经济数

① OECD的规定，高科技行业包括以下5个行业：计算机相关行业、电子行业、信息技术行业、生物制药行业、通讯行业（程惠芳、幸勇，2003；李莉、闫斌等，2014）。

② 三个门类为制造业（C），信息传输、软件和信息技术服务业（I），科学研究和技术服务业（M）。19个大类包括制造业门类下的石油加工、炼焦和核燃料加工业（C25），化学原料和化学制品制造业（C26），医药制造业（C27），化学纤维制造业（C28），橡胶和塑料制品业（C29），黑色金属冶炼和压延加工业（C31），有色金属冶炼和压延加工业（C32），通用设备制造业（C34），专用设备制造业（C35），汽车制造业（C36），铁路、船舶、航空航天和其他运输设备制造业（C37），电气机械和器材制造业（C38），计算机、通信和其他电子设备制造业（C39），仪器仪表制造业（C40），其他制造业（C41），信息传输、软件和信息技术服务业门类下的电信、广播电视和卫星传输服务（I63），互联网和相关服务（I64），软件和信息技术服务业（I65）以及科学研究和技术服务业门类下的研究和实验发展（M73）。

③ 与以往文献不同，本书所涉及研发补贴包括各级政府的各类研发补贴，不是仅中央政府研发补贴或某一类研发补贴。

据基于2009—2016年《中国统计年鉴》计算而得。

（一）变量选择

1. 政府创新补贴（SUB）

现存文献主要通过三种方式测度政府创新补贴：根据企业是否获得政府创新补贴设置0－1虚拟变量（秦雪征等，2012；任曙明等，2014），显然此方法无法刻画创新补贴数额的差异；考虑政府补贴数额的差异，部分学者采用补贴绝对数额大小测度政府补贴（唐清泉等，2008；刘虹等，2012），但这种方法未考虑政府补贴相对强度的影响；目前学者大多较为认同前两种测度方法的缺点，已经将企业经营规模纳入分析框架，考虑政府研发补贴相对主营业务收入的比例（徐保昌等，2015；孔东民等，2013；魏志华等，2015）。本章也采用政府创新补贴强度的概念，即政府创新补贴金额与本期主营业务收入之比。

2. 全要素生产率（TFP）

目前，TFP的测度与分解方法主要有两类。第一类是估计前沿生产函数，根据投入、产出变动和前沿函数变动，计算生产率变化。生产前沿的估计方法包括参数方法（比如随机前沿分析方法，SFA）（白俊红等，2011；韩忠雪等，2014）和非参数方法（比如数据包络方法，DEA）（张海洋，2005）；但随机前沿函数形式设定和分布假设过于严格，应用局限加大。DEA方法虽不需要事先假定SFA函数，但会把投入产出决策单元视作黑箱，忽视了决策单元内部结构和内在真实生产率（罗雨泽等，2016）。因此，目前绝大多数学者采用第二类方法，即根据1957年索洛在其新古典经济增长理论基础上提出的索洛残差法。企业全要素生产率估算中，以OP法和LP法为代表的半参数方法，较好地解决了传统OLS回归估算索罗余值可能存在的内生性等问题。本章借鉴已有研究（鲁晓东、连玉君，2012；连立帅、陈超等，2016），以企业主营业务收入衡量企业产出水平，企业物质资本存量为固定资产原值、工程物资和在建工程之和，企业人力资本为员工人数，此外还控制企业年龄、股权性质、海外收入虚拟变量、省级区域和行业虚拟变量。在运用OP的半参数三步估计方法计算全要素生产率时：状态变量（state）为公司物质资本的自然对数和年龄；控制变量（cvars）为新增物质资本投资的自然对数，其中物质资本投入为物质资本年度增长量加年度计提折旧额；自由变量（free）包括年度虚拟变量、省级区域虚拟变量和行业虚拟变量；退出变量（exit）为代表企业生存经营情况的虚拟变量。为了剔除物质资本和人力资本受宏观经济因素的影响，我们以 2009 年价格指数对模型中的连续变量进行价格平减处理，其中主营业务收入按照企业所在区域工业品出厂价格指数，物质资本存量按照固定资产投资价格指数。为了确保企业全要素生产率估算结果的稳健性，本章还借鉴已有文献的思路（罗雨泽等，2016；徐保昌等，2015）对采用 LP 估计方法计算 TFP 进行补充测试。

3. 高管研发技术背景（TECH）

借鉴已有文献（韩忠雪等，2014；余恕莲等，2014），本章将公司董事长或总经理任何一人具有专业技术背景的样本取值为 1，否则取值为 0。其中董事长或总经理专业技术背景基于高管简历资料生成，若简历资料中披露其具有研发类岗位的工作经历，则认定为具有研发技术背景。

4. 知识产权保护（INTECP）

现存国内关于知识产权保护的权威性度量指标相对缺乏，文献中涉及知识产权保护的指标不统一，部分学者直接以相关法律的实施作为替代，也有学者使用第三方研究机构发布的数据。评价知识产权保护是较为复杂的研究，很难从某一方法做出简单评价。考虑到本章需要区域层面知识产权保护差异，综合目前《中国市场化指数》（樊纲等，2011）在国内外关于中国问题研究文献中的引用情况和学术影响力，我们采用报告中 2009 年知识产权保护指数数据作为代理变量。

5. 控制变量

借鉴现存文献（程惠芳等，2014；任曙明等，2014；张杰等，2015；黎文靖等，2016；罗雨泽等，2016），本章还控制了可能影响全要素生产率的其他重要变量，主要包括所有权性质（SOE）、企业规模（SIZE）、资产负债率（LEV）、总资产报酬率（ROA）、经营活动现金净流量（LNCF）、有形资产比率（TANGI）、股权集中度（TOP1）、盈利状况（LOSS）、成长性（TOBINQ）、上市年龄（AGE）以及年度和行业固定效应。

（二）模型设定

1. 基本回归模型

为检验政府创新补贴强度对高科技企业 TFP 的影响，根据已有文献，本章建立了如下 OLS 回归模型：

$$TFP = \alpha + \beta_1 SUB + CONTROLs + IND + YEAR + \varepsilon \quad \text{（式 8-1）}$$

进一步探讨高管研发技术背景和区域知识产权保护水平的中介调节作用，

本章还建立如下 OLS 回归模型：

$$TFP = \alpha + \beta_1 SUB + \beta_2 TECH + \beta_3 SUB * TECH + CONTROLs + IND + YEAR + \varepsilon$$

（式 8－2）

$$TFP = \alpha + \beta_1 SUB + \beta_4 INTECP + \beta_5 SUB * INTECP + CONTROLs + IND + YEAR + \varepsilon$$

（式 8－3）

$$TFP = \alpha + \beta_1 SUB + \beta_2 TECH + \beta_4 INTECP + \beta_3 SUB * TECH + \beta_5 SUB * INTECP + \beta_6 TECH * NTECP + \beta_7 TECH * INTECP + \beta_8 SUB * TECH * INTECP + CONTROLs + IND + YEAR + \varepsilon$$

（式 8－4）

其中，TFP，SUB，TECH 和 INETCP 分别表示高科技企业全要素生产率、政府创新补贴强度、高管研发技术背景和知识产权保护水平；CONTROLs，IND 和 YEAR 分别表示各控制变量、行业效应和年度效应；α 为截距项；ε 表示模型残差。根据假设 1a 与假设 1b，我们预期 $\beta_1>0$ 或者 $\beta_1<0$。考察和检验高管研发技术背景、知识产权保护水平对政府创新补贴强度和 TFP 关系的调节效应方面，本章在模型（式 8－1）基础上依次加入交互项，基于假设 2 和假设 3，我们预期高管研发技术背景可以对政府创新补贴促进（抑制）高科技企业 TFP 的效应产生显著的正向调节作用，并且地区知识产权保护水平可以更加显著地促进高科技企业 TFP，即 $\beta_3>0$、$\beta_4>0$、$\beta_8>0$。

本章基准回归模型研究政府创新补贴政策有效性的最大挑战在于，政府创新补贴资金在不同企业间的分配可能是非随机的，或者政府创新补贴与全要素生产率之间具有双向因果关系，因此基准模型的参数估计结果可能存在偏误。为消除此类内生性问题，本章将在稳健性检验中再做详细报告。

2. 倾向匹配模型

在观察性研究中，混杂偏倚和选择性偏倚[①]是困扰研究者的主要问题。变量之间因果关系的判断，最理想的检验是采用完全控制协变量的随机实验方法（邱斌、刘修岩等，2012）。本章是典型的关于政策后果的研究，获得政府研发支持的中小企业成长状况与未获政府研发支持的中小企业成长状况，只有其中一种状态是可观测的，而另一种状态为反事实（Counterfactual）。为了解决这种不可观测问题，Rubin（1977）提出了匹配法，其基本思想在于，在评估某项政策

① 混杂偏倚（Confounding Bias）是指所选择的研究因素与研究结果发生的相关（关联）程度受到其他因素的歪曲或干扰。选择性偏倚（Selection Bias）是指在选择研究对象时，试验组和对照组的设立（纳入标准）不正确，使得这两组实验对象在开始时就存在处理因素以外的重大差异。

的效果时，若能找到与支持组尽可能相似的控制组，那么样本选择偏误就可以被有效降低。然而，在寻找控制组过程中，仅通过一种特征（如公司规模）往往无法达到满意的匹配效果。为此，PSM 通过一些特殊的方法将多个特征因素浓缩成一个指标——倾向得分值（Propensity Score，简称 PS 值），从而使多元匹配成为可能。此类方法在学界被广泛借鉴，以消除内生性问题（Rosenbaum et al.，1983；Czarnitzki et al.，2011；邱斌等，2012；陆瑶，2010；Cerulli et al.，2012）。

在样本匹配过程中，X_i通常包含了较多的特征变量，使用回归模型很难保证实验组和控制组样本之间所有特征变量分布的相同。倾向得分方法（Propensity Score）有效地避免了这一不足：用 Logistic 概率回归模型估计得出该公司能够获得政府研发支持的概率 P（x）来代替公司的特征向量 X，完成实验组与控制组之间的匹配，绕过了匹配样本公司特征变量相似度一致性需求的选择和判断难题。在给定特征变量 X_i的条件下，公司 i 的倾向得分为：

$$p(X_i) = Pr(D = 1 \mid X_i) = E(D \mid X_i) \tag{式 8-5}$$

其中，D 是一个指标函数，样本获得政府研发支持时，D = 1，否则 D = 0。

获得倾向得分 PS 值后还要选择一定的方法来实现支持组和控制组样本间的匹配，因为 p（X）是一个连续变量，几乎不可能找到两个倾向得分完全相同的企业样本。目前文献中的匹配方法主要包括最近邻匹配法（Nearest Neighbor Matching）、半径匹配法（Radius Matching）和核匹配法（Kernel Matching），本章将分别进行三类匹配方法，以得到稳健的匹配结果。由于以上三种匹配方法均为有放回抽样，即配对组并非独特和唯一（吴溪，2012），为保证配对过程中每一个配对样本都是独特和唯一的，笔者还按照同行业同年度倾向得分最相近的原则，对样本进行了　比　配对。按照上述四种方法分别完成配对后，进一步探讨政府研发支持对科技型中小企业价值的影响。

四、实证结果与分析

（一）单因素分析

表 8-1 对主要变量进行描述性统计，变量观察记录均为 4452 条。根据 OP 和 LP 两种测算方法得到高科技公司全要素生产率均为正值，其中按照 OP 方法得到全要素生产率数量级较 LP 方法更低，但两类方法得到全要素生产率的标准

离差率处于同一数量级。政府创新补贴强度平均水平仅为 0.52%，最大值为 2.65%，表明政府创新补贴数额相对公司总收入规模仍然偏低。高管研发技术背景（TECH）的均值为 0.38，表明总样本记录中约有 38% 的高管具有研发技术背景。

表 8-1　　　　变量描述性统计

变量	观测值	最小值	均值	中位数	最大值	标准差
TFP_lp	4452	3.910	13.230	10.930	36.460	8.200
TFP_op	4452	2.070	3.120	3.090	4.330	0.590
SUB	4452	0.000	0.520	0.200	2.650	0.740
TECH	4452	0.000	0.380	0.000	1.000	0.490
SOE	4452	0.000	0.320	0.000	1.000	0.470

表 8-2 报告了各主要变量之间的相关系数矩阵。可知，基于 OP 和 LP 方法计算的两种 TFP 指标的相关系数均达到 0.94 以上，表明这两种测算方法的 TFP 结果相关性十分高。其余各解释变量之间的 Spearman 相关系数和 Pearson 相关系数的绝对值基本上都处在 0.3 以下，初步表明后续实证分析模型中基本不存在多重共线性问题。从各主要变量相关性系数来看，政府创新补贴强度（SUB）同全要素成产率（TFP_lp、TFP_op）的相关系数分别为 -0.19（-0.11）和 -0.22（-0.14），并且在 1% 水平上显著，初步判定在不控制其他因素条件下，政府创新补贴不但无法促进反而降低了高科技企业 TFP，初步验证了创新补贴的资源诅咒假说；TFP 同高管技术背景相关系数在 10% 水平上显著为负，表明单纯的高管专业技术背景也无法显著提升高科技企业 TFP；知识产权保护水平同 TFP 在 1% 水平上显著正相关，表明对创新产出的产权保护水平越高，越有助于提升高科技企业 TFP。

表 8-2　　　　主要变量相关系数矩阵

变量		1	2	3	4	5
TFP_lp	1	1.00	0.98***	-0.11***	-0.01	0.29***
TFP_op	2	0.94***	1.00	-0.14***	-0.03*	0.27***
SUB	3	-0.19***	-0.22***	1.00	0.14***	0.09***
TECH	4	-0.03*	-0.03*	0.12***	1.00	0.01
INTECP	5	0.24***	0.27***	0.04**	0.00	1.00

注：（1）相关系数矩阵上三角和下三角部分分别列示了各变量之间的 Pearson 相关系数和 Spearman 相关系数。

（2）***，**，* 分别表示在 0.01，0.05，0.1 的水平上显著（双尾）。

我们按照同年度同行业公司的政府创新补贴强度从小到大进行排序，将样本细分为低创新补贴强度组和高创新补贴强度组。从表 8 - 3 的单因素分析结果看，高创新补贴强度组企业 TFP_op（TFP_lp）的均值和中位数在 1% 水平上显著低于创新补贴强度较低的组，两组均值和中位数之差分别为 0. 153（1. 873）和 0. 161（1. 46），这初步表明创新补贴强度并未有效提升高科技企业 TFP，具体原因在下文做进一步探讨。

表 8 - 3　　单因素分析

分组	低创新补贴强度			高创新补贴强度				
变量	观察值	均值	中位数	观察值	均值	中位数	均值差	卡方
TFP_lp	2170	14. 19	11. 72	2282	12. 32	10. 26	1. 873 ***	35. 246 ***
TFP_op	2170	3. 197	3. 174	2282	3. 044	3. 013	0. 153 ***	58. 920 ***

注：*** 表示在 0. 01 的水平上显著；显著性分别为独立样本 t 检验和中位数 Wilcoxon 秩和检验。

（二）回归分析

由表 8 - 4 中关于模型（1）至模型（4）的 OLS 估计结果知，各个模型中政府创新补贴强度均在 1% 水平上显著为负值，并且在经济意义上也非常显著。以模型（1）回归分析结果为例，在不考虑其他控制因素变化的情况下，政府创新补贴强度每提高 1 个标准差，大致可以降低 3. 5% 单位的高科技企业 TFP，再次表明目前政府创新补贴强度并未发挥提升高科技企业创新效率的关键性驱动作用，相反，拥有更多政府创新补贴资源的高科技企业反而表现出更低的创新效率。实证结果验证了本章所提假设 1a，拒绝了假设 1b。这也印证了目前学者关于企业资源诅咒效应的结论（袁堂军，2009；杨其静，2011；袁建国等，2015）。

表 8 - 4　　政府创新补贴强度与高科技企业 TFP 的基准模型结果

	Y = TFP_op			
模型	（1）	（2）	（3）	（4）
变量	OLS	OLS	OLS	OLS
SUB	- 0. 147 *** （ - 11. 43）	- 0. 163 *** （ - 9. 85）	- 0. 126 *** （ - 6. 19）	- 0. 158 *** （ - 5. 68）
TECH		- 0. 032 （ - 1. 19）	- 0. 007 （ - 0. 34）	- 0. 092 ** （ - 2. 02）

续表

	Y = TFP_op			
模型	(1)	(2)	(3)	(4)
变量	OLS	OLS	OLS	OLS
SUB * TECH		0.043 * (1.87)		0.080 ** (2.14)
INTECP		0.007 *** (11.16)	0.007 *** (9.59)	0.007 *** (7.52)
SUB * INTECP			-0.001 (-1.09)	-0.000 (-0.21)
TECH * INTECP				0.002 * (1.70)
SUB * TECH * INTECP				-0.001 (-1.29)
CONTROLs	YES	YES	YES	YES
INDUSTRY	YES	YES	YES	YES
YEAR	YES	YES	YES	YES
Constant	1.747 *** (7.42)	1.231 *** (5.39)	1.217 *** (5.31)	1.249 *** (5.51)
Observations	4452	4452	4452	4452
VIF	3.890	1.975	3.110	5.375
R^2_adjust	0.412	0.457	0.457	0.458

注：***，**，* 分别表示在 0.01，0.05，0.1 的显著性水平上显著；括号内为经 White 异方差调整和按照股票代码进行群（Cluster）调整的 t 统计量。

鉴于全要素生产率提高不仅需要物质资本投入，还需要人力资本（知识资本）发挥重要作用（李平等，2007；程惠芳等，2014），我们有必要探讨一下企业人力资本在政府创新补贴影响企业全要素生产率过程中的调节作用。政府创新补贴强度同高科技企业高管专业技术背景交乘项（SUB * TECH）的系数至少在 10% 水平上显著为正，表明当高科技企业高管具有研发技术背景时，政府创新补贴强度同 TFP 的负向关系得到缓解，结论支持本章提出的假设 2，这与已有文献结论保持一致（余恕莲等，2014；韩忠雪等，2014）。这表明作为高科技企业人力资本的高管的研发技术背景可以显著地降低政府创新补贴的“资源诅咒效应”，有效发挥政府创新补贴提升企业 TFP 的积极作用；也佐证了国内学者的重要观点，技术创新过程中投入单一资源不但很容易无法提升企业 TFP，反而会产生创新资源的诅咒效应，并不利于形成企业比较优势（袁堂军，2009；Duran et al.，2016）。

模型（2）至模型（4）的回归结果中，知识产权保护水平（INTECP）的系数（β4 =0.007）均显著为正值（$P<1\%$），这验证了位于知识产权保护程度越高地区的高科技企业，其创新积极性越高，表现出越高的 TFP。但遗憾的是，我们并未发现政府创新补贴强度、高科技企业高管专业技术背景同知识产权保护水平交乘项（SUB * TECH * INTECP）的系数 β_8 显著大于0，研究结论不支持在知识产权保护程度更高的地区，高管研发技术背景可以有效地提升政府创新补贴强度对 TFP 的正向作用。此外，对所有回归方程进行了多重共线性检验，各 OLS 回归变量对应方差膨胀因子 VIF 最大值均小于4，总体可以认为所建回归分析模型不存在多重共线性问题（Snijders et al.，1999）。

五、拓展性研究

综合前文实证结论分析，政府创新补贴政策效应未能发挥提升高科技企业 TFP 的作用，相反却显著降低了 TFP。造成这一反直觉的“补贴异象”的深层次原因的确耐人寻味，学者也尝试从企业技术吸收能力和寻租行为等方面给出初步的定性分析，但极少有学者定量分析政府创新补贴政策对 TFP 影响的具体路径。究竟何种原因导致政府创新补贴的资源诅咒效应？本章尝试通过创新活动的委托—代理关系和高科技企业创新负担两个方法再做实证分析，更好地揭开政府创新补贴影响高科技企业 TFP 的“黑箱”。

（一）委托代理关系：提高了高科技技术创新的代理成本

高科技公司研发活动面临高风险，由于所有权与经营权的分离，高管对公司研发收益享有剩余索取权，也无须承担研发项目失败的风险，理性的公司高管可以将各类增加个人效用的支出（如在职消费）划归研发前期投入或研发项目失败，可以说研发项目的高风险和研发资源的相对冗余为高管在职消费提供了“可乘之机”和“合理托词”。在目前中国高科技企业人力资本积累不够的情况下，单方面投入过多创新补贴导致企业研发经济资源的冗余，冗余资源加剧公司代理问题（Jensen et al.，1976；Fama，1980），降低企业生产效率，进而降低企业 TFP。因此，我们预计创新补贴和企业研发投入均转化成了公司代理成本。

高科技企业在获得更高强度的创新补贴后代理成本显著上升了吗？本章借鉴已有文献（Ang，Cole et al.，2000；罗炜、朱春艳，2010；曾建光、王立彦等，2012），采用两种方式测度代理成本，建立 OLS 检验模型：（1）管理费用率（MAGFEER），管理费用与主营业务收入之比 ×100；（2）总资产周转率（TURNR），主营业务收入与期末资产总计 ×100。两者均可反映公司经济资源被有效利用的程度，如果一个公司的管理费用占主营业务收入的比例越高或者总资产周转率越低，则表明该公司的代理成本越高。模型（5）和模型（6）中 β_1 应当显著地分别为正值和负值。

$$MANAGFEE = \alpha + \beta_1 SUB + CONTROLs + IND + YEAR + \varepsilon \quad (式8-6)$$

$$TURNR = \alpha + \beta_1 SUB + CONTROLs + IND + YEAR + \varepsilon \quad (式8-7)$$

表 8-5 中前两列回归结果分别以管理费用率（MAGFEER）和总资产周转率（TURNR）作为被解释变量，采用普通最小二乘模型（OLS）。很显然，政府创新补贴强度的系数在（1）列中显著为正，但在（2）列中显著为负，这表明政府创新补贴强度越高，公司管理费用率也越高，总资产周转率越低。可见，在高科技企业的人力资本积累不足的情况下，企业获得政府创新补贴资源很可能以更加隐蔽的形式转化成高科技企业的代理成本，出现了创新资源的诅咒效应。这同目前的一些观点相一致，受政策保护的企业很容易过度投入资源，其结果是导致企业收益率逐渐降低，并对企业以及行业的 TFP 产生负面影响（袁堂军，2009）。有文献研究显示，政治资源越丰富的企业，越容易诱发管理层通过寻租活动来提升企业业绩，降低了企业提升和维护产品品质的动力，削弱了管理层通过创新活动来提升企业业绩的激励（杨其静，2011）。具有政治资源的企业不但创新水平较低，研发投入产出比也更低，整体创新效率低下，影响企业创新，导致企业技术创新乏力、资源分散（袁建国等，2015）。

（二）政策性负担：导致了高科技企业的过度投资和超额雇员

高科技企业技术创新活动需要持续不断地投入物质资本和人力资本，但是资本的投入应当与高科技企业具体创新能力和吸收能力相适应。在政府干预和主导的技术创新过程中，很容易导致过度干预，使高科技企业承担超额雇员、政策性投资支出等社会性负担，严重地挤占高科技公司技术创新活动的经济资源。可见，政府在给予高科技企业创新补贴的同时，迫使高科技企业承担更多社会性负担，并且社会性负担挤出了高科技企业用于技术创新的经济资源，进而降低了 TFP。为此，本章借鉴已有文献（廖冠民等，2014），采用模型（7）中超额雇员测度社会性负担。公司的冗员程度（超额雇员）越高，则说明其承担的社会性负担越高。

$$ExEmp = \left(Emp\_firm - Sales\_firm * \frac{Emp\_ind}{Sales\_ind}\right) / Emp\_firm \qquad (式 8-8)$$

其中，ExEmp 为超额雇员率，Emp_firm 为企业的员工人数，Sales_firm 为企业的主营业务收入，Emp_ind 为公司所处行业的每家公司员工平均值，Sales_ind 为公司所处行业的每家公司主营业务收入平均值。根据中国证监会 2012 年颁布的《上市公司行业分类指引》进行行业分类，其中制造业公司数目占比较高且内部差异特征明显，因此涉及制造业的样本记录取前两位行业代码，其他行业取第一位代码。

对于过度投资水平，本章借鉴经典文献（Richardson，2006；刘慧龙、王成方等，2014）做法，利用式 8-9 的残差测度企业的实际投资水平与期望投资水平差异。模型残差为正值，表明企业存在投资过度问题。

$$INVEST = \beta_0 + \beta_1 GROWTH + \beta_2 SIZE + \beta_3 LEV + \beta_4 CASH + \beta_5 RETURN + \beta_6 AGE + \beta_7 LgINVST + IND + YEAR + \varepsilon \qquad (式 8-9)$$

其中，INVEST 为公司当年新增投资额，等于（资本支出 + 并购支出 - 出售长期资产收入 - 折旧）/总产值；GROWTH 表示公司成长性，等于主营业务收入的增长率；SIZE 为公司经营规模，等于期末资产总计的对数值；Lev 等于期末负债总计除以资产总计；CASH 等于期末现金及现金等价物除以资产总计；RETURN 为公司股票的年度收益率，等于考虑现金红利再投资的年个股回报率；AGE 为公司自上市以来年限的对数值；LgINVEST 为公司上一会计年度的新增投资额；模型中还加入了行业和年度效应。

表 8-5 中，列（3）和列（4）报告了相应的拓展性研究结果。不难发现，政府创新补贴强度的系数均显著为正值，表明政府创新补贴显著增加了高科技企业的过度投资水平和超额雇员规模，进一步降低了 TFP。这再次印证了全要素生产率提高不仅需要适当的物质资本投入，还需要积累人力资本（知识资本）（李平等，2007；程惠芳等，2014）。现阶段，我国高科技企业受政府产业政策调控而引发的过度投资行为和因承担社会就业压力而导致的超额雇员已经较为严重地阻碍了 TFP 的提升。

表 8-5　拓展性研究的实证结果

	Y = MAGFEER	Y = TURNR	Y = INVEST_O	Y = ExEmp
模型	(1)	(2)	(3)	(4)
变量	OLS	OLS	OLS	OLS
SUB	2.258*** (10.84)	-9.335*** (-14.07)	0.319** (2.51)	0.089*** (8.20)
CONTROLs	YES	YES	YES	YES
INDUSTRY	YES	YES	YES	YES
YEAR	YES	YES	YES	YES
Constant	13.115*** (5.85)	100.321*** (7.40)	-1.956 (-1.12)	2.192*** (10.51)
Observations	4452	4452	3825	4072
VIF	3.567	3.567	3.521	3.352
R^2_adjust	0.388	0.278	0.150	0.308

注：***，** 分别表示在 0.01，0.05 的显著性水平上显著；括号内为经 White 异方差调整和按照股票代码进行群（Cluster）调整的 t 统计量。

六、稳健性检验

为确保本章基准实证检验结果的可靠性和稳健性，笔者主要从变量替代和匹配方法等方面做了进一步的稳健性检验。为确保模型结果的可靠性和稳健性，我们分别通过细分样本公司、选择不同代理变量、样本匹配、构建稳健性检验模型或采用不同估计方法等途径做了进一步的分析和检验。

（一）样本分组

基准回归模型中的全部样本公司涉及中国 A 股全部高科技上市公司，政府创新补贴对于高科技公司 TFP 的诅咒效应是否在不同特征的公司之间表现出差异性呢？本章将总样本进一步细分为国有企业和非国有企业，有政治关联企业和无政治关联企业，有海外收入企业和无海外收入企业，规模较大企业和规模较小企业。不同分组样本的模型回归结果详见表 8-6。在各个模型回归结果中，政府创新补贴强度的系数均显著为负值，这表明政府创新补贴对高科技企业 TFP 的资源诅咒效应较为普遍地存在于不同特征的企业中。但是，高管研发技术背景对这类资源诅咒效应的正向调节作用只有在非国有企业、有政治关联企业、无海外营业收入企业和较大规模的企业中存在；知识产权保护对高科技公司 TFP 的显著积极作用在各个细分样本回归结果中保持很好的稳健性；其他各控制变量与基准 OLS 回归模型结果基本保持一致。

（二）替代变量

考虑到政府创新补贴政策效应的时滞性，我们在文中基准回归模型中加入滞后一期的政府创新补贴强度变量，此外还构建了测度期限内平均创新补贴强度的变量（SUBMEAN），即高科技公司过去三年内获得创新补贴强度的平均值。本章分别以滞后一期和政府创新补贴平均强度作为解释变量，模型回归结果分别见表 8－6 中的（1）列和（2）列。本章以基准回归模型采用 OP 非参数估计方法测算的高科技企业 TFP 为被解释变量，还以 LP 方法测试出的 TFP 为被解释变量，回归结果见表 8－7 中的（3）列。回归模型中滞后一期政府创新补贴强度、平均政府创新补贴强度、政府创新补贴强度同高管研发技术背景交互项和地区知识产权保护水平的回归系数均保持很高的稳健性。此外，其他控制变量系数符号与基准模型回归结果保持一致。各 OLS 回归变量对应方差膨胀因子 VIF 的最大值均小于 4，表明稳健性检验回归模型也不存在多重共线性问题。

（三）选择偏误

基准回归模型研究政府创新补贴政策效应的最大挑战在于，政府创新补贴资金在不同行业和企业间的分配可能是非随机的，政府在选择补贴对象时存在较高的自选择性（Self－Selection）（Hsu et al.，2009；余明桂等，2010；秦雪征等，2012；孔东民等，2013；张杰等，2015）。存在样本选择偏误时，直接采用 OLS 估计方法很可能会得到有偏误的估计系数。为此，本章还根据高科技企业获得政府创新补贴强度的差异，采用半径匹配、最近邻匹配和核匹配的方法进行样本配对，构建 PSM 倾向得分匹配模型。具体做法为：借鉴主流文献（Rubin，1977；Rosenbaum et al.，1983；Cerulli et al.，2012；秦雪征等，2012）的做法，首先以 SUBI（具体做法为，获得政府创新补贴高科技公司取值为 1，否则为 0）为被解释变量，建立 Logit 模型并计算出可以获得高强度政府创新补贴的倾向得分（Propensity Score，简称 PS 值）；其次分别以 0.001 为匹配半径进行匹配，以处理组和对照组数量 1∶2 进行最近邻匹配和核匹配，分别得到 3462 条、2306 条和 3477 条样本记录；最后以匹配成功的记录作为样本进行 OLS 回归，

表 8-6　　样本分组的回归结果

	(1)	(2)	(3)	(4)	(5)	(6)	(7)	(8)
分组	国有	非国有	有政治关联	无政治关联	有海外收入	无海外收入	规模大	规模小
变量	OLS	OLS	OLS	OLS	OLS	OLS	OLS	OLS
SUB	-0.121***	-0.189***	-0.159***	-0.141***	-0.080*	-0.188***	-0.251***	-0.118***
	(-3.19)	(-5.25)	(-4.96)	(-2.92)	(-1.81)	(-6.01)	(-4.89)	(-4.24)
TECH	-0.032	-0.131**	-0.075	-0.207**	0.000	-0.140***	-0.139*	-0.051
	(-0.47)	(-2.16)	(-1.55)	(-2.00)	(0.00)	(-2.69)	(-1.84)	(-0.96)
SUB * TECH	0.026	0.098**	0.091**	0.029	0.007	0.112***	0.154**	0.032
	(0.40)	(2.10)	(2.20)	(0.34)	(0.11)	(2.62)	(2.03)	(0.79)
INTECP	0.008***	0.005***	0.007***	0.006***	0.011***	0.006***	0.007***	0.007***
	(4.88)	(5.07)	(7.17)	(3.28)	(6.65)	(5.71)	(4.45)	(6.69)
SUB * INTECP	-0.000	0.000	-0.000	-0.001	-0.003**	0.001	0.001	-0.001
	(-0.19)	(0.50)	(-0.08)	(-0.63)	(-2.11)	(0.76)	(0.85)	(-1.05)
TECH * INTECP	0.000	0.003*	0.002	0.005	-0.001	0.003**	0.004*	0.001
	(0.14)	(1.91)	(1.23)	(1.64)	(-0.57)	(2.28)	(1.67)	(0.83)
SUB * TECH * INTECP	0.001	-0.002	-0.002	0.000	0.001	-0.002*	-0.005**	0.000
	(0.41)	(-1.47)	(-1.47)	(0.00)	(0.58)	(-1.79)	(-2.02)	(0.16)
CONTROLs	YES	YES	YES	YES	YES	YES	YES	YES
INDUSTRY	YES	YES	YES	YES	YES	YES	YES	YES
YEAR	YES	YES	YES	YES	YES	YES	YES	YES
Constant	0.552	1.720***	1.117***	1.963***	0.935**	1.291***	0.538	2.005***
	(1.49)	(6.02)	(4.50)	(4.48)	(2.51)	(4.86)	(1.10)	(5.93)
Observations	1429	3023	3502	950	1395	3057	1546	2906
VIF	3.547	6.661	5.525	4.995	5.436	5.364	5.033	5.598
R2_adjust	0.520	0.442	0.466	0.442	0.458	0.481	0.434	0.409

注：***，**，*分别表示在0.01，0.05，0.1的显著性水平上显著；括号内为经White异方差调整和按照股票代码进行群（Cluster）调整的t统计量。

表 8-7 关于政府创新补贴期限的回归结果

	Y = TFP_op		Y = TFP_lp
模型	(1)	(2)	(3)
变量	OLS	OLS	OLS
滞后 1 期 SUB	−0.171*** (−5.43)		
TECH	−0.100** (−2.07)	−0.100** (−2.07)	−1.232** (−2.05)
滞后 1 期 SUB * TECH	0.110*** (2.60)		
INTECP	0.006*** (6.35)	0.007*** (6.98)	0.084*** (6.22)
滞后 1 期 SUB * INTECP	0.000 (0.50)		
TECH * INTECP	0.002 (1.62)	0.002* (1.66)	0.030 (1.48)
滞后 1 期 SUB * TECH * INTECP	−0.002 (−1.56)		
SUBMEAN		−0.199*** (−5.64)	
SUBMENA * TECH		0.101** (2.20)	
SUBMEAN * INTECP		0.000 (0.20)	
SUBMEAN * TECH * INTECP		−0.002 (−1.22)	
SUB			−1.848*** (−5.37)
SUB * TECH			1.095** (2.50)
SUB * INTECP			−0.008 (−0.79)

续表

	Y = TFP_op		Y = TFP_lp
模型	(1)	(2)	(3)
变量	OLS	OLS	OLS
SUB * TECH * INTECP			-0.023 (-1.57)
CONTROLs	YES	YES	YES
INDUSTRY	YES	YES	YES
YEAR	YES	YES	YES
Observations	3505	4452	4452
VIF	5.606	5.957	5.375
R2_adjust	0.447	0.459	0.385

注：***，** 分别表示在 0.01，0.05 的显著性水平上显著；括号内为经 White 异方差调整和按照股票代码进行群（Cluster）调整的 t 统计量。

回归结果分别见表 8-8 中的（1）列和（2）列、（3）列和（4）列、（5）列和（6）列。三类匹配方法下，政府创新补贴强度的系数分别在 1% 水平上显著为负值，并且高管专业技术背景同政府创新补贴强度交互项的回归系数也显著为正，知识产权保护水平的回归系数也均显著为正，很显然，PSM 匹配模型回归结果仍保持良好的稳健性。

表 8-8　　　PSM 倾向得分匹配模型的回归结果

匹配方法	半径匹配（R=0.001）		最近邻匹配（1：2）		核匹配	
模型	(1)	(2)	(3)	(4)	(5)	(6)
变量	OLS	OLS	OLS	OLS	OLS	OLS
SUB	-0.153*** (-11.03)	-0.167*** (-5.52)	-0.149*** (-8.24)	-0.144*** (-4.30)	-0.153*** (-11.06)	-0.168*** (-5.54)
TECH		-0.094* (-1.93)		-0.106* (-1.90)		-0.096** (-1.97)
SUB * TECH		0.091** (2.21)		0.094* (1.70)		0.091** (2.22)
INTECP		0.006*** (6.47)		0.007*** (6.11)		0.006*** (6.49)

续表

匹配方法	半径匹配（R=0.001）		最近邻匹配（1：2）		核匹配	
模型	（1）	（2）	（3）	（4）	（5）	（6）
变量	OLS	OLS	OLS	OLS	OLS	OLS
SUB * INTECP		-0.000 （-0.02）		-0.000 （-0.38）		-0.000 （-0.02）
TECH * INTECP		0.003 * （1.74）		0.003 * （1.90）		0.003 * （1.74）
SUB * TECH * INTECP		-0.002 （-1.56）		-0.003 （-1.55）		-0.002 （-1.54）
CONTROLs	YES	YES	YES	YES	YES	YES
INDUSTRY	YES	YES	YES	YES	YES	YES
YEAR	YES	YES	YES	YES	YES	YES
Constant	1.749 *** （6.96）	1.306 *** （5.31）	1.734 *** （5.74）	1.198 *** （4.06）	1.702 *** （6.78）	1.258 *** （5.12）
Observations	3462	3462	2306	2306	3477	3477
VIF	4.291	5.159	4.521	3.994	4.287	5.163
R^2_adjust	0.414	0.456	0.373	0.423	0.414	0.456

注：***，**，*分别表示在0.01，0.05，0.1的显著性水平上显著；括号内为经White异方差调整和按照股票代码进行群（Cluster）调整的t统计量。

（四）双向因果

本章基准回归模型中高科技企业TFP和政府创新补贴强度之间可能存在双向因果关系而产生模型内生性问题，这种情况下参数估计结果也可能存在偏误①。为了获得更加稳健的结论，我们借鉴国内外学者的有益经验，采用最常用的方法——工具变量法（杨洋等，2015；张杰等，2015）。在大样本的条件下，适当增加工具变量数目通常可以得到更为有效的估计结果。参照主流文献的做法（Lewbel，1997；杨洋等，2015），选择同年度同行业样本获得的政府创新补贴强度的平均值作为政府创新补强度（SUB）第一个工具变量（IV1），以（政府创新补贴强度－政府创新补贴强度均值）×（高科技企业TFP－高科技企业TFP

① 在基准回归模型（动态模型）中使用的解释变量均为时间滞后期变量，可以减少此类内生性问题的影响。

均值)[①] 作为政府创新补贴强度的第二个工具变量（IV2）。表 8－9 中报告了两阶段工具变量模型的回归结果。各个模型 Kleibergen—Paap rk LM 统计量在 1% 水平上显著，因此拒绝工具变量识别不足的原假设，表明我们构建的两阶段工具变量模型中，工具变量与内生变量高度相关；Hansen－J 统计量的 P 值均高于 10%，因此不能在 10% 的显著性水平上拒绝全部工具变量存在过度识别问题的原假设。上述检验说明本章所选取的两个工具变量是合理的。可以看到，高科技企业全要素生产率（TFP）作为被解释变量时，政府创新补贴强度的回归系数均显著为负值，且高管研发技术背景与政府创新补贴强度的交乘项系数显著为正，再次表明目前我国政府创新补贴显著降低了高科技企业 TFP（存在显著的资源诅咒效应），并且高科技企业人力资本可以有效缓解创新补贴资源诅咒效应。

表 8－9　　两阶段工具变量模型的回归结果

	Y = SUB	Y = TFP_op	
模型	(1)	(2)	(3)
变量	第一阶段	第二阶段	第二阶段
SUB		－0.150*** (－16.02)	－0.173*** (－12.79)
TECH	0.004 (0.36)	－0.008 (－0.56)	－0.036** (－2.08)
SUB * TECH			0.052*** (2.97)
INTECP	－0.000 (－0.97)	0.007*** (19.02)	0.007*** (19.03)
IV1	－0.199*** (－8.08)		
IV2	0.951*** (79.89)		
CONTROLs	YES	YES	YES
INDUSTRY	YES	YES	YES
YEAR	YES	YES	YES

① 该方法的具体思路和有效性说明可参见 Lewbel A. Constructing Instruments for Regressions With Measurement Error When no Additional Data are Available, with An Application to Patents and R&D [J]. Econometrica, 1997, 65 (5): 1201－1213。

续表

	Y = SUB	Y = TFP_op	
模型	(1)	(2)	(3)
变量	第一阶段	第二阶段	第二阶段
Observations	4452	4452	4452
Kleibergen - Paap rk LM 统计量		588.11 ***	331.28 ***
Hansen J 统计量的 P 值		0.206	0.536
R - squared	0.830	0.459	0.460

注：***，** 分别表示在 0.01，0.05 的显著性水平上显著；工具变量回归结果中各 Hansen J 统计量在 10% 的显著水平上均不显著，故接受原假设，可认为模型过度识别约束是有效的，表明所选工具变量可有效消除动态面板模型的内生性问题；括号内为经 White 异方差调整和按照股票代码进行群（Cluster）调整的 t 统计量。

七、本章小结

本章增长动力转换的核心是从投入驱动的经济增长转向创新驱动的经济增长，使创新真正成为引领经济发展的第一动力。创新是否可以转化为新的增长动力，最终都要以能否提高全要素生产率及其对经济增长是否有贡献为衡量标准。鉴于此，作为国家创新政策的一项重要内容，目前的政府对高科技企业的创新补贴是否促进了高科技企业 TFP 呢？目前国内直接考察这一重要话题的文献极为少见。本章利用高科技上市公司最新经验证据，从 TFP 视角探讨了我国政府创新补贴的政策效应。实证结论表明，目前我国政府创新补贴无法提升高科技企业 TFP。这表明我国政府创新政策单纯从增加创新补贴入手是无法传导到科技企业全要素生产率的提升上来的，必须加强引导高科技企业对人力（知识）资本的投入，当人力（知识）资本投入滞后于企业物质资本投入时，就会产生补贴经济资源的诅咒效应。虽然从表面上看，企业有大量物质资本投入到研发活动，但是在高科技企业知识资本积累相对不够的情况下，有相当多的物质资本都转化为了企业代理成本并进一步降低了企业营运效率。在各级政府不断加大对高科技企业创新补贴力度的情况下，一些产业发展政策或社会发展方面的因素导致高科技企业过度投资和超额雇员，高科技企业过多承担这些社会性负担并不利于提升高科技企业 TFP。

第九章 政府研发支持与企业价值

一、引言

改革开放以来，我国政府越来越重视对科技型中小企业研发活动的扶持。财政部、科技部等中央部委协同各级地方政府部门，先后成立数以百计的科技型中小企业扶持项目来促进企业自主研发活动。政府可以成为企业的一种竞争“利器”，企业可以利用政府为自身创造有利的环境（邓新明等，2014）。

目前，已有不少学者关注政府扶持的政策效果，研究这些政策是否有效地促进了企业的研发投入，是否有效增加了企业的创新产出，但是从企业财务视角开展的研究文献仍十分鲜见（余应敏等，2013）。此外，国内外学者基于多个视角和层次研究了关于企业价值影响因素的相关研究，目前大多数文献是关于公司内部治理结构、股权结构等公司内部因素与企业价值的关系；也有部分学者关注了政治关联等公司外部因素对企业价值的影响，但没有进一步深入探讨政治关联对企业价值影响的内部机制。笔者尝试更细致地考察政府研发支持对企业财务绩效的影响，丰富了现存政府研发支持经济后果的相关文献。

通过第五章的实证研究，发现政府研发支持向外部市场释放了利好信号，并且政府对获得研发支持的企业具有外部治理效应，在一定程度上直接缓解企业融资约束。本章结合中国特定制度背景，基于相关理论分析，通过单因素分析和多元回归模型①，主要检验三个问题：（1）政府研发补贴能否显著提高科技型中小企业价值；（2）考虑企业面临的不同融资约束程度，进一步讨论了不同类型的政府研发支持对科技型中小企业价值的影响是否存在差异；（3）不同期

---

① 考虑到样本选择偏误、政府研发支持与企业价值的双向因果关系可能产生的内生性问题，笔者构建了倾向得分匹配模型（Propensity Score Matching）。

限的政府研发支持对科技型中小企业价值的影响有何不同。解决这些问题，一方面有利于政府决策层制定和调整出一系列对中小企业更加有效的扶持政策；另一方面有利于中小企业充分认识理解和贯彻落实政府研发扶持政策，增加研发投入，提高自身市场价值。

二、理论分析与研究假设

（一）公司外部治理理论

现存关于公司治理的文献通常包括内部治理机制和外部治理机制两类①。公司治理的内、外部机制均是用于缓解代理冲突、提高公司价值，并且越来越多的学者关注外部公司治理的效应（Jensen et al.，1976；戴亦一等，2013；刘启亮等，2013）。例如，沈艺峰等（2013）认为，网络媒体舆论可以有效发挥公司治理作用，主要包括两层外部公司治理机制——外部资本市场的惩戒和监管层的严格审查。企业参与政府科技计划，除获得资金支持外，通常还在技术指导、企业宣传等方面获得支持（秦雪征等，2012）。类似地，政府研发支持是国家竞争和企业战略的一种正式制度，企业获得研发支持资源的同时必须接受政府主管部门的考核评价。当企业违规使用科研经费时，政府不但会向外部市场公布负面考核结果，甚至会对公司进行处罚②。这均是很有效的外部治理机制。

根据代理理论，合理的制度安排可以有效缓解代理问题和降低代理成本（Jensen et al.，1976；Shleifer et al.，1997）。对政府研发支持进行后续考评和监管，这种正式的制度安排势必在保护投资者、提高公司价值等方面发挥积极作用。毋庸置疑，研发支持投放资金量越高，政府部门对科研经费的监管力度就越大，考评机制也就越完善。

（二）信号传递假说

在转型经济条件下，我国金融市场秩序正处在不断调整阶段。目前，国内

① 其中，内部治理机制主要包括董事会制度、大股东监督、股权制衡等；外部治理机制主要包括债权人监督、媒体监督、外部独立审计制度、公司控制权市场等。

② 承担科技支撑计划“城市生态化公共照明与低碳建筑技术研究及示范”课题的大连三维传热技术有限公司挪用科研专项经费407万元，并向检查人员提供虚假财务资料。通报要求追回拨付的全部专项经费，取消该公司3年内承担国家科技计划项目（课题）的申报资格。

债券市场和股票市场的资金供求双方信息不对称程度仍然非常高，中小企业融资难、融资贵等问题十分突出。根据前文的理论分析，因我国科技型中小企业研发活动的特殊性，其融资面临更大的困境（卢馨等，2013）。科技型中小企业获得政府研发支持，表明其研发项目技术可行性和成功概率均较高，向外部资本市场释放利好信号，这可以有效降低资金双方的信息不对称程度，并且为投资者评估企业价值、进行投资决策提供必要参考依据。

显然，科技型中小企业获得政府研发支持的强度越高，表明该类企业新产品、新技术研发成功的可能性越高，越容易吸引外部投资者目光，根据本书第五章实证研究结论可知，其融资约束程度越弱。这是由于此类科技型中小企业向外部资本市场释放更强利好信号。考虑到我国科技型中小企业融资约束问题，融资约束程度较严重的科技型中小企业在获得政府研发支持资源后，其财务业绩变化更加明显，政府研发支持更能显著地提高融资约束程度较高的科技型中小企业价值。基于以上讨论，笔者提出本章假设 1。

H1a：获得政府研发支持强度越高的企业，其企业价值越高。

H1b：相比融资约束较弱的企业，政府研发支持更能显著地提高融资约束较强企业的价值。

（三）研发支持类型与期限

一般地，政府研发支持可采取多种形式，主要包括财政补贴、权益投资、贷款贴息和税收优惠等（刘虹等，2012；秦雪征等，2012），不同政府研发支持为企业带来的资源效应、信号传递效应和外部治理效应也会产生差异。研究发现，政府研发补贴的方式不同，政府的角色不同（唐清泉等，2008）。根据前文理论分析，指明使用用途、与明确项目相关的研发支持资金在更大程度上接受政府部门的监督和考评的制度更加完善，因此发挥的外部治理效应更明显。间接政府研发支持在申请审批上更加灵活，覆盖企业数量较多，获得间接政府研发支持的科技型中小企业向资本市场释放的利好信号效应理应会削弱。此外，基于研发支持政策对企业融资约束的动态影响视角，相同条件下，长期政府研发支持的外部治理效应和信号传递效应均将优于短期政府研发支持。为此，本章提出假设 2 和假设 3。

H2：相比间接研发支持，直接研发支持更能显著地提高科技型中小企业价值。

H3：相比短期研发支持，长期研发支持更能显著地提高科技型中小企业价值。

三、研究设计

本章实证研究设计主要分析政府研发支持是否可以显著地提升企业价值。本章所设计研究样本、实证数据资料来源以及其他主要变量定义同前文章节保持一贯性，在此不再赘述。在本章研究设计中，笔者主要介绍了主要变量定义、单因素分析、实证回归模型和稳健性检验。考虑到本章实证研究可能存在因样本选择偏误、双向因果关系而存在的内生性问题，笔者重新构建了基于倾向得分匹配方法（Propensity Score Matching Method）回归模型，并且同时考虑了最近邻匹配、半径匹配、核匹配等多种匹配方法，以尽量确保实证结果的稳健性。

（一）变量选择

1. 公司价值

借鉴现存大多数研究文献（罗党论、唐清泉，2009；雷光勇、李书锋等，2009；杜兴强、曾泉等，2011；邓新明等，2014；肖华、张国清，2013；谢玲芳、吴冲锋，2005；陆瑶，2010；陆国庆，2011），本章以 TOBINQ 值衡量公司价值。TOBINQ 值等于公司市场价值与重置成本之比。公司市场价值为债务总额市场价值与权益资本的市场价值之和。由于公司债务市场价值和重置成本获取困难，目前学者主要分别以期末负责总计和期末公司资产总计来代替。本研究样本区间为 2008—2016 年，此时我国股票市场股权分置改革已经结束，权益资本市场价值可以根据期末股票价格和普通股流通股数直接计算得到。TOBINQ 的计算公式为：

TOBINQ = 市场价值/重置成本 = （期末股票价格 × 期末流通股股数 + 负债账面价值总计）/资产账面价值总计

此外，新上市公司股票溢价水平较高，TOBINQ 值通常也较高，不同行业间科技型企业股票价格相差也较大（谢玲芳等，2005）。为尽量确保研究结论的稳健性，笔者还按照相同行业 TOBINQ 值的中位数进行逐年调整（以下简称行业调整企业价值），用以测度企业价值。

2. 融资约束

通过第五章的内容分析，我国科技型中小企业之间存在十分明显的融资约束问题。为此，在分析政府研发支持对科技型中小企业价值的影响时，笔者还加入了科技型中小企业融资约束的因素。具体做法：笔者按照相同年份相同行业融资约束 KZ 指数中位数，将全部样本记录细分为高融资约束组样本和低融资约束组样本，即融资约束强弱（MEDKZ3 = 1，高融资约束组样本；MEDKZ3 = 0，低融资约束组样本）。

3. 其他变量

此外，笔者借鉴现存关于企业价值影响因素的经典文献（罗党论等，2009；雷光勇等，2009；杜兴强等，2011；邓新明等，2014），控制了企业政治关联（POLITIC）、研发投入（RD）、公司规模（SIZE）、资产负债率（LEV）、财务业绩（ROA，Growth，CF/K）、股权结构（TOP3，INS）、管理层状况（DUAL，GREN，GAOPAY）和外部审计监督（BIG4，AUDITP）等因素。实证模型所涉及的变量代码和变量定义如表 6 – 1 所示。

（二）模型设定

1. 基本回归模型

借鉴现存经验研究文献（陆瑶，2010；杜兴强等，2011），为检验本章所提研究假设，笔者分别设计了两个回归模型，以探讨政府研发支持强度对科技型中小企业价值的影响和不同期限政府研发支持对企业价值的影响差异。检验本章假设 1 至假设 3 的两个基准回归计量模型如下：

$$MV = \beta_0 + \beta_1 SUB\_I + \beta_2 MEDKZ3 + \beta_3 SUB\_I * MEDKZ3 + \sum_{k=1}^{10} \gamma_k CONTROLS + \sum_{k=1}^{12} \alpha_k IND + \sum_{k=1}^{6} \beta_k YEAR + \varepsilon \quad (式 9-1)$$

$$MV = \beta_0 + \beta_1 SUB\_D_i + \sum^{10} \gamma_k CONTROLS + \sum^{12} \alpha_k IND + \sum^{6} \beta_k YEAR + \varepsilon \quad (式 9-2)$$

其中，MV 表示企业价值，分别由公司企业价值和行业调整企业价值作为代理变量；SUB_I 表示政府研发支持强度①；MEDKZ3 表示企业融资约束强弱；式 9 – 2 中 SUB_D_i，i 分别取值 3，4，5，代表过去三年、四年和五年均获得了较高的政府研发支持强度，用来测度不同期限政府研发支持在提高企业科技型中小

① 为进一步探究各不同类型政府研发支持强度对科技型中小企业价值的影响差异，同以上章节分类保持一致，笔者将政府研发支持分为直接政府研发支持强度（ITEM_SUB_I）与间接政府研发支持强度（INDIR_SUB_I）。

企业融资约束的动态效应中的作用。

基于本章研究假设和理论分析，预期政府研发支持强度系数显著为正，同时，直接和间接政府研发支持强度系数也显著为正，但直接政府研发支持强度回归系数绝对值要显著高于间接政府研发支持强度系数。目前讨论融资约束和企业价值的文献仍未得到两者关系的一致结论。根据前文融资约束指数KZ值计算公式[①]，企业价值的系数为0.124，笔者预期融资约束强弱系数（MEDKZ3）显著为正值。对于高融资约束组企业，政府研发支持更能显著地提高其企业价值，同时预期政府研发支持的交互项（SUB_I＊MEDKZ）显著为正。罗婷、朱青等（2009）发现，研发投入同企业估值水平呈现正向关系，因此假设企业研发投入系数显著为正值。通常情况下，较大规模企业的资产总计账面价值越高，TOBINQ取值就越低。企业资产负债率越高，企业财务风险就越大，进一步降低了企业价值，故预期企业规模（SIZE）和资产负债率（LEV）系数应显著为负值。基于现存文献，企业财务业绩（ROA）越好，主营业务收入增长率（Growth）、现金流（CF/K）、机构持股比例（INS）和股权集中度（TOP3）越高，其企业价值也越高，因此，预期企业总资产报酬率（ROA）、主营业务收入增长率（Growth）和机构持股（INS）等变量的系数也应当显著为正。

2. 倾向匹配模型

在观察性研究中，混杂偏倚和选择性偏倚[②]是困扰研究者的主要问题。变量之间因果关系的判断，最理想的检验是采用完全控制协变量的随机实验方法（邱斌等，2012）。本章是典型的关于政策后果的研究，获得政府研发支持的中小企业成长状况与未获政府研发支持的中小企业成长状况，只有其中一种状态是可观测的，而另一种状态为反事实（Counterfactual）情形。为了解决这种不可观测问题，Rubin（1977）提出了匹配法，其基本思想在于，在评估某项政策的效果时，若能找到与获得支持组尽可能相似的控制组，那么样本选择偏误就可以被有效降低。然而，在寻找控制组过程中，仅通过一种特征（如公司规模）往往无法达到满意的匹配效果。为此，PSM通过一些特殊的方法将多个特征因

---

① 详见第五章表5－6，KZ＝－1.385＊CF/K－9.926＊DIVID＋0.040＊LEV＋0.124＊TOBINQ－0.316＊CAH/K

② 混杂偏倚（Confounding Bias）是指所选择的研究因素与研究结果发生的相关（关联）程度受到其他因素的歪曲或干扰。选择性偏倚（Selection Bias）是指在选择研究对象时，试验组和对照组的设立（纳入标准）不正确，使得这两组实验对象在开始时就存在处理因素以外的重大差异。

素浓缩成一个指标——倾向得分值（Propensity Score，简称 PS 值），从而使多元匹配成为可能。此类方法在学术界广被借鉴，以消除内生性问题（Rosenbaum et al.，1983；Czarnitzki et al.，2011；邱斌等，2012；陆瑶，2010；Cerulli et al.，2012）。

在样本匹配过程中，X_i通常包含了较多的特征变量，使用回归模型很难保证实验组和控制组样本之间所有特征变量分布的相同。倾向得分方法有效地避免了这一不足，用 Logistic 概率回归模型估计得出该公司能够获得政府研发支持的概率 P（x）来代替公司的特征向量 X，完成实验组与控制组之间的匹配，绕过了匹配样本公司特征变量相似度一致性需求的选择和判断难题。在给定特征变量 X_i的条件下，公司 i 的倾向得分：

$$p(X_i) = Pr(D=1 \mid X_i) = E(D \mid X_i) \quad (式 9-3)$$

其中，D 是一个指标函数，样本获得政府研发支持时，D=1，否则 D=0。

获得 PS 值后，还要选择一定的方法来实现支持组和控制组样本间的匹配，因为 p（X）是一个连续变量，几乎不可能找到两个倾向得分完全相同的企业样本。目前文献中的匹配方法主要包括最近邻匹配法（Nearest Neighbor Matching）、半径匹配法（Radius Matching）和核匹配法（Kernel Matching），本章将分别使用三类匹配方法，以得到稳健的匹配结果。由于以上三种匹配方法均为有放回抽样，即配对组并非独特和唯一（吴溪，2012），为保证配对过程中每一个配对样本都是独特和唯一的，笔者还按照同行业同年度倾向得分最相近的原则，对样本进行了一比一配对。按照上述四种方法分别完成配对后，进一步探讨政府研发支持对科技型中小企业价值的影响。

四、实证结果与分析

（一）相关性分析

表 9－1 中 Panel A 列示了实证模型涉及的各主要变量间的相关系数矩阵。显然，企业价值（TOBINQ）同各变量之间相关系数至少在 10% 水平上显著。初步表明政府研发支持强度同企业价值呈正向关系。由于本章实证研究继续沿用前两章数据样本，各主要变量在以前章节研究中均有涉及，详细描述性统计结果在此不再赘述。

表 9－1　　主要变量相关系数矩阵

变量		1	2	3	4	5	6	7	8	9	10	11	12	13
TOBINQ	1		0.21***	0.15***	0.08***	0.20***	0.18***	0.04***	0.07***	0.04**	0.00**	0.15***	-0.35***	0.50***
T_SUB_I	2	0.22***		0.85***	0.49***	0.86***	0.74***	0.36***	0.42***	0.30***	0.19***	-0.12***	-0.23***	0.02
ITEM_SUB_I	3	0.15***	0.76***		0.14***	0.73***	0.85***	0.09***	0.37***	0.27***	0.17***	-0.11***	-0.23***	-0.04***
INDIR_SUB_I	4	0.18***	0.75***	0.18***		0.39***	0.14***	0.92***	0.24***	0.19***	0.12***	-0.01	-0.03*	0.07***
MEDT_SUB_I	5	0.18***	0.56***	0.54***	0.34***		0.74***	0.28***	0.43***	0.30***	0.20***	-0.08***	-0.19***	0.03*
MEDITEM_SUB_I	6	0.17***	0.46***	0.56***	0.17***	0.74***		0.09***	0.34***	0.24***	0.16***	-0.07***	-0.18***	0.00
MEDINDIR_SUB_I	7	0.03*	0.26***	0.04***	0.37***	0.28***	0.09***		0.17***	0.14***	0.09***	0.01	0.02	0.07***
SUB_D_5	8	0.07***	0.31***	0.29***	0.20***	0.43***	0.34***	0.17***		0.69***	0.45***	0.03*	-0.01	-0.09***
SUB_D_4	9	0.05***	0.23***	0.21***	0.15***	0.30***	0.24***	0.14***	0.69***		0.66***	0.05***	0.03**	-0.05***
SUB_D_3	10	0.01**	0.14***	0.13***	0.10***	0.20***	0.16***	0.09***	0.45***	0.66***		0.05***	0.06***	-0.03*
KZ3	11	0.11***	-0.15***	-0.13***	-0.11***	-0.09***	-0.07***	0.00	0.04**	0.04***	0.04***		0.77***	-0.26***
LEV	12	-0.31***	-0.25***	-0.22***	-0.17***	-0.19	-0.19***	0.02***	-0.02	0.03*	0.06***	0.73***		-0.18***
ROA	13	0.54***	0.05***	-0.03	0.10***	0.03	0.01	0.06***	-0.05***	-0.01	0.00	-0.29***	-0.20***	

注：（1）相关系数矩阵上三角和下三角部分分别列示了各变量之间的 Pearson 相关系数和 Spearman 相关系数。

（2）由于限于篇幅和版面，笔者仅列示了后续统计分析所用核心变量间的相关系数。

（3）融资约束指数 KZ3 表示计算 KZ 指数时将主要变量按照从小到大分为高、中、低三组。为保证结果稳健性笔者还尝试将所用变量按照从小到大分为五组，分别赋值计算融资约束指数 KZ5，两类指标的相关系数达 0.90 以上，相关系数表中未列示。

（4）MEDT_SUB_I，MEDITEM_SUB_I，MEDINDIR_SUB_I 为虚拟变量，表示分别按照政府研发支持强度、直接政府研发支持强度和间接政府研发支持强度的中位数分组（高于中位数赋值 1，低于中位数赋值 0）。

（5）SUB_D_3，SUB_D_4，SUB_D_5 为长期支持虚拟变量。过去 3 年、4 年、5 年均内获得较高政府研发支持强度，＝1；否则，＝0。[按照同年份同行业样本分组，政府研发支持强度高于四分位数（P75）的样本视作当年获得较高政府研发支持强度。]

（6）***，**，* 分别表示在 0.01，0.05，0.1 的水平上显著（双尾）。

（二）单因素分析

为了进一步验证科技型中小企业政府研发支出强度对企业价值的影响，笔者分别按照政府研发支持强度（T_SUB_I）、直接研发支持强度（ITEM_SUB_I）、间接研发支持强度（INDIR_SUB_I）的中位数将全部样本分为高低两组，进行均值和中位数的单因素分析。目前我国科技型中小企业政府研发支持覆盖面较广，总体来看 90% 以上的科技型中小企业均获得了不同程度的研发支持，不应按照是否获得政府研发支持对全样本进行匹配。为此，笔者首先分别按照政府研发支持强度（T_SUB_I）、直接研发支持强度（ITEM_SUB_I）、间接研发支持强度（INDIR_SUB_I）将全部样本分为 5 组，并将支持强度最高组样本（获支持组）同其他四组样本（控制组）进行匹配，然后对两组样本企业价值的均值和中位数进行独立样本 T 检验和 Wilcoxon 秩和检验，考察政府研发支持强度对企业价值的影响。相关检验结果分别列示在表 9－2 的 Panel A 至 Panel C。

表 9－2　　单因素分析

Panel A：按照政府研发支出强度中位数分组或匹配

匹配方法	变量	N1	均值 1	中位数 1	N2	均值 2	中位数 2	均值差	秩和检验（Z）
原始样本	TOBINQ	1774	2.441	2.023	1770	3.016	2.553	－0.575***	－12.154***
最近邻匹配	TOBINQ	964	2.999	2.550	625	3.323	2.847	－0.324***	－4.200***
半径匹配	TOBINQ	2294	2.620	2.192	534	3.257	2.761	－0.637***	－8.751***
核匹配	TOBINQ	2837	2.571	2.125	690	3.377	2.902	－0.806***	－12.574***
1 比 1 匹配	TOBINQ	688	3.115	2.693	688	3.372	2.900	－0.257***	－3.022***

Panel B：按照直接政府研发支出强度中位数分组或匹配

匹配方法	变量	N1	均值 1	中位数 1	N2	均值 2	中位数 2	均值差	秩和检验（Z）
原始样本	TOBINQ	1774	2.464	2.041	1770	2.988	2.502	－0.524***	－10.966***
最近邻匹配	TOBINQ	1078	2.870	2.383	663	3.150	2.694	－0.281***	－3.743***
半径匹配	TOBINQ	2244	2.684	2.215	594	3.038	2.570	－0.354***	－5.777***
核匹配	TOBINQ	2821	2.608	2.147	706	3.207	2.719	－0.599***	－9.633***
1 比 1 匹配	TOBINQ	706	2.983	2.557	706	3.207	2.719	－0.224**	－2.562**

Panel C：按照间接政府研发支出强度中位数分组或匹配

匹配方法	变量	N1	均值 1	中位数 1	N2	均值 2	中位数 2	均值差	秩和检验（Z）
原始样本	TOBINQ	1798	2.673	2.190	1746	2.782	2.293	－0.109**	－2.475**
最近邻匹配	TOBINQ	1176	2.847	2.350	671	3.150	2.581	－0.303***	－3.925***

续表

Panel C：按照间接政府研发支出强度中位数分组或匹配									
匹配方法	变量	N1	均值 1	中位数 1	N2	均值 2	中位数 2	均值差	秩和检验（Z）
半径匹配	TOBINQ	2504	2.605	2.170	617	3.055	2.540	-0.451***	-6.498***
核匹配	TOBINQ	2854	2.619	2.168	690	3.172	2.610	-0.553***	-8.35***
1 比 1 匹配	TOBINQ	686	3.005	2.546	686	3.171	2.606	-0.166*	-1.948*

注：（1）N1 表示低支持组，N2 表示高支持组；各配对方法匹配原则不同，故匹配后试验组和对照组数目不同。

（2）***，**，*分别表示在 0.01，0.05，0.1 的水平上显著（双尾）。

表 9-2 中 Panel A 列示了按照政府研发支持强度进行分组或匹配的单因素分析结果。其中，政府研发支持高强度样本组（N2 = 1770）的企业价值（TOBINQ）均值为 3.016，显著地高于低政府研发支持强度组（N1 = 1774）的均值（2.441）；并且两组中位数 Wilcoxon 秩和检验的统计量 Z 值为 -12.154，也在 1% 水平上显著。这表明政府研发支持强度越高，企业价值就越高，同上节相关系数分析结论相一致。按照最近邻匹配方法、半径匹配方法、核匹配方法和同行业同年度一比一匹配方法，高支持组样本数分别为 625，534，690 和 688，其均值也均在 1% 水平上显著高于控制组样本企业价值的均值，并且中位数 Wilcoxon 秩和检验的统计量 Z 值也均在 1% 水平上显著为负值，表明高政府研发支持强度组企业价值的中位数也是显著地高于低政府研发支持强度组中位数。Panel B 和 Panel C 分别报告了按照直接政府研发支持强度和间接政府研发支持强度进行分组或匹配的单因素分析结果，不难发现，直接（间接）政府研发支持高强度组的企业价值中位数和均值均显著地高于直接（间接）政府研发支持低强度组，并且按照直接政府研发支持强度分组和配对的均值之差要高于按照间接政府研发支持分组或配对情形下的均值之差，这初步表明直接政府研发支持可能更加显著地提高科技型中小企业价值。综上所述，表 9-2 的均值 T 检验和中位数 Wilcoxon 秩和检验结果均较好地验证了本章所提研究假设 1 和假设 2。

（三）回归分析

本章通过构建多元线性回归模型，进一步检验了政府研发支持对科技型中小企业价值的影响。本章还探讨了不同类型政府研发支持强度对科技型中小企业价值的影响差异，以及不同支持期限的政府研发支持对科技型中小企业价值的影响。考虑到政府研发支持对象选择的偏误性（Selection Bias）和政府研发支持强度同企业价值之间双向因果关系，并由此可能引起的内生性问题，笔者通过计算倾向得分，对回归样本进行匹配，同时也建立了动态回归分析模型。通过一系列的稳健性检验，各个回归模型结果仍比较稳定。

本章各 OLS 回归变量的方差膨胀因子 VIF 值都低于 10，各模型的 VIF 均值也明显未超过 5.0（邓新明等，2014；Snijders et al.，1999），总体可以认为所建统计模型不存在多重共线性问题。为尽可能保证回归结果的稳健性，本章所有模型回归系数的标准差均经 White 异方差调整并按照股票代码、年份进行了群调整。

1. 政府研发支持强度与企业价值

（1）OLS 回归模型分析。表 9-3 中报告了政府研发支持强度与企业价值的回归模型结果。其中，模型 1（Model 1）未加入控制变量；模型 2（Model 2）同时探讨了在不同融资约束强弱情况下，政府研发支持强度对企业价值的作用；模型 3（Model 3）同时加入了各主要控制变量；模型 4（Model 4）中以行业调整企业价值（ADTOBINQ）作为因变量。不难发现，模型 1（Model 1）至模型 4（Model 4）中，政府研发支持强度的系数均在 1% 水平上显著为正，这验证了政府研发支持可以有效提高科技型中小企业价值；融资约束强弱同政府研发支持强度的交互项（T_SUB_I * MEDKZ3）系数也在 5% 水平上显著为正，表明政府研发支持更能显著提高融资约束程度高的科技型中小企业价值。

在控制变量方面，研发投入强度（RD）越高，企业财务业绩（ROA）越好，主营业务收入增长率（Growth）、现金流（CF/K）、机构持股比例（INS）和股权集中度（TOP3）越高，其企业价值相对也越高；但是公司规模（SIZE）和资产负债率（LEV）的系数显著为负值，表明企业规模越大、资产负债率越高，其企业价值就越低，这同国内学者的大多数研究结论也保持一致（杜兴强等，2011；雷光勇等，2009；陆瑶，2010；何镜清、李善民等，2013；罗婷等，2009）。此外，政治关联系数虽然为正值，但并未在 10% 水平上显著。

（2）倾向得分匹配模型。图 9-1 呈现了按照政府研发支持强度分组情况下，获支持组和控制组的 PS 值在匹配前后的核密度分布。可以看出，在匹配前二组 PS 值的概率分布存在明显差异，这表明控制组包含了较多不适宜的样本记录，导致获支持组样本数据分布存在显著差异。若按照有效的方法进行数据处理，直接比较这两组样本数据的差异，所得到的统计推断结果很可能是有偏的，而大多前期国内相关研究忽略了这一问题。按照 1∶3 的条件完成最近邻匹配后，两组样本 PS 值的概率分布相似度得到很大改善，可以认为通过 PSM 方法处理后获支持组与控制组的各方面特征已较为接近。采用半径匹配和核匹配得到的核密度对比图与最近邻匹配的情形相似，在此不再赘述。

表 9－3　政府研发支持强度与企业价值回归分析结果

模型		(Model 1)		(Model 2)		(Model 3)		(Model 4)	
因变量	预期符号	Y = TOBINQ		Y = TOBINQ		Y = TOBINQ		Y = ADTOBINQ	
自变量		OLS	tstat	OLS	tstat	OLS	tstat	OLS	tstat
T_SUB_I	-	0.163 ***	(9.81)	0.142 ***	(8.67)	0.050 ***	(3.69)	0.051 ***	(3.81)
MEDKZ3	-			0.361 ***	(5.01)	0.677 ***	(9.98)	0.633 ***	(9.50)
T_SUB_I * MEDKZ3	-			0.192 **	(2.50)	0.116 **	(2.42)	0.117 **	(2.50)
POLITIC	-					0.014	(0.43)	0.009	(0.30)
RD	-					2.165 ***	(5.36)	2.363 ***	(5.85)
SIZE	-					-0.634 ***	(-21.77)	-0.626 ***	(-21.59)
ROA	+					0.119 ***	(22.90)	0.117 ***	(21.73)
LEV	-					-0.021 ***	(-14.88)	-0.020 ***	(-13.95)
Growth	+					0.003 ***	(4.08)	0.002 ***	(3.26)
CF/K	+					0.787 ***	(3.93)	0.621 ***	(3.03)
INS	+					0.008 ***	(9.06)	0.008 ***	(9.09)
TOP3	+					0.007 ***	(5.39)	0.007 ***	(5.32)
DUAL	?					-0.003	(-0.10)	-0.013	(-0.41)
GREN	?					0.215 ***	(3.39)	0.202 ***	(3.21)
GAOPAY	?					0.020	(0.68)	0.029	(0.99)
BIG4	?					0.048	(0.41)	0.063	(0.53)
AUDITP	?					0.109	(0.53)	0.126	(0.62)
LISTAGE	?					0.199 ***	(5.59)	0.185 ***	(5.15)
INDUSTRY		YES		YES		YES		YES	
YEAR		YES		YES		YES		YES	
Constant		4.327 ***	(22.90)	4.380 ***	(23.19)	9.554 ***	(28.78)	5.606 ***	(16.92)
Observations		3544		3544		3544		3544	
VIF		1.839		1.839		2.208		2.208	
R2_adjust		0.376		0.382		0.667		0.480	

注：（1）括号内报告了经 White 异方差调整和按照股票代码、年份进行群调整的 t 统计量。
（2）模型 1（Model 1）至模型 4（Model 4）均是本章式 9－1 的变形。
（3）***，** 分别表示在 0.01，0.05 的水平上显著（双尾）。

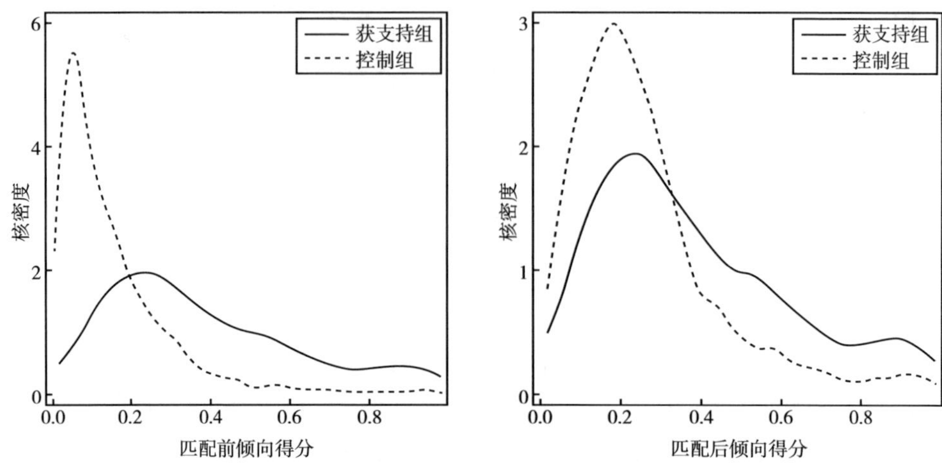

图9-1　倾向得分匹配前后样本得分核密度对比（最近邻匹配方法）

表9-4中报告了研究样本经过倾向得分最近邻匹配（1：3）和同行业同年度（1：1）匹配后，企业价值与政府研发支持强度的回归模型结果。其中模型1（Model 1）和模型2（Model 2）分别以TOBINQ值和行业调整TOBINQ值作为因变量。不难发现，按照两类匹配方法配对后，在模型1（Model 1）和模型2（Model 2）中，政府研发支持强度的系数也均在1%水平上显著为正，这再次验证了政府研发支持可以有效提高科技型中小企业价值；融资约束强弱同政府研发支持强度的交互项（T_SUB_I * MEDKZ3）系数至少在10%置信水平上显著为正，表明政府研发支持更能显著提高融资约束程度高的科技型中小企业价值。其他控制变量的系数符合和显著性水平也基本同未进行匹配样本的回归结果保持一致，表明在控制了可能存在的内生性问题后，本章研究假设仍然成立。

2. 不同类型政府研发支持强度与科技型中小企业价值

（1）OLS回归模型分析。为进一步考察不同类型政府研发支持强度对企业价值影响的差异，笔者又分别建立了直接政府研发支持强度和间接政府研发支持强度对企业价值的回归模型，具体实证结果见表9-5的Panel A和Panel B。其中，模型1（Model 1）未加入控制变量；模型2（Model 2）同时探讨了在不同融资约束强弱情况下，政府研发支持强度对企业价值的作用；模型3（Model 3）同时加入了各主要控制变量；模型4（Model 4）中以行业调整企业价值作为因变量。不难发现，模型1（Model 1）至模型4（Model 4）中，政府研发支持强度的系数均在1%水平上显著为正，表明无论直接政府研发支持还是间接政府研发支持，均可以有效提高科技型中小企业价值。回归结果中，融资约束强弱同

表 9－4　倾向得分匹配后政府研发支持强度与企业价值回归分析结果

匹配方法		最近邻匹配				一对一匹配			
模型		(Model 1)		(Model 2)		(Model 1)		(Model 2)	
因变量	预期符号	Y = TOBINQ		Y = ADTOBINQ		Y = TOBINQ		Y = ADTOBINQ	
自变量		OLS	tstat	OLS	tstat	OLS	tstat	OLS	tstat
T_SUB_I	+	0.056***	(3.85)	0.055***	(3.81)	0.041***	(2.85)	0.041***	(2.83)
MEDKZ3	+	0.798***	(6.18)	0.744***	(5.68)	0.702***	(4.25)	0.686***	(4.05)
T_SUB_I * MEDKZ3	+	0.082*	(1.72)	0.085*	(1.81)	0.126**	(2.26)	0.119**	(2.12)
POLITIC	+	0.014	(0.27)	0.012	(0.23)	0.011	(0.19)	0.026	(0.46)
RD	+	1.667***	(3.83)	1.771***	(4.04)	1.849***	(4.18)	1.948***	(4.35)
SIZE	-	-0.736***	(-15.65)	-0.720***	(-15.49)	-0.796***	(-14.94)	-0.794***	(-14.94)
ROA	+	0.130***	(16.38)	0.130***	(16.15)	0.139***	(16.43)	0.140***	(16.38)
LEV	-	-0.025***	(-10.38)	-0.024***	(-9.96)	-0.025***	(-9.90)	-0.024***	(-8.98)
Growth	+	0.003**	(2.42)	0.002**	(2.00)	0.002	(1.30)	0.001	(0.73)
CF/K	+	0.806**	(2.44)	0.650*	(1.90)	0.967***	(2.84)	0.772**	(2.20)
INS	+	0.011***	(8.07)	0.011***	(8.28)	0.013***	(8.41)	0.012***	(8.33)
TOP3	+	0.005***	(2.63)	0.005**	(2.30)	0.006***	(2.61)	0.006***	(2.76)
DUAL	?	-0.034	(-0.67)	-0.036	(-0.71)	-0.027	(-0.48)	-0.021	(-0.37)
GREN	?	0.134	(1.36)	0.085	(0.86)	0.114	(1.09)	0.106	(1.02)
GAOPAY	?	0.037	(0.77)	0.044	(0.92)	0.034	(0.61)	0.042	(0.76)
BIG4	?	0.010	(0.04)	0.023	(0.08)	0.290	(0.81)	0.502*	(1.92)
AUDITP	?	-0.274	(-0.95)	-0.257	(-0.90)	-0.194	(-0.78)	-0.107	(-0.43)
LISTAGE	?	0.260***	(4.77)	0.253***	(4.61)	0.296***	(5.07)	0.292***	(4.94)
INDUSTRY		YES		YES		YES		YES	
YEAR		YES		YES		YES		YES	
Constant		10.713***	(18.95)	6.596***	(11.81)	11.579***	(18.20)	7.527***	(11.88)
Observations		1589		1589		1376		1376	
VIF		2.215		2.215		2.385		2.385	
R2_adjust		0.680		0.502		0.685		0.528	

注：(1) 括号内报告了经 White 异方差调整和按照股票代码、年份进行群调整的 t 统计量。

(2) 表中分别报告了研究样本按照最近邻匹配（1：3）方法和同行业同年度倾向得分一比一匹配后的模型结果。

(3) 其中，按最近邻匹配方法和同行业同年度（1：1）配对后，控制组样本和获支持组样本分布为：964 + 625 = 1589，688 + 688 = 1376。

(4) 模型 1（Model 1）和模型 2（Model 2）分别以企业 TOBINQ 值和行业调整 TOBINQ 来测度企业价值。

(5) ***，**，* 分别表示在 0.01，0.05，0.1 的水平上显著（双尾）。

表 9-5　不同类型政府研发支持强度与企业价值回归分析结果

Panel A：直接政府研发支持强度与企业价值

模型		(Model 1)		(Model 2)		(Model 3)		(Model 4)	
因变量	预期符号	Y = TOBINQ		Y = TOBINQ		Y = TOBINQ		Y = ADTOBINQ	
自变量		OLS	tstat	OLS	tstat	OLS	tstat	OLS	tstat
ITEM_SUB_I	+	0.174***	(6.93)	0.142***	(5.66)	0.064***	(3.32)	0.064***	(3.28)
MEDKZ3	+			0.361***	(5.15)	0.721***	(10.75)	0.674***	(10.24)
ITEM_SUB_I * MEDKZ3	+			0.255**	(2.37)	0.105*	(1.69)	0.111*	(1.71)
POLITIC	+					0.012	(0.37)	0.008	(0.24)
RD	+					2.297***	(5.87)	2.502***	(6.39)
SIZE	-					-0.633***	(-21.71)	-0.625***	(-21.54)
ROA	+					0.120***	(22.98)	0.118***	(21.81)
LEV	-					-0.021***	(-15.12)	-0.020***	(-14.18)
Growth	+					0.003***	(4.00)	0.002***	(3.19)
CF/K	+					0.797***	(3.96)	0.631***	(3.07)
INS	+					0.008***	(9.24)	0.008***	(9.27)
TOP3	+					0.007***	(5.14)	0.006***	(5.07)
DUAL	?					-0.001	(-0.04)	-0.011	(-0.36)
GREN	?					0.224***	(3.50)	0.211***	(3.32)
GAOPAY	?					0.015	(0.50)	0.024	(0.80)
BIG4	?					0.043	(0.37)	0.058	(0.48)
AUDITP	?					0.123	(0.60)	0.138	(0.67)
LISTAGE	?					0.193***	(5.44)	0.179***	(5.00)
INDUSTRY		YES		YES		YES		YES	
YEAR		YES		YES		YES		YES	
Constant		4.366***	(22.70)	4.418***	(22.95)	9.566***	(28.59)	5.619***	(16.83)
Observations		3544		3544		3544		3544	
VIF		1.839		1.840		2.207		2.207	
R2_adjust		0.361		0.367		0.665		0.477	

续表

Panel B：间接政府研发支持强度与企业价值									
模型		(Model 1)		(Model 2)		(Model 3)		(Model 4)	
因变量	预期符号	Y = TOBINQ		Y = TOBINQ		Y = TOBINQ		Y = ADTOBINQ	
自变量		OLS	tstat	OLS	tstat	OLS	tstat	OLS	tstat
INDIR_SUB_I	+	0.202 ***	(7.61)	0.179 ***	(6.76)	0.037 *	(1.80)	0.040 **	(1.96)
MEDKZ3	+			0.313 ***	(4.86)	0.720 ***	(10.95)	0.679 ***	(10.42)
INDIR_SUB_I * MEDKZ3	+			0.297 **	(2.24)	0.218 **	(2.40)	0.209 **	(2.37)
POLITIC	+					0.017	(0.55)	0.013	(0.41)
RD	+					2.557 ***	(6.50)	2.760 ***	(7.02)
SIZE	-					-0.641 ***	(-21.92)	-0.633 ***	(-21.72)
ROA	+					0.119 ***	(22.85)	0.117 ***	(21.67)
LEV	-					-0.021 ***	(-15.13)	-0.020 ***	(-14.19)
Growth	+					0.003 ***	(3.72)	0.002 ***	(2.88)
CF/K	+					0.813 ***	(4.04)	0.646 ***	(3.14)
INS	+					0.008 ***	(9.18)	0.008 ***	(9.22)
TOP3	+					0.006 ***	(4.99)	0.006 ***	(4.90)
DUAL	?					-0.006	(-0.19)	-0.016	(-0.50)
GREN	?					0.214 ***	(3.36)	0.201 ***	(3.17)
GAOPAY	?					0.021	(0.70)	0.030	(1.00)
BIG4	?					0.045	(0.38)	0.060	(0.50)
AUDITP	?					0.168	(0.89)	0.184	(0.98)
LISTAGE	?					0.197 ***	(5.53)	0.184 ***	(5.10)
INDUSTRY		YES		YES		YES		YES	
YEAR		YES		YES		YES		YES	
Constant		4.336 ***	(22.96)	4.384 ***	(23.28)	9.689 ***	(29.30)	5.744 ***	(17.37)
Observations		3544		3544		3544		3544	
VIF		1.839		1.839		2.059		2.059	
R2_adjust		0.366		0.371		0.665		0.477	

注：(1) 括号内报告了经 White 异方差调整和按照股票代码、年份进行群调整的 t 统计量。

(2) 模型 1 (Model 1) 至模型 4 (Model 4) 均是本章式 9-1 的变形。

(3) ***, **, * 分别表示在 C.01, 0.05, 0.1 的水平上显著（双尾）。

政府研发支持强度的交互项（ITEM_SUB_I * MEDKZ3，INDIR_SUB_I * MEDKZ3）的系数均至少在10%水平上显著为正，表明相比融资约束程度较弱的科技型中小企业，两类政府研发支持均可以更加显著地提高较高融资约束程度的科技型中小企业价值。纵向对比回归结果发现，控制其他变量后，直接政府研发支持强度（ITEM_SUB_I）系数为0.064，而间接政府研发支持强度（INDIR_SUB_I）系数仅为0.037，表明相对于间接政府研发支持，直接政府研发支持可以更加有效地提高科技型中小企业价值。这也同本章相关性分析和单因素分析结果相一致，本章假设2也再次得以验证。

（2）倾向得分匹配模型。类似地，笔者也按照最近邻（1∶3）匹配方法和同行业同年度（1∶1）匹配方法对研究样本进行匹配。图9－2显示了在直接政府研发支持强度和间接政府研发支持强度分组情况下，获支持组和控制组的PS值在匹配前后的核密度分布。可以看出，在匹配前二组PS值的概率分布存在明显差异；完成匹配后，两组样本PS值的概率分布差异降低，通过PSM方法处理后两组的各方面特征已较为接近①。

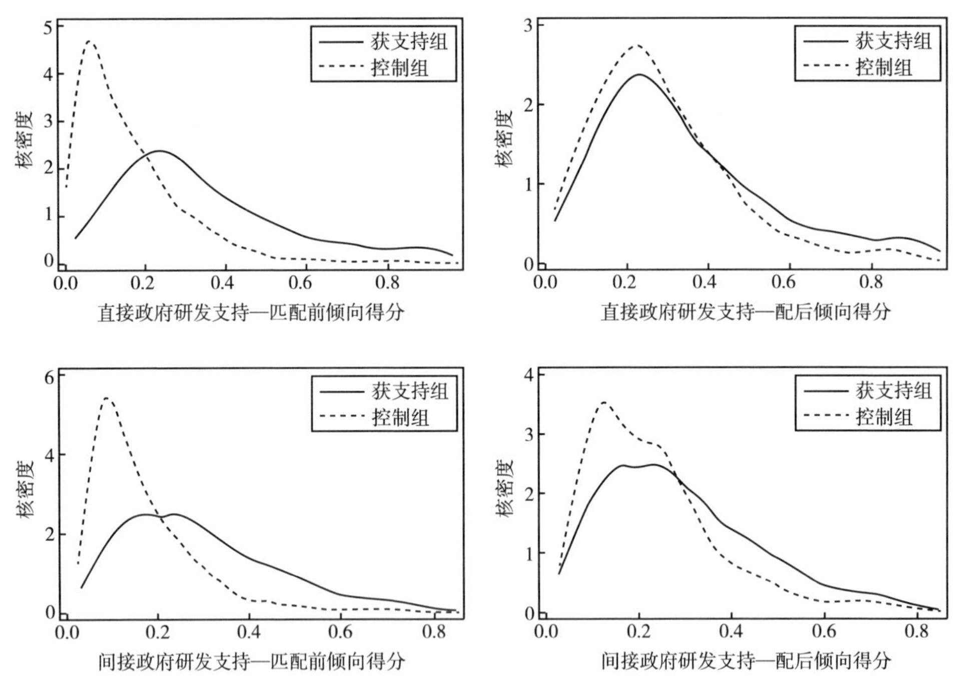

图9－2　倾向得分匹配前后样本得分核密度对比（最近邻匹配方法）

① 采用半径匹配、核匹配得到的核密度对比图与最近邻匹配的情形相似，在此不再赘述。

表9-6中Panel A和Panel B分别报告了研究样本经过倾向得分最近邻匹配（1∶3）和同行业同年度（1∶1）匹配后，企业价值与不同类型政府研发支持强度的回归模型结果。不难发现，按照两类匹配方法配对后，回归模型中，直接政府研发支持强度的系数均在1%水平上显著为正；但是在按照倾向得分同行业同年度（1∶1）匹配后的回归模型中，间接政府研发支持强度的系数变为不显著。匹配样本回归结果中，直接政府研发支持强度回归系数的绝对值均显著高于间接政府研发支持强度的系数。这再次验证了，相比间接政府研发支持，直接政府研发支持可以更大程度上显著提高科技型中小企业价值。

3. 不同期限政府研发支持强度与科技型中小企业价值

表9-7中报告了不同期限政府研发支持对科技型中小企业价值的影响。可以发现，过去三年、四年和五年均获得政府研发支持强度较高的企业，其政府研发支持（$T\_SUB\_D_3$，$T\_SUB\_D_4$，$T\_SUB\_D_5$）回归系数分别为0.170，0.203，0.308，各个系数绝对值大小均呈现递增趋势，且均在1%水平上显著，这很好地证明了政府研发支持强度的确可以有效缓解科技型中小企业融资约束，并且获研发支持时间长的科技型中小企业，其企业价值受政府研发支持的影响程度更大，进而验证了本章假设3。

五、稳健性检验

为确保本章基准实证检验结果的可靠性和稳健性，笔者主要从变量替代和匹配方法等方面做了进一步的稳健性检验。

（一）变量替代

本章基于变量测度和模型选择方面做了以下几方面稳健性测试：（1）同时考虑到政府研发支持政策的时滞效应（朱平芳等，2003），可以缓解政府研发支持同企业价值之间的双向因果关系，笔者构建滞后变量回归模型；（2）以五组赋值法计算KZ指数（KZ5）和Cleary指数反映测度企业融资约束情况；以研发支持与公司总资产比值作为政府研发支持强度；（3）在控制变量选择上，以公司每股盈余（EPS）反映公司经营业绩，以公司总资产增长率作为成长性变量，以第一大股东和前5大股东持股比例衡量公司股东结构。根据滞后变量模型回归结果（见表9-8），政府研发支持强度滞后项系数显著为正，并且直接政府研

表 9－6　不同类型政府研发支持强度与企业价值回归分析结果：匹配后

Panel A：直接政府研发支持强度与企业价值

匹配方法		最近邻匹配				一对一匹配			
模型		(Model 1)		(Model 2)		(Model 1)		(Model 2)	
因变量	预期符号	Y = TOBINQ		Y = ADTOBINQ		Y = TOBINQ		Y = ADTOBINQ	
自变量		OLS	tstat	OLS	tstat	OLS	tstat	OLS	tstat
ITEM_SUB_I	+	0.062***	(3.03)	0.062***	(2.96)	0.066***	(3.09)	0.060***	(2.75)
MEDKZ3	+	0.612***	(5.04)	0.642***	(5.20)	0.818***	(4.92)	0.776***	(4.65)
ITEM_SUB_I * MEDKZ3	+	0.112**	(2.10)	0.099**	(2.00)	0.068*	(1.92)	0.075*	(1.82)
CONTROLs	?	YES		YES		YES		YES	(5.73)
INDUSTRY		YES		YES		YES		YES	
YEAR		YES		YES		YES		YES	
Constant		11.028***	(20.27)	6.963***	(12.55)	11.686***	(18.74)	7.298***	(11.75)
Observations		1741		1741		1412		1412	
VIF		2.193		2.193		2.222		2.222	
R2_adjust		0.677		0.488		0.686		0.502	

Panel B：间接政府研发支持强度与企业价值

匹配方法		最近邻匹配				一对一匹配			
模型		(Model 1)		(Model 2)		(Model 1)		(Model 2)	
因变量	预期符号	Y = TOBINQ		Y = ADTOBINQ		Y = TOBINQ		Y = ADTOBINQ	
自变量		OLS	tstat	OLS	tstat	OLS	tstat	OLS	tstat
INDIR_SUB_I	+	0.037*	(1.69)	0.038*	(1.76)	0.025	(1.16)	0.026	(1.23)
MEDKZ3	+	0.734***	(7.30)	0.709***	(7.17)	0.752***	(6.05)	0.740***	(6.16)

续表

Panel B：间接政府研发支持强度与企业价值

匹配方法		最近邻匹配				一对一匹配			
模型		(Model 1)		(Model 2)		(Model 1)		(Model 2)	
因变量	预期符号	Y = TOBINQ		Y = ADTOBINQ		Y = TOBINQ		Y = ADTOBINQ	
自变量		CLS	tstat	OLS	tstat	OLS	tstat	OLS	tstat
INDIR_SUB_I * MEDKZ3	+	0.205**	(2.09)	0.194**	(2.01)	0.226**	(2.40)	0.200**	(2.15)
CONTROLs	?	YES		YES		YES		YES	
INDUSTRY		YES		YES		YES		YES	
YEAR		YES		YES		YES		YES	
Constant		10.480***	(20.30)	6.475***	(12.75)	10.550***	(16.91)	6.441***	(10.47)
Observations		1847		1847		1372		1372	
VIF		2.200		2.200		2.416		2.416	
R2_adjust		0.681		0.511		0.685		0.511	

注：（1）括号内报告了经 White 异方差调整和按照股票代码、年份进行群调整的 t 统计量。

（2）表中分别报告了研究样本按照最近邻匹配（1：3）方法和同行业同年度倾向得分一比一匹配后的模型结果。

（3）Panel A 中，按最近邻匹配方法和同行业同年度（1：1）配对后，控制组样本和获支持组样本分布为：1078 + 663 = 1741，706 + 706 = 1412。

（4）Panel B 中，按最近邻匹配方法和同行业同年度（1：1）配对后，控制组样本和获支持组样本分布为：1176 + 671 = 1847，686 + 686 = 1372。

（5）模型 1（Model 1）和模型 2（Model 2）分别以企业 TOBINQ 值和行业调整 TOBINQ 来测度企业价值。

（6）***，**，* 分别表示在 C.01，0.05，0.1 的水平上显著（双尾）。

表 9-7　　不同期限政府研发支持与企业价值回归分析结果

模型		(Model 1)		(Model 2)		(Model 3)	
因变量	预期符号	Y = TOBINQ		Y = TOBINQ		Y = TOBINQ	
自变量		OLS	tstat	OLS	tstat	OLS	tstat
SUB_D_3	+	0.170***	(3.00)				
SUB_D_4	+			0.203***	(2.79)		
SUB_D_5	+					0.308***	(3.37)
CONTROLs		YES		YES		YES	
INDUSTRY		YES		YES		YES	
YEAR		YES		YES		YES	
Constant		9.677***	(27.93)	9.693***	(27.95)	9.709***	(28.04)
Observations		3544		3544		3544	
VIF		2.659		2.647		2.595	
R2_adjust		0.646		0.646		0.646	

注：(1) 括号内报告了经 White 异方差调整和按照股票代码、年份进行群调整的 t 统计量。
(2) SUB_D_3，SUB_D_4，SUB_D_5代表过去三年、四年和五年均获得了较高程度政府研发支持强度。
(3) *** 表示在 0.01 的水平上显著（双尾）。

表 9-8　　滞后回归模型

模型		(Model 1)		(Model 2)		(Model 3)	
因变量	预期符号	Y = TOBINQ		Y = TOBINQ		Y = TOBINQ	
自变量		OLS	tstat	OLS	tstat	OLS	tstat
MEDKZ3	+	0.498***	(6.36)	0.512***	(6.66)	0.536***	(6.94)
LT_SUB_I	+	0.044***	(2.68)				
LT_SUB_I * MEDKZ3	+	0.118**	(2.25)				
LITEM_SUB_I	+			0.081***	(3.00)		
LITEM_SUB_I * MEDKZ3	+			0.163**	(2.28)		
LINDIR_SUB_I	+					0.032**	(2.11)
LINDIR_SUB_I * MEDKZ3	+					0.139*	(1.86)
CONTROLs		YES		YES		YES	
INDUSTRY		YES		YES		YES	
YEAR		YES		YES		YES	
Constant		9.569***	(23.73)	9.619***	(23.55)	9.645***	(24.07)
Observations		2642		2642		2642	
VIF		1.968		1.968		1.969	
R2_adjust		0.587		0.586		0.584	

注：(1) 括号内报告了经 White 异方差调整和按照股票代码、年份进行群调整的 t 统计量。
(2) 模型 1 (Model 1) 至模型 4 (Model 4) 均是本章式 9-1 的变形。
(3) ***，**，* 分别表示在 0.01，0.05，0.1 的水平上显著（双尾）。

发支持强度滞后项系数绝对值均高于间接政府研发支持强度滞后项系数；政府研发支持强度同融资约束强弱交互项（LT_SUB_I * MEDKZ3，LITEM_SUB_I * MEDKZ3，LINDIR_SUB_I * MEDKZ3）系数均显著为正，其他控制变量的滞后项系数的回归系数也同上节基准回归模型的结果基本一致。为检验不同期限政府研发支持在提高企业价值方面的差异，笔者以行业调整的TOBINQ值测度企业价值，回归模型结果（见表9－9）同前文保持高度一致；替换其他变量后的回归模型也保持较高的稳健性，限于篇幅，在此不再赘述。

表9－9　　样本匹配稳健性

Panel A：政府研发支持强度与企业价值

匹配方法		半径匹配				核匹配			
模型		(Model 1)		(Model 2)		(Model 1)		(Model 2)	
因变量	预期符号	Y = TOBINQ		Y = ADTOBINQ		Y = TOBINQ		Y = ADTOBINQ	
自变量		OLS	tstat	OLS	tstat	OLS	tstat	OLS	tstat
T_SUB_I	+	0.065***	(4.26)	0.064***	(4.18)	0.050***	(3.69)	0.051***	(3.81)
MEDKZ3	+	0.677***	(8.65)	0.636***	(8.25)	0.679***	(9.96)	0.629***	(9.39)
T_SUB_I * MEDKZ3	+	0.061*	(1.92)	0.066*	(1.94)	0.116**	(2.40)	0.118**	(2.52)
CONTROLs	?	YES		YES		YES		YES	
INDUSTRY		YES		YES		YES		YES	
YEAR		YES		YES		YES		YES	
Constant		9.859***	(25.64)	5.947***	(15.47)	9.546***	(28.67)	5.589***	(16.80)
Observations		2828		2828		3527		3527	
VIF		2.106		2.106		2.204		2.204	
R2_adjust		0.655		0.467		0.667		0.479	

Panel B：不同类型政府研发支持强度与企业价值

匹配方法		半径匹配				半径匹配			
模型		(Model 1)		(Model 2)		(Model 1)		(Model 2)	
因变量	预期符号	Y = TOBINQ		Y = ADTOBINQ		Y = TOBINQ		Y = ADTOBINQ	
自变量		OLS	tstat	OLS	tstat	OLS	tstat	OLS	tstat
MEDKZ3	+	0.711***	(9.04)	0.669***	(8.66)	0.702***	(10.05)	0.668***	(9.65)
ITEM_SUB_I	+	0.064***	(3.16)	0.070***	(3.34)				
ITEM_SUB_I * MEDKZ3	+	0.032*	(1.68)	0.035*	(1.72)				

续表

Panel B：不同类型政府研发支持强度与企业价值									
匹配方法		半径匹配				半径匹配			
模型		(Model 1)		(Model 2)		(Model 1)		(Model 2)	
因变量	预期符号	Y = TOBINQ		Y = ADTOBINQ		Y = TOBINQ		Y = ADTOBINQ	
自变量		OLS	tstat	OLS	tstat	OLS	tstat	OLS	tstat
INDIR_SUB_I	+					0.060***	(2.73)	0.058***	(2.63)
INDIR_SUB_I * MEDKZ3	+					0.234**	(2.35)	0.228**	(2.37)
CONTROLs	+	YES		YES		YES		YES	
INDUSTRY		YES		YES		YES		YES	
YEAR		YES		YES		YES		YES	
Constant		9.781***	(24.74)	5.807***	(14.72)	9.406***	(26.60)	5.450***	(15.40)
Observations		2838		2838		3121		3121	
VIF		2.135		2.135		2.126		2.126	
R2_adjust		0.669		0.477		0.655		0.464	

注：(1) 括号内报告了经 White 异方差调整和按照股票代码、年份进行群调整的 t 统计量。

(2) 表中分别报告了研究样本按照最近邻匹配 (1∶3) 方法和同行业同年度倾向得分一比一匹配后的模型结果。

(3) Panel A 中，按照半径匹配方法和核匹配方法配对后，控制组样本和获支持组样本分布为：2294 + 534 = 2828，2837 + 690 = 3527。

(4) 其中，按照半径匹配方法匹配后，控制组样本和获支持组样本分布为：2244 + 594 = 2838，2504 + 617 = 3121。

(5) 模型 1 (Model 1) 和模型 2 (Model 2) 分别以企业 TOBINQ 值和行业调整 TOBINQ 来测度企业价值。

(6) ***，**，* 分别表示在 0.01，0.05，0.1 的水平上显著（双尾）。

（二）其他匹配方法

为尽量保证本章研究结论的稳健性和可靠性，笔者还尝试按照半径匹配（r = 0.001）方法和核匹配方法进行倾向得分匹配。回归结果如表 9 - 9 所示。不难发现，Panel A 中政府研发支持强度系数（T_SUB_I）、政府研发支持强度同融资约束强弱交互项（T_SUB_I * MEDKZ3）系数显著为正；Panel B 中直接研发支持强度系数、间接政府研发支持强度系数以及两者同融资约束强弱的交互项也均为正值，表明政府研发支持可以有效提高科技型中小企业价值，并且这种效应对于融资约束程度高的企业更加明显，这同基准实证结论保持了很好的一致性。

六、本章小结

本章考察了政府研发支持对科技型中小企业价值的作用。为进一步探讨不同类型和不同期限政府研发支持资源配置效率的差异性，笔者参照现存相关经验研究，分别讨论了直接政府研发支持和间接政府研发支持、长期研发支持和短期研发支持对科技型中小企业价值的影响差异。通过单因素分析和回归模型所得到的实证研究结果相一致，考虑到样本选择和变量双向因果可能导致的模型内生性问题，笔者还运用倾向得分匹配法（PSM）和滞后变量模型做了一系列稳健性检验。本章主要结论保持较高水平的稳健性。

本章主要研究结论包括：第一，政府研发支持可以显著地提高科技型中小企业价值，验证了政府研发支持的治理效应和信号传递效应，并且政府研发支持提高企业价值的作用对于融资约束程度较高的企业更加明显；第二，虽然直接政府研发支持和间接政府研发支持均可以显著地提高科技型中小企业价值，但是相比间接政府研发支持，直接政府研发支持可以在更大程度上提高企业价值；第三，相比短期政府研发支持，长期政府研发支持具有更强的外部治理效应和信号传递效应，更能显著地提高科技型中小企业价值。此外，笔者发现，企业研发投入越高，财务业绩（ROA）越好，主营业务收入增长率（Growth）、现金流（CF/K）、机构持股比例（INS）和股权集中度（TOP3）越高，其企业价值就越高；当企业资产负债率较高时，企业财务风险加大，进一步降低了企业价值。

第十章　研究结论与启示

一、研究结论

本书以科技型中小企业为例，基于利益相关者理论、国家创新体系理论和市场失灵理论分析了政府研发支持政策的必要性；基于信号传递理论和公司治理理论从公司财务视角实证研究了政府研发支持政策有效度。具体而言，基于深圳证券交易所中小板和创业板科技行业上市公司 2008—2016 年财务数据，本书首先讨论了我国政府研发支持资源配置过程与效应、科技型中小企业自身特征和获取政府研发支持资源的关系，然后考察了政府研发支持政策对科技型中小企业融资约束、在职消费、研发投入、全要素生产率和企业价值的影响，并考虑了不同类型和不同期限的政府研发支持政策的信号传递、治理效应、积极情绪效应的差异，进一步研究分析了政府研发支持政策的类型差异和期限差异。研究结论主要包括以下几方面。

在政府研发支持资源的配置因素方面，研究发现，企业研发强度是影响其获得政府研发支持资源的关键因素，企业研发强度同各类型政府研发支持强度均显著正相关，意味着我国政府配置研发支持资源时更倾向于选择研发投入水平高的企业。在部分地区，成熟期的科技型中小企业可能倾向于利用政治关联获得直接研发支持资源，但并未发现可以获得间接支持的经验证据。政府研发支持强度（倾向）同企业纳税额、所在地方宏观经济水平呈显著负向关系，可能是因为经济发展水平较低的地区，为了鼓励发展本地区科技创新，在引进和支持高科技企业方面放低税收优惠的标准和门槛，这一地区的高科技公司相比经济发展水平较高的地区可能获得更多的间接型研发支持资源。但是稳健性检验结论表明，地方经济发展增量越高，辖区内的科技型中小企业获得的政府研发支持资源增量就越多，这意味着相比地方经济总量，地方经济的增量对企业研发支持的影响更为积极。此外，政府并不会因为某些企业对地方经济贡献了更多税收，而增加对其创新活动的支持。总体而言，科技型中小企业政府研发支持资源配置是以引导企业加大研发投入为导向的，并未表现出显著的配置有偏性。

关于政府研发支持对科技型中小企业融资约束影响的研究结论主要包括：科技型中小企业的政府研发支持可以有效缓解其融资约束，进而验证了政府研发支持的公司治理效应和信号传递效应。直接研发支持可以缓解科技型中小企业融资约束，但是间接政府研发支持并未显著地降低科技型中小企业的融资约束程度。与短期政府研发支持相比，长期政府研发支持更能显著地降低企业融资约束程度。

政府创新补助强度越高，管理层自娱性在职消费水平越高，即创新补助表现为积极情绪效应。2013 年实施"后补助"政策后，在非国有产权公司中积极情绪效应更为显著，而在国有公司样本中，此效应得以显著缓解。这是因为党的十八大之后，政治生态改善，国有企业反腐工作有效抑制了高管积极情绪且提高了公司外部治理水平。

关于我国科技政策对高科技公司研发投入的影响，研究发现，高管研发技术背景可以有效增加高科技公司研发投入，但政治关联无法提升研发投入。进一步分析显示，公司所处地区的知识产权保护程度越高，高管研发技术背景对高科技公司研发投入的促进效果就越显著，具有研发技术背景的高管更加注重公司研发投入，而政治关联背景显著地提高了员工冗余程度。可见，通过政治关联获得创新补贴时，公司付出了社会性代价（如超额雇员）。高管研发技术背景是高科技公司重要的人力（知识）资本，政府需要引导高科技公司积累人力资本，增加创新投入。

关于政府创新补贴政策对高科技企业全要素生产率的影响，研究发现，政府研发补贴非但未能提升反而显著地降低了高科技企业全要素生产率，即存在"资源诅咒效应"；当企业高管具有研发技术背景时，创新补贴的诅咒效应会得到明显缓解；地区知识产权保护水平越高，高科技企业全要素生产率就越高。拓展性分析结果显示，资源诅咒效应的原因在于，增加政府创新补贴也会显著增加企业代理成本，导致企业的过度投资，并提高雇员冗余程度，降低了创新补贴的资源配置效率和全要素生产率。这表明单纯依靠增加政府研发补贴并不利于提升全要素生产率，相当多的研发补贴可能以隐蔽的形式被耗损。

关于政府研发支持对科技型中小企业价值的影响，研究发现，政府研发支持可以显著地提高科技型中小企业的市场价值，表明政府研发支持具有公司治理效应和信号传递效应，并且政府研发支持提高企业价值的作用对于融资约束程度较高的企业更加明显。虽然直接政府研发支持和间接政府研发支持均可以显著地提高科技型中小企业价值，但与间接政府研发支持相比，直接政府研发支持可以在更大程度上提高企业价值。与短期政府研发支持相比，长期政府研发支持具有更强的外部治理效应和信号传递效应，能更加显著地提高科技型中小企业的市场价值。

二、政策启示

总体而言，本书提供了现阶段中国制度背景下，政府研发支持资源配置情况及研发支持政策经济后果的经验证据。本书结论为政府制定研发支持政策和科技型中小企业提升自身发展水平提供了一定的政策建议。

首先，政府在科技研发支持政策制定和管理方面应做好以下几点：

1. 不断加大研发支持力度，高效公平配置政府研发资源

虽然我国对企业研发支持的资金总体规模在逐年增长，但是企业研发经费中政府研发支持资金占比同国际平均水平仍存在差距。目前，我国金融市场制度尚不成熟，企业融资约束程度仍较高，特别是科技型中小企业融资难问题突出，自主研发资金投入严重不足，政府部门应当不断加大对科技型中小企业研发活动的资金支持力度。建立健全各类科技支持计划的申请、评审、立项、过程管理和结题验收制度，完善管理事项披露制度，确保资金管理全过程在阳光下运行，铲除滋生寻租腐败的土壤，切实保证针对研发支持资源配置建立公正、公开的评审机制。

2. 逐步创新研发支持政策工具，促进企业自主研发投入

坚持直接研发支持和间接研发支持相结合，强化直接研发支持资金的作用。对于不同特征科技型中小企业推出针对性强的研发支持政策。例如，需要形成高价值固定资产可以核准更高加速折旧程度。政府部门应当继续创新各类研发支持政策工具，促进和鼓励科技型中小企业加大自主研发资金投入；优先筛选可行性高市场前景好的科研项目，提高间接研发支持政策的信号传递效应；制定合理科学的优惠税率，有效降低企业税负；因地制宜鼓励企业开展研发项目融资，依靠互联网金融鼓励金融机构向自主创新项目放贷，大胆开展企业融资

抵押制度创新，利用市场信号吸引社会资本投入中小企业研发项目，有效缓解科技型中小企业外部融资约束程度。

3. 继续加强研发支持资金管理，提高企业外部治理水平

目前，我国各科技计划（专项、基金等）设立时期相差明显，层级水平差距大、数量多，管理部门较多，顶层设计和统筹考虑不够，科技资源配置较分散，计划目标不聚焦，主管部门间协调性较差。因此，事前审批和事后监管力度仍有待加强。政府应当进一步整合各类研发支持资源管理系统，形成统一的国家科技管理监管平台，鼓励社会化评估机构参与科研支持管理，建立跨部门的协调机制和评估监管统筹机制，完善各项科技管理制度，通过集中统一管理实现部门间信息共享和资源配置的统筹协调。

完善中央财政科研项目数据库和科技报告系统，健全企业科研信用体系并实施“黑名单”制度，让失信企业一处作弊处处受限；建立对主管部门和专业机构工作人员的责任倒查机制，坚决杜绝工作人员在项目管理中存在渎职或以权谋私等行为；统一组织评估评价和监督检查科技支持政策的实施绩效，并根据结果提出动态调整意见；加强对企业所承担科技计划资金管理、任务执行情况和相关资质资历的审计、审查和考评，对发现的违规违法行为严肃查处，并将查处结果向社会公开，努力提高政府研发支持政策对企业经营的外部治理作用。完善政府研发支持的长期支持和监管机制，根据企业科研项目分期分批滚动拨款，加强研发资金的动态管控。

其次，企业在研发资金管理和信息披露方面应当注意以下几点：

1. 积极参与政府研发支持计划，加大自身研发投入力度。企业开展科研项目应当瞄准社会需求和市场前景，制定科学合理的产品研发战略，积极参与申请政府各类研发支持计划和间接优惠政策；加大自身研发投入，积累研发项目资金和人才，打造企业技术创新优势平台，科学合理评估项目可行性和经济价值，不断提高企业研发前期积累，满足政府研发支持资源申请条件。尽最大努力为地区经济发展和技术创新多做贡献，保持良好的诚信记录，树立良好的企业形象。

2. 努力提高公司治理水平，及时自愿披露科技项目进展。加强公司内部治理水平建设，保证研发资金投放，提高资金使用效率。不断提高内部控制水平，严格执行政府研发支持政策要求，保证在建项目资金专款专用。要特别注重直接研发支持的外部治理效应，积极配合政府研发资金监督检查工作；充分利用利益相关者的外部治理机制，提高公司业绩，及时向市场披露企业研发利好信

息；充分发挥政府研发支持的信号传递效应，吸引更多外部资金，有效拓宽研发融资渠道，不断降低企业融资约束程度，全面提高企业自主创新能力。

3. 党组织和行政部门对国有企业的外部治理作用，对抑制高管获得创新补助资金后的积极情绪具有显著作用，需要利用党的建设和混合所有制改革的有利条件，在企业中加强党的领导和建设，依靠独特的党组织先天治理优势，加强对党员高管的学习教育，引导其自觉地接受党组织监督，提升个人的党性修养，降低自娱性在职消费水平，将更多经济资源投入技术创新活动中，提高公司的创新产出和营运效率。

4. 政府在加大对高科技企业创新活动补贴强度的同时，尽量减少产业政策和社会就业对高科技企业发展的负面影响，降低高科技企业过度投资水平和超额雇员数量，处理好技术创新活动中政府和企业间的良好互动关系。此外，政府应当提高地区知识产权保护水平，为提升高科技企业 TFP 和创新成果转化，不断优化外部制度环境。

三、研究局限与展望

虽然本书在已有文献基础上进行了一些理论和经验上的新尝试，但是由于各方面客观因素，本书仍存在一定不足和局限。

1. 限于数据获取的可行性与有效性，本书仅使用了上市公司的公开数据。相比于全国范围内的中小企业，所考察的科技型中小企业数量仍比较有限。所选面板数据时间窗口仍较短，可能无法有效地观察政府研发支持政策的更长期间动态变化。

2. 笔者在讨论科技型中小企业研发支持资源配置因素时，已竭尽全力考虑和较为重要的相关因素。由于研究资源局限，尽管在后续实证模型中已尽最大努力搜集了各种控制变量数据，但可能还有一些因素未加入计量模型。

3. 虽然基于财务价值和生产效率视角尝试探讨政府对科技型中小企业研发支持资源的配置效应，但仍未从其他方面综合考虑研发支持资源配置状况。此外，研究设计中部分变量的测度采用的是代理变量，虽然采用了多种计量方法尽量解决样本选择和变量双向因果而产生的内生性问题，但仍可能存在不足。

为此，笔者认为今后开展相关研究的主要方向包括：通过后续非上市科技型中小企业的调查数据进一步研究政府研发支持资源配置状况，尝试增加部分案例分析内容；借鉴现存关于政府研发支持分类的文献进行重分类，例如，考虑事前研发支持和事后研发支持的效应差异；政府研发支持可能产生多重效应，今后笔者还将从更宽领域和视角探讨政府对科技型中小企业研发支持的资源配置效应。

参考文献

[1] 安舜禹，蔡莉，单标安. 新企业创业导向、关系利用及绩效关系研究[J]. 科研管理，2014 (3)：66 - 74.

[2] 安同良，周绍东，皮建才. R&D补贴对中国企业自主创新的激励效应[J]. 经济研究，2009 (10)：87 - 98，120.

[3] 白俊红. 中国的政府R&D资助有效吗? 来自大中型工业企业的经验证据[J]. 经济学 (季刊)，2011 (4)：1375 - 1400.

[4] 白俊红，李婧. 政府R&D资助与企业技术创新：基于效率视角的实证分析[J]. 金融研究，2011 (6)：181 - 193.

[5] 步丹璐，黄杰. 企业寻租与政府的利益输送：基于京东方的案例分析[J]. 中国工业经济，2013 (6)：135 - 147.

[6] 步丹璐，郁智. 政府补助给了谁：分布特征实证分析：基于2007 ~ 2010年中国上市公司的相关数据[J]. 财政研究，2012 (8)：58 - 63.

[7] 仓勇涛，储一昀，戚真. 外部约束机制监督与公司行为空间转换：由次贷危机引发的思考[J]. 管理世界，2011 (6)：91 - 104.

[8] 陈德球，董志勇. 社会性负担、融资约束与公司现金持有：基于民营上市公司的经验证据[J]. 经济科学，2014 (2)：68 - 78.

[9] 陈冬华. 地方政府、公司治理与补贴收入：来自我国证券市场的经验证据[J]. 财经研究，2003 (9)：15 - 21.

[10] 陈乃醒. 中国中小企业发展战略研究院特聘院长陈乃醒：融资应为促进中小企业转型升级服务[J]. 债券，2013 (7)：6 - 9.

[11] 陈晓，李静. 地方政府财政行为在提升上市公司业绩中的作用探析[J]. 会计研究，2001 (12)：20 - 28，64.

[12] 陈岩，张斌. 基于所有权视角的企业创新理论框架与体系[J]. 经济学动态，2013 (9)：50 - 59.

[13] 陈运森，朱松. 政治关系、制度环境与上市公司资本投资 [J]. 财经研究，2009 (12)：27 –39.

[14] 程惠芳，陆嘉俊. 知识资本对工业企业全要素生产率影响的实证分析 [J]. 经济研究，2014 (5)：174 –187.

[15] 程惠芳，幸勇. 中国科技企业的资本结构、企业规模与企业成长性 [J]. 世界经济，2003 (12)：72 –75.

[16] 程六兵，刘峰. 银行监管与信贷歧视：从会计稳健性的视角 [J]. 会计研究，2013 (1)：28 –34 +95.

[17] 迟宁，邓学芬，牟绍波. 基于技术创新的中小科技企业成长性评价：我国中小企业板上市公司的实证分析 [J]. 技术经济与管理研究，2010 (5)：46 –49.

[18] 崔学刚. 上市公司财务信息披露：政府功能与角色定位 [J]. 会计研究，2004 (1)：33 –38.

[19] 代光伦，邓建平，曾勇. 金融发展、政府控制与融资约束 [J]. 管理评论，2012 (5)：21 –29.

[20] 戴晨，刘怡. 税收优惠与财政补贴对企业 R&D 影响的比较分析 [J]. 经济科学，2008 (3)：58 –71.

[21] 戴亦一，潘越，陈芬. 媒体监督、政府质量与审计师变更 [J]. 会计研究，2013 (10)：89 –95，97.

[22] 党力，杨瑞龙，杨继东. 反腐败与企业创新：基于政治关联的解释 [J]. 中国工业经济，2015 (7)：146 –160.

[23] 邓建平，曾勇. 政治关联能改善民营企业的经营绩效吗 [J]. 中国工业经济，2009 (2)：98 –108.

[24] 邓新明，熊会兵，李剑峰，等. 政治关联、国际化战略与企业价值——来自中国民营上市公司面板数据的分析 [J]. 南开管理评论，2014 (1)：26 –43.

[25] 杜兴强，曾泉，杜颖洁. 政治联系、过度投资与公司价值：基于国有上市公司的经验证据 [J]. 金融研究，2011 (8)：93 –110.

[26] 樊纲，王小鲁，朱恒鹏. 中国市场化指数：各地区市场化相对进程 2011 年报告 [M]. 北京：经济科学出版社，2011

[27] 方军雄. 所有制、制度环境与信贷资金配置 [J]. 经济研究，2007 (12)：82 –92.

[28] 冯根福，黄建山. 中国上市公司治理对公司成长能力影响的实证分析[J]. 经济管理，2009 (12): 61-68.

[29] 傅利平. 国家创新体系的结构演化及其功能分析 [J]. 自然辩证法研究，2002，18 (6): 65-67，77.

[30] 高松，庄晖，牛盼强. 科技型中小企业政府资助效应提升研究：基于企业生命周期的观点 [J]. 中国工业经济，2011 (7): 150-158.

[31] 高艳慧，万迪昉，蔡地. 政府研发补贴具有信号传递作用吗?：基于我国高技术产业面板数据的分析 [J]. 科学学与科学技术管理，2012 (1): 5-11.

[32] 顾颖，房路生. 中小企业支持政策体系问题研究——基于陕西省经验的实证分析 [J]. 经济管理，2006 (18): 82-89.

[33] 郭晓丹，何文韬，肖兴志. 战略性新兴产业的政府补贴、额外行为与研发活动变动 [J]. 宏观经济研究，2011 (11): 63-69，111.

[34] 韩超，胡浩然. 清洁生产标准规制如何动态影响全要素生产率：剔除其他政策干扰的准自然实验分析 [J]. 中国工业经济，2015 (5): 70-82.

[35] 韩忠雪，崔建伟，王闪. 技术高管提升了企业技术效率吗?[J]. 科学学研究，2014 (4): 559-568.

[36] 何镜清，李善民，周小春. 民营企业家的政治关联、贷款融资与公司价值 [J]. 财经科学，2013 (1): 83-91.

[37] 洪银兴. 科技创新中的企业家及其创新行为：兼论企业为主体的技术创新体系 [J]. 中国工业经济，2012 (6): 83-93.

[38] 胡明勇，周寄中. 政府资助对技术创新的作用：理论分析与政策工具选择 [J]. 科研管理，2001 (1): 31-36，30.

[39] 姜付秀，石贝贝，马云飙. 信息发布者的财务经历与企业融资约束[J]. 经济研究，2016 (6): 83-97.

[40] 金宇超，靳庆鲁，宣扬. "不作为"或"急于表现"：企业投资中的政治动机 [J]. 经济研究，2016 (10): 126-139.

[41] 孔东民，刘莎莎，王亚男. 市场竞争、产权与政府补贴 [J]. 经济研究，2013 (2): 55-67.

[42] 雷光勇，李书锋，王秀娟. 政治关联、审计师选择与公司价值 [J]. 管理世界，2009 (7): 145-155.

[43] 黎文靖，池勤伟. 高管职务消费对企业业绩影响机理研究：基于产权

性质的视角［J］．中国工业经济，2015（4）：122－134.

［44］黎文靖，李茫茫．“实体＋金融”：融资约束、政策迎合还是市场竞争?：基于不同产权性质视角的经验研究［J］．金融研究，2017（8）：100－116.

［45］黎文靖，郑曼妮．实质性创新还是策略性创新?：宏观产业政策对微观企业创新的影响［J］．经济研究，2016（4）：60－73.

［46］李爱梅，李斌，许华，等．心理账户的认知标签与情绪标签对消费决策行为的影响［J］．心理学报，2014（7）：976－986.

［47］李辰颖，刘红霞，陈盈．CEO声誉是否有助于企业吸收投资?：基于信号传递理论的实证研究［J］．现代管理科学，2014（7）：28－30.

［48］李栋栋，陈涛琴．卖空压力影响公司融资约束吗：基于中国A股上市公司的实证证据［J］．经济理论与经济管理，2017（10）：71－87.

［49］李浩研，崔景华．税收优惠和直接补贴的协调模式对创新的驱动效应［J］．税务研究，2014（3）：85－89.

［50］李莉，闫斌，顾春霞．知识产权保护、信息不对称与高科技企业资本结构［J］．管理世界，2014（11）：1－9.

［51］李平，崔喜君，刘建．中国自主创新中研发资本投入产出绩效分析——兼论人力资本和知识产权保护的影响［J］．中国社会科学，2007（2）：32－42，204－205.

［52］李维安，唐跃军．上市公司利益相关者治理机制、治理指数与企业业绩［J］．管理世界，2005（9）：127－136.

［53］李维安，徐业坤．政治身份的避税效应［J］．金融研究，2013（3）：114－129.

［54］李伟，成金华．基于信息不对称的中小企业融资的可行性分析［J］．世界经济，2005（11）：71－77.

［55］李毅，向党．中小企业信贷融资信用担保缺失研究［J］．金融研究，2008（12）：179－192.

［56］李元旭，宋渊洋．地方政府通过所得税优惠保护本地企业吗：来自中国上市公司的经验证据［J］．中国工业经济，2011（5）：149－159.

［57］李彰，苏竣．政府研发资助信号功能的实证研究：基于863计划的分析［J］．中国软科学，2017（2）：54－65.

［58］连立帅，陈超，米春蕾．吃一堑会长一智吗?：基于金融危机与经济刺

激政策影响下企业绩效关联性的研究［J］. 管理世界，2016（4）：111－126.

［59］连玉君，程建. 投资—现金流敏感性：融资约束还是代理成本？［J］. 财经研究，2007（2）：37－46.

［60］廖冠民，沈红波. 国有企业的政策性负担：动因、后果及治理［J］. 中国工业经济，2014（6）：96－108.

［61］林毅夫，李永军. 中小金融机构发展与中小企业融资［J］. 经济研究，2001（1）：10－18，53－93.

［62］林毅夫，孙希芳. 信息、非正规金融与中小企业融资［J］. 经济研究，2005（7）：35－44.

［63］刘虹，肖美凤，唐清泉. R&D 补贴对企业 R&D 支出的激励与挤出效应——基于中国上市公司数据的实证分析［J］. 经济管理，2012（4）：19－28.

［64］刘慧龙，王成方，吴联生. 决策权配置、盈余管理与投资效率［J］. 经济研究，2014（8）：93－106.

［65］刘慧龙，张敏，王亚平，等. 政治关联、薪酬激励与员工配置效率［J］. 经济研究，2010（9）：109－121，136.

［66］刘启亮，李祎，张建平. 媒体负面报道、诉讼风险与审计契约稳定性——基于外部治理视角的研究［J］. 管理世界，2013（11）：144－154.

［67］刘维奇，高超. 中小企业贷款问题的进化博弈分析［J］. 中国软科学，2006（12）：94－102.

［68］刘伟. 在马克思主义与中国实践结合中发展中国特色社会主义政治经济学［J］. 经济研究，2016（5）：5－13，71.

［69］刘运国，刘雯. 我国上市公司的高管任期与 R&D 支出［J］. 管理世界，2007（1）：128－136.

［70］卢馨，郑阳飞，李建明. 融资约束对企业 R&D 投资的影响研究：来自中国高新技术上市公司的经验证据［J］. 会计研究，2013（5）：51－58,96.

［71］鲁桐，党印. 公司治理与技术创新：分行业比较［J］. 经济研究，2014（6）：115－128.

［72］鲁晓东，连玉君. 中国工业企业全要素生产率估计：1999—2007［J］. 经济学（季刊），2012（2）：541－558.

［73］陆国庆. 中国中小板上市公司产业创新的绩效研究［J］. 经济研究，2011（2）：138－148.

［74］陆国庆，王舟，张春宇. 中国战略性新兴产业政府创新补贴的绩效研

究［J］. 经济研究，2014（7）：44－55.

［75］陆瑶. 激活公司控制权市场对中国上市公司价值的影响研究［J］. 金融研究，2010（7）：144－157.

［76］路甬祥. 对国家创新体系的再思考［J］. 求是，2002（20）：6－8.

［77］罗党论，唐清泉. 中国民营上市公司制度环境与绩效问题研究［J］. 经济研究，2009（2）：106－118.

［78］罗党论，魏翥. 政治关联与民营企业避税行为研究：来自中国上市公司的经验证据［J］. 南方经济，2012（11）：29－39.

［79］罗党论，甄丽明. 民营控制、政治关系与企业融资约束：基于中国民营上市公司的经验证据［J］. 金融研究，2008（12）：164－178.

［80］罗宏，陈丽霖. 增值税转型对企业融资约束的影响研究［J］. 会计研究，2012（12）：43－49，94.

［81］罗婷，朱青，李丹. 解析 R&D 投入和公司价值之间的关系［J］. 金融研究，2009（6）：100－110.

［82］罗炜，朱春艳. 代理成本与公司自愿性披露［J］. 经济研究，2010（10）：143－155.

［83］罗雨泽，罗来军，陈衍泰. 高新技术产业 TFP 由何而定?：基于微观数据的实证分析［J］. 管理世界，2016（2）：8－18.

［84］吕久琴，郁丹丹. 政府科研创新补助与企业研发投入：挤出、替代还是激励?［J］. 中国科技论坛，2011（8）：21－28.

［85］吕玉芹. 中小高科技企业 R&D 融资问题探讨［J］. 会计研究，2005（4）：69－72＋96.

［86］吕长江，王克敏. 上市公司股利政策的实证分析［J］. 经济研究，1999（12）：31－39.

［87］马恩涛. 中小企业发展约束及财税政策应对［J］. 税务研究，2011（6）：16－20.

［88］马连福，王元芳，沈小秀. 中国国有企业党组织治理效应研究：基于“内部人控制”的视角［J］. 中国工业经济，2012（8）：82－95.

［89］毛其淋，许家云. 政府补贴对企业新产品创新的影响：基于补贴强度“适度区间”的视角［J］. 中国工业经济，2015（6）：94－107.

［90］毛新述. 高管团队及其权力分布研究：文献回顾与未来展望［J］. 财务研究，2016（2）：52－60.

[91] 毛新述，周小伟．政治关联与公开债务融资 [J]．会计研究，2015 (6)：26－33，96.

[92] 潘红波，夏新平，余明桂．政府干预、政治关联与地方国有企业并购 [J]．经济研究，2008 (4)：41－52.

[93] 潘越，戴亦一，李财喜．政治关联与财务困境公司的政府补助：来自中国 ST 公司的经验证据 [J]．南开管理评论，2009 (5)：6－17.

[94] 彭代武，宣云，林晓华，等．股权结构、终极控制权配置与政府补助:来自农业企业的经验证据 [J]．宏观经济研究，2013 (9)：77－85.

[95] 彭红星，毛新述．政府创新补贴、公司高管背景与研发投入：来自我国高科技行业的经验证据 [J]．财贸经济，2017，38 (3)：147－161.

[96] 秦雪征，尹志锋，周建波，等．国家科技计划与中小型企业创新：基于匹配模型的分析 [J]．管理世界，2012 (4)：70－81.

[97] 邱斌，刘修岩，赵伟．出口学习抑或自选择：基于中国制造业微观企业的倍差匹配检验 [J]．世界经济，2012 (4)：23－40.

[98] 任国良，蔡宏波，郭界秀．政府 R&D 政策评价研究的实证沿革与最新进展：综述与评价 [J]．世界经济文汇，2013 (6)：55－88.

[99] 任曙明，吕镯．融资约束、政府补贴与全要素生产率：来自中国装备制造企业的实证研究 [J]．管理世界，2014 (11)：10－23，187.

[100] 邵敏，包群．地方政府补贴企业行为分析：扶持强者还是保护弱者? [J]．世界经济文汇，2011 (1)：56－72.

[101] 邵敏，包群．政府补贴与企业生产率：基于我国工业企业的经验分析 [J]．中国工业经济，2012 (7)：70－82.

[102] 沈艺峰，杨晶，李培功．网络舆论的公司治理影响机制研究：基于定向增发的经验证据 [J]．南开管理评论，2013 (3)：80－88.

[103] 苏振东，洪玉娟，刘璐瑶．政府生产性补贴是否促进了中国企业出口？——基于制造业企业面板数据的微观计量分析 [J]．管理世界，2012 (5)：24－42，187.

[104] 孙世敏，柳绿，陈怡秀．在职消费经济效应形成机理及公司治理对其影响 [J]．中国工业经济，2016 (1)：37－51.

[105] 唐清泉，卢珊珊，李懿东．企业成为创新主体与 R&D 补贴的政府角色定位 [J]．中国软科学，2008 (6)：88－98.

[106] 唐清泉，罗党论．政府补贴动机及其效果的实证研究：来自中国上

市公司的经验证据［J］. 金融研究，2007（6）：149－163.

［107］童盼，陆正飞. 负债融资、负债来源与企业投资行为：来自中国上市公司的经验证据［J］. 经济研究，2005（5）：75－84，126.

［108］王春法. 论综合国力竞争与国家创新体系［J］. 世界经济，1999（4）：59－64.

［109］王凤翔，陈柳钦. 地方政府为本地竞争性企业提供财政补贴的理性思考［J］. 经济研究参考，2006（33）：18－23，44.

［110］王刚刚，谢富纪，贾友. R&D 补贴政策激励机制的重新审视：基于外部融资激励机制的考察［J］. 中国工业经济，2017（2）：60－78.

［111］王华. 更严厉的知识产权保护制度有利于技术创新吗？［J］. 经济研究，2011（S2）：124－135.

［112］王杰，刘斌. 环境规制与企业全要素生产率：基于中国工业企业数据的经验分析［J］. 中国工业经济，2014（3）：44－56.

［113］魏志华，曾爱民，李博. 金融生态环境与企业融资约束：基于中国上市公司的实证研究［J］. 会计研究，2014（5）：73－80，95.

［114］魏志华，吴育辉，曾爱民. 寻租、财政补贴与公司成长性：来自新能源概念类上市公司的实证证据［J］. 经济管理，2015（1）：1－11.

［115］吴娜. 经济周期、融资约束与营运资本的动态协同选择［J］. 会计研究，2013（8）：54－61，97.

［116］吴文锋，吴冲锋，芮萌. 中国上市公司高管的政府背景与税收优惠［J］. 管理世界，2009（3）：134－142.

［117］吴溪. 会计研究方法论［M］. 北京：中国人民大学出版社，2012：126－129.

［118］吴晓俊. 地方政府政策对中小企业融资成本影响的实证研究［J］. 财政研究，2013（9）：53－56.

［119］吴延兵. 自主研发、技术引进与生产率：基于中国地区工业的实证研究［J］. 经济研究，2008（8）：51－64.

［120］吴益兵. 内部控制审计信号的有效性及定价效应［J］. 经济管理，2012（8）：138－143.

［121］吴翌琳，谷彬. 创新支持政策能否改变高科技产业融资难问题［J］. 统计研究，2013（2）：32－39.

［122］项后军. 国家竞争优势与国家创新系统：一个比较的分析与思考

[J]. 科学学研究, 2004, 22 (2): 201-205.

[123] 解维敏, 唐清泉, 陆姗姗. 政府R&D资助, 企业R&D支出与自主创新: 来自中国上市公司的经验证据 [J]. 金融研究, 2009 (6): 86-99.

[124] 谢玲芳, 吴冲锋. 股权投资、超额控制与企业价值: 民营上市公司的经验分析 [J]. 世界经济, 2005 (9): 63-69.

[125] 谢绚丽, 赵胜利. 中小企业的董事会结构与战略选择: 基于中国企业的实证研究 [J]. 管理世界, 2011 (1): 101-111, 188.

[126] 肖华, 张国清. 内部控制质量、盈余持续性与公司价值 [J]. 会计研究, 2013 (5): 73-80, 96.

[127] 熊维勤. 税收和补贴政策对R&D效率和规模的影响——理论与实证研究 [J]. 科学学研究, 2011 (5): 698-706.

[128] 徐保昌, 谢建国. 政府质量、政府补贴与企业全要素生产率 [J]. 经济评论, 2015 (4): 45-56, 69.

[129] 徐洪水. 金融缺口和交易成本最小化: 中小企业融资难题的成因研究与政策路径: 理论分析与宁波个案实证研究 [J]. 金融研究, 2001 (11): 47-53.

[130] 徐伟民, 李志军. 政府政策对高新技术企业专利产出的影响及其门槛效应: 来自上海的微观实证分析 [J]. 上海经济研究, 2011 (7): 77-83.

[131] 徐晓雯. 政府科技投入对企业科技投入的政策效果研究: 基于国家创新体系视角 [J]. 财政研究, 2010 (10): 23-26.

[132] 徐业坤, 钱先航, 李维安. 政治不确定性、政治关联与民营企业投资: 来自市委书记更替的证据 [J]. 管理世界, 2013 (5): 116-130.

[133] 许罡, 朱卫东, 孙慧倩. 政府补助的政策效应研究: 基于上市公司投资视角的检验 [J]. 经济学动态, 2014 (6): 87-95.

[134] 鄢波, 王华, 杜勇. 地方上市公司数量、产权影响与政府的扶持之手 [J]. 经济管理, 2014 (7): 164-175.

[135] 阳佳余. 融资约束与企业出口行为: 基于工业企业数据的经验研究 [J]. 经济学 (季刊), 2012 (4): 1503-1524.

[136] 杨丰来, 黄永航. 企业治理结构、信息不对称与中小企业融资 [J]. 金融研究, 2006 (5): 159-166.

[137] 杨国超, 刘静, 廉鹏, 等. 减税激励、研发操纵与研究绩效 [J]. 经济研究, 2017 (8): 110-124.

[138] 杨其静. 企业成长：政治关联还是能力建设？[J]. 经济研究，2011 (10)：54-66，94.

[139] 杨杨，曹玲燕，杜剑. 企业所得税优惠政策对技术创新研发支出的影响：基于我国创业板上市公司数据的实证分析 [J]. 税务研究，2013 (3)：24-28.

[140] 杨洋，魏江，罗来军. 谁在利用政府补贴进行创新?：所有制和要素市场扭曲的联合调节效应 [J]. 管理世界，2015 (1)：75-86，98，188.

[141] 杨宗昌，田高良. 浅析中小企业融资难的原因与对策 [J]. 会计研究，2001 (4)：63-64.

[142] 于蔚，汪淼军，金祥荣. 政治关联和融资约束：信息效应与资源效应 [J]. 经济研究，2012 (9)：125-139.

[143] 余明桂，范蕊，钟慧洁. 中国产业政策与企业技术创新 [J]. 中国工业经济，2016 (12)：5-22.

[144] 余明桂，回雅甫，潘红波. 政治联系、寻租与地方政府财政补贴有效性 [J]. 经济研究，2010 (3)：65-77.

[145] 余恕莲，王藤燕. 高管专业技术背景与企业研发投入相关性研究 [J]. 经济与管理研究，2014 (5)：14-22.

[146] 余应敏. 科技中小企业财务预测数据的信息含量：基于创新基金立项因素的实证分析 [J]. 中央财经大学学报，2008 (11)：54-60.

[147] 余应敏，彭红星，黄秋婵. 技术创新基金对科技型中小企业财务成长性影响：以中小板制造业企业为例 [J]. 中央财经大学学报，2013 (11)：83-89.

[148] 袁建国，后青松，程晨. 企业政治资源的诅咒效应：基于政治关联与企业技术创新的考察 [J]. 管理世界，2015 (1)：139-155.

[149] 袁堂军. 中国企业全要素生产率水平研究 [J]. 经济研究，2009 (6)：52-64.

[150] 曾建光，王立彦，徐海乐. ERP 系统的实施与代理成本：基于中国 ERP 导入期的证据 [J]. 南开管理评论，2012 (3)：131-138.

[151] 曾庆生，陈信元. 国家控股、超额雇员与劳动力成本 [J]. 经济研究，2006 (5)：74-86.

[152] 张德江. 在天津调研时强调营造有利于中小企业发展的良好环境 [N]. 人民日报，2013-02-23 (01).

［153］张海洋. R&D 两面性：外资活动与中国工业生产率增长［J］. 经济研究，2005（5）：107－117.

［154］张杰，陈志远，杨连星，等. 中国创新补贴政策的绩效评估：理论与证据［J］. 经济研究，2015（10）：4－17.

［155］张杰，高德步，夏胤磊. 专利能否促进中国经济增长：基于中国专利资助政策视角的一个解释［J］. 中国工业经济，2016（1）：83－98.

［156］张杰，黄泰岩，芦哲. 中国企业利润来源与差异的决定机制研究［J］. 中国工业经济，2011（1）：27－37.

［157］张杰，经朝明，刘东. 商业信贷、关系型借贷与小企业信贷约束：来自江苏的证据［J］. 世界经济，2007（3）：75－85.

［158］张杰，芦哲，郑文平，等. 融资约束、融资渠道与企业 R&D 投入［J］. 世界经济，2012（10）：66－90.

［159］张捷，王霄. 中小企业金融成长周期与融资结构变化［J］. 世界经济，2002（9）：63－70.

［160］张敏，张胜，王成方，等. 政治关联与信贷资源配置效率：来自我国民营上市公司的经验证据［J］. 管理世界，2010（11）：143－153.

［161］张祥建，郭岚. 政治关联的机理、渠道与策略：基于中国民营企业的研究［J］. 财贸经济，2010（9）：99－104.

［162］张晓玫，潘玲. 我国银行业市场结构与中小企业关系型贷款［J］. 金融研究，2013（6）：133－145.

［163］张玉，陈凯华，乔为国. 中国大中型企业研发效率测度与财政激励政策影响［J］. 数量经济技术经济研究，2017（5）：38－54.

［164］中共中央文献研究室. 习近平关于科技创新论述摘编［M］. 北京：中央文献出版社，2016

［165］中国税务学会学术研究委员会第一课题组，安体富，石恩祥，等. 支持企业自主创新的税收政策研究［J］. 税务研究，2007（4）：29－38.

［166］钟凯，程小可，肖翔，等. 宏观经济政策影响企业创新投资吗：基于融资约束与融资来源视角的分析［J］. 南开管理评论，2017（6）：4－14，63.

［167］钟田丽，弥跃旭，王丽春. 信息不对称与中小企业融资市场失灵［J］. 会计研究，2003（8）：42－44.

［168］周黎安. 晋升博弈中政府官员的激励与合作：兼论我国地方保护主义和重复建设问题长期存在的原因［J］. 经济研究，2004（6）：33－40.

[169] 周煜皓. 我国企业创新融资约束结构性特征的表现、成因及治理研究 [J]. 管理世界, 2017 (4): 184 - 185.

[170] 朱平芳, 罗翔, 项歌德. 中国中小企业创新绩效空间溢出效应实证研究: 基于马克思分工协作理论 [J]. 数量经济技术经济研究, 2016 (5): 3 - 16.

[171] 朱平芳, 徐伟民. 政府的科技激励政策对大中型工业企业 R&D 投入及其专利产出的影响: 上海市的实证研究 [J]. 经济研究, 2003 (6): 45 - 53, 94.

[172] 邹彩芬, 许家林, 王雅鹏. 政府财税补贴政策对农业上市公司绩效影响实证分析 [J]. 产业经济研究, 2006 (3): 53 - 59.

[173] 邹文杰. 研发要素集聚、投入强度与研发效率: 基于空间异质性的视角 [J]. 科学学研究, 2015 (3): 390 - 397.

[174] Akerlof G. A. The Market for "Lemons": Quality Uncertainty and the Market Mechanism [J]. The Quarterly Journal of Economics, 1970, 84 (3): 488 - 500.

[175] Almeida H., M. Campello, M. S. Weisbach. The Cash Flow Sensitivity of Cash [J]. The Journal of Finance, 2004, 59 (4): 1777 - 1804.

[176] Ang J. S., R. A. Cole, J. W. Lin. Agency Costs and Ownership Structure [J]. The Journal of Finance, 2000, 55 (1): 81 - 106.

[177] Arrow K. J. The Economic Implications of Learning by Doing [J]. The Review of Economic Studies, 1962, 29 (3): 155 - 173.

[178] Beck T., A. Demirgüç - Kunt, V. Maksimovic. Financial and Legal Constraints to Growth: Does Firm Size Matter? [J]. The Journal of Finance, 2005, 60 (1): 137 - 177.

[179] Bergström F. Capital Subsidies and the Performance of Firms [J]. Small Business Economics, 2000, 14 (3): 183 - 193.

[180] Bernstein J. I. The Effect of Direct and Indirect Tax Incentives on Canadian Industrial R&D Expenditures [J]. Canadian Public Policy / Analyse de Politiques, 1986, 12 (3): 438 - 448.

[181] Bester H. Screening vs. Rationing in Credit Markets with Imperfect Information [J]. The American Economic Review, 1985, 75 (4): 850 - 855.

[182] Blanes J. V., I. Busom. Who participates in R&D subsidy programs?: The case of Spanish manufacturing firms [J]. Research Policy, 2004, 33 (10): 1459 - 1476.

[183] Blundell R., S. Bond. Initial conditions and moment restrictions in dynamic panel data models [J]. Journal of Econometrics, 1998, 87 (1): 115-143.

[184] Boeing P. The allocation and effectiveness of China's R&D subsidies - Evidence from listed firms [J]. Research Policy, 2016, 45 (9): 1774-1789.

[185] Brandt L., H. Li. Bank discrimination in transition economies: ideology, information, or incentives? [J]. Journal of Comparative Economics, 2003, 31 (3): 387-413.

[186] Brollo F., T. Nannicini, R. Perotti, et al. The Political Resource Curse [J]. The American Economic Review, 2013, 103 (5): 1759-1796.

[187] Carpenter R. E., B. C. Petersen. Capital Market Imperfections, High-Tech Investment, and New Equity Financing [J]. The Economic Journal, 2002, 112 (477): F54-F72.

[188] Cerulli G., B. Potì. Evaluating the robustness of the effect of public subsidies on firms' R&D: an application to Italy [J]. Journal of Applied Economics, 2012, 15 (2): 287-320.

[189] Chandler V. The economic impact of the Canada small business financing program [J]. Small Business Economics, 2012, 39 (1): 253-264.

[190] Chen C. J. P., Z. Li, X. Su, et al. Rent-seeking incentives, corporate political connections, and the control structure of private firms: Chinese evidence [J]. Journal of Corporate Finance, 2011, 17 (2): 229-243.

[191] Claessens S., E. Feijen, L. Laeven. Political connections and preferential access to finance: The role of campaign contributions [J]. Journal of Financial Economics, 2008, 88 (3): 554-580.

[192] Cleary S. The Relationship between Firm Investment and Financial Status [J]. The Journal of Finance, 1999, 54 (2): 673-692.

[193] Colombo M. G., A. Croce, M. Guerini. The Effect of Public Subsidies on Firms' Investment-Cash Flow Sensitivity: Transient or Persistent? [J]. Research Policy, 2013, 42 (9): 1605-1623.

[194] Colombo M. G., S. Giannangeli, L. Grilli. Public subsidies and the employment growth of high-tech start-ups: assessing the impact of selective and automatic support schemes [J]. Industrial and Corporate Change, 2012: 1-42.

[195] Colombo M. G., L. Grilli, S. Murtinu, et al. Effects of international

R&D alliances on performance of high – tech start – ups: a longitudinal analysis [J]. Strategic Entrepreneurship Journal, 2009, 3 (4): 346 –368.

[196] Czarnitzki D. , P. Hanel, J. M. Rosa. Evaluating the impact of R&D tax credits on innovation: A microeconometric study on Canadian firms [J]. Research Policy, 2011, 40 (2): 217 –229.

[197] David P. A. , B. H. Hall, A. A. Toole. Is Public R&D a Complement or Substitute for Private R&D? A Review of the Econometric Evidence [J]. Research Policy, 2000, 29 (4 –5): 497 –529.

[198] Duran P. , N. Kammerlander, M. van Essen, et al. Doing More with Less: Innovation Input and Output in Family Firms [J]. Academy of Management Journal, 2015.

[199] Duran P. , N. Kammerlander, M. van Essen, et al. Doing More with Less: Innovation Input and Output in Family Firms [J]. Academy of Management Journal, 2016, 59 (4): 1224 –1264.

[200] Edward Freeman R. , W. M. Evan. Corporate governance: A stakeholder interpretation [J]. Journal of Behavioral Economics, 1990, 19 (4): 337 –359.

[201] Faccio M. , R. W. Masulis, J. J. McConnell. Political Connections and Corporate Bailouts [J]. The Journal of Finance, 2006, 61 (6): 2597 –2635.

[202] Fama E. F. Agency Problems and the Theory of the Firm [J]. Journal of Political Economy, 1980, 88 (2): 288 –307.

[203] Fan J. P. H. , T. J. Wong, T. Zhang. Politically connected CEOs, corporate governance, and Post – IPO performance of China's newly partially privatized firms [J]. Journal of Financial Economics, 2007, 84 (2): 330 –357.

[204] Fazzari S. , R. G. Hubbard, B. C. Petersen. Financing constraints and corporate investment [J]. Brookings Papers on Economic Activity, 1988 (1): 141 –206.

[205] Feldman M. P. , M. R. Kelley. The ex ante assessment of knowledge spillovers: Government R&D policy, economic incentives and private firm behavior [J]. Research Policy, 2006, 35 (10): 1509 –1521.

[206] Francis J. , A. Smith. Agency costs and innovation some empirical evidence [J]. Journal of Accounting and Economics, 1995, 19 (2 –3): 383 –409.

[207] Freeman C. Technology, policy, and economic performance: lessons

from Japan [M]. London: Pinter Publishers, 1987.

[208] Fu Q., J. Lu, Y. Lu. Incentivizing R&D: Prize or subsidies? [J]. International Journal of Industrial Organization, 2012, 30 (1): 67-79.

[209] González X., C. Pazó. Do Public Subsidies Stimulate Private R&D Spending? [J]. Research Policy, 2008, 37 (3): 371-389.

[210] GÖRg H., E. Strobl. The Effect of R&D Subsidies on Private R&D [J]. Economica, 2007, 74 (294): 215-234.

[211] Guellec D., B. van Pottelsberghe de la Potterie. Applications, grants and the value of patent [J]. Economics Letters, 2000, 69 (1): 109-114.

[212] Hadlock C. J., J. R. Pierce. New Evidence on Measuring Financial Constraints: Moving Beyond the KZ Index [J]. Review of Financial Studies, 2010, 23 (5): 1909-1940.

[213] Harris R. I. D. The Employment Creation Effects of Factor Subsidies: Some Estimates for Northern Ireland Manufacturing Industry, 1955-1983 [J]. Journal of Regional Science, 1991, 31 (1): 49-64.

[214] Heckman J. J. Sample Selection Bias as a Specification Error [J]. Econometrica, 1979, 47 (1): 153-161.

[215] Hellman J. S., G. Jones, D. Kaufmann. Seize the state, seize the day: state capture and influence in transition economies [J]. Journal of Comparative Economics, 2003, 31 (4): 751-773.

[216] Herrera L., E. R. Bravo Ibarra. Distribution and effect of R&D subsidies: A comparative analysis according to firm size [J]. Intangible Capital, 2010, 6 (2): 272-299.

[217] Himmelberg C. P., B. C. Petersen. R&D and Internal Finance: A Panel Study of Small Firms in High-Tech Industries [J]. The Review of Economics and Statistics, 1994, 76 (1): 38-51.

[218] Holmstrom B. Agency costs and innovation [J]. Journal of Economic Behavior & Organization, 1989, 12 (3): 305-327.

[219] Hsu F.-M., C.-C. Hsueh. Measuring relative efficiency of government-sponsored R&D projects: A three-stage approach [J]. Evaluation and Program Planning, 2009, 32 (2): 178-186.

[220] Jensen M. C., W. H. Meckling. Theory of the firm: Managerial behav-

ior, agency costs and ownership structure [J]. Journal of Financial Economics, 1976, 3 (4): 305 - 360.

[221] Josh Lerner. The Government as Venture Capitalist: The Long - Run Impact of the SBIR Program [J]. The Journal of Business, 1999, 72 (3): 285 - 318.

[222] Kaplan S. N., L. Zingales. Do investment - cash flow sensitivities provide useful measures of financing constraints? [J]. The Quarterly Journal of Economics, 1997, 112 (1): 169 - 215.

[223] Keynes J. M. General theory of employment, interest and money [M]. London: Macmillan, 1936

[224] Klette T. J., J. Møen, Z. Griliches. Do subsidies to commercial R&D reduce market failures? Microeconometric evaluation studies [J]. Research Policy, 2000, 29 (4 - 5): 471 - 495.

[225] Koellinger P. The relationship between technology, innovation, and firm performance—Empirical evidence from e - business in Europe [J]. Research Policy, 2008, 37 (8): 1317 - 1328.

[226] Kornai J., J. W. Weibull. Paternalism, buyers' and sellers' market [J]. Mathematical Social Sciences, 1983, 6 (2): 153 - 169.

[227] Krueger A. O. The Political Economy of the Rent - Seeking Society [J]. The American Economic Review, 1974, 64 (3): 291 - 303.

[228] La Porta R., F. Lopez - De - Silanes, A. Shleifer. Government Ownership of Banks [J]. The Journal of Finance, 2002, 57 (1): 265 - 301.

[229] Lennox C. S., J. R. Francis, Z. Wang. Selection Models in Accounting Research [J]. The Accounting Review, 2012, 87 (2): 589 - 616.

[230] Lerner J. When Bureaucrats Meet Entrepreneurs: the Design of Effective 'Public Venture Capital' Programmes [J]. The Economic Journal, 2002, 112 (477): F73 - F84.

[231] Lewbel A. Constructing Instruments for Regressions With Measurement Error When no Additional Data are Available, with An Application to Patents and R&D [J]. Econometrica, 1997, 65 (5): 1201 - 1213.

[232] Li H., L. - A. Zhou. Political turnover and economic performance: the incentive role of personnel control in China [J]. Journal of Public Economics, 2005, 89 (9 - 10): 1743 - 1762.

[233] Linck J. S., J. Netter, T. Shu. Can Managers Use Discretionary Accruals to Ease Financial Constraints? Evidence from Discretionary Accruals Prior to Investment [J]. The Accounting Review, 2013, 88 (6): 2117 -2143.

[234] Meuleman M., W. De Maeseneire. Do R&D subsidies affect SMEs' access to external financing? [J]. Research Policy, 2012, 41 (3): 580 -591.

[235] Mitchell R. K., B. R. Agle, D. J. Wood. Toward a Theory of Stakeholder Identification and Salience: Defining the Principle of Who and What Really Counts [J]. The Academy of Management Review, 1997, 22 (4): 853 -886.

[236] Montmartin B., M. Herrera. Internal and external effects of R&D subsidies and fiscal incentives: Empirical evidence using spatial dynamic panel models [J]. Research Policy, 2015, 44 (5): 1065 -1079.

[237] Musgrave R. A. Theory of public finance: a study in public economy [M]. New York: Mcgraw - Hill Book Company, 1959.

[238] Myers S. C. Determinants of corporate borrowing [J]. Journal of Financial Economics, 1977, 5 (2): 147 -175.

[239] N. Berger A., G. F. Udell. The economics of small business finance: The roles of private equity and debt markets in the financial growth cycle [J]. Journal of Banking & Finance, 1998, 22 (6 -8): 613 -673.

[240] Narayanan V. K., G. E. Pinches, K. M. Kelm, et al. The influence of voluntarily disclosed qualitative information [J]. Strategic Management Journal, 2000, 21 (7): 707 -722.

[241] Pennings E. Taxes and stimuli of investment under uncertainty [J]. European Economic Review, 2000, 44 (2): 383 -391.

[242] Penrose E. T. The Theory of the Growth of the Firm [M]. 1st ed. New York: John Wiley and Sons, 1959.

[243] Porter M. E. The Competitive Advantage of Nations [J]. Harvard Business Review, 1990 (March - April): 73 -93.

[244] Qian Y., B. R. Weingast. Federalism as a Commitment to Perserving Market Incentives [J]. The Journal of Economic Perspectives, 1997, 11 (4): 83 -92.

[245] Richardson S. Over - investment of free cash flow [J]. Review of Accounting Studies, 2006, 11 (2 -3): 159 -189.

[246] Rosenbaum P. R., D. B. Rubin. The Central Role of the Propensity Score in Observational Studies for Causal Effects [J]. Biometrika, 1983, 70 (1): 41 -55.

[247] Rubin D. B. Assignment to Treatment Group on the Basis of a Covariate [J]. Journal of Educational and Behavioral Statistics, 1977, 2 (1): 1 -26.

[248] Santamaría L., A. Barge - Gil, A. Modrego. Public selection and financing of R&D cooperative projects: Credit versus subsidy funding [J]. Research Policy, 2010, 39 (4): 549 -563.

[249] Schmidt K. M. Managerial Incentives and Product Market Competition [J]. The Review of Economic Studies, 1997, 64 (2): 191 -213.

[250] Shleifer A., R. W. Vishny. Politicians and Firms [J]. The Quarterly Journal of Economics, 1994, 109 (4): 995 -1025.

[251] Shleifer A., R. W. Vishny. A Survey of Corporate Governance [J]. The Journal of Finance, 1997, 52 (2): 737 -783.

[252] Snijders T. A., R. J. Bosker. Multilevel Analysis: An Introduction to Basic and Advanced Multilevel Modeling [M]. Thousand Oaks, CA.: Sage, 1999.

[253] Spence M. Job Market Signaling [J]. The Quarterly Journal of Economics, 1973, 87 (3): 355 -374.

[254] Stigler G. J. The Theory of Economic Regulation [J]. The Bell Journal of Economics and Management Science, 1971, 2 (1): 3 -21.

[255] Stiglitz J. E., A. Weiss. Credit Rationing in Markets with Imperfect Information [J]. The American Economic Review, 1981, 71 (3): 393 -410.

[256] Takalo T., T. Tanayama. Adverse selection and financing of innovation: is there a need for R&D subsidies? [J]. J Technol Transf, 2010, 35 (1): 16 -41.

[257] Thaler R. Mental Accounting and Consumer Choice [J]. Marketing Science, 1985, 4 (3): 199 -214.

[258] Tsai K. -H., J. -C. Wang. R&D Productivity and the Spillover Effects of High - tech Industry on the Traditional Manufacturing Sector: The Case of Taiwan [J]. World Economy, 2004, 27 (10): 1555 -1570.

[259] Tzelepis D., D. Skuras. The effects of regional capital subsidies on firm performance: an empirical study [J]. Journal of Small Business and Enterprise Development, 2004, 11 (1): 121 -129.

[260] Vogt S. C. The Cash Flow/Investment Relationship: Evidence from U. S. Manufacturing Firms [J]. Financial Management, 1994, 23 (2): 3 – 20.

[261] Wallsten S. J. The Effects of Government – Industry R&D Programs on Private R&D: The Case of the Small Business Innovation Research Program [J]. The RAND Journal of Economics, 2000, 31 (1): 82 – 100.

[262] Wette H. C. Collateral in Credit Rationing in Markets with Imperfect Information: Note [J]. The American Economic Review, 1983, 73 (3): 442 – 445.

[263] Wright P. , S. P. Ferris, A. Sarin, et al. Impact Of Corporate Insider, Blockholder, And Institutional Equity Ownership On Firm Risk Taking [J]. Academy of Management Journal, 1996, 39 (2): 441 – 458.

[264] Yu C. – F. , T. – C. Chang, C. – P. Fan. FDI timing: Entry cost subsidy versus tax rate reduction [J]. Economic Modelling, 2007, 24 (2): 262 – 271.

[265] Yu F. Analyst coverage and earnings management [J]. Journal of Financial Economics, 2008, 88 (2): 245 – 271.

[266] OECD. Science, Technology and Industry Outlook 1996 [M]. Paris: OECD, 1996.

[267] Bizan O. The determinants of success of R&D projects: evidence from American – Israeli research alliances [J]. Research Policy, 2003, 32 (9): 1619 – 1640.

后　记

科技兴则民族兴，科技强则国家强。科技创新政策是转变发展方式、优化经济结构、转换增长动力、建设现代化经济体系、建设创新型国家的重要着力点。党的十八大以来，党中央和国务院高度重视科技创新工作，出台一系列改革方案和发展规划；各级政府部门制定了一系列科技创新政策。特别是党的十九大报告明确提出“深化科技体制改革，建立以企业为主体、市场为导向、产学研深度融合的技术创新体系，加强对中小企业创新的支持，促进科技成果转化”。这为当前我国全面深化科技体制改革做出新的部署和安排。

我国的科技创新政策工作面临挑战：一是科技创新政策顶层设计和总体统筹考虑不够。中央和地方政府科技创新信息缺少共享，执行科技创新政策缺少统筹。二是科技创新政策分配机制的科学性有待提高。例如创新补助项目的申请、评审制度缺乏可量化指标体系。项目申请材料多以研发投入强度、专利产出或相关资质称号作为量化参考，很难客观地量化能够反映科研项目可行性和技术实力的指标。三是科技创新政策实施过程难以监管。创新补贴政策“重申请立项，轻过程监管”现象较为普遍，补助资金管理专业化水平欠缺。四是科技创新政策业绩考评和效果评价缺位。很多创新补助类项目结项相对容易，甚至无须考核验收。部分专项创新补助项目需要公司提交结项审核材料，结项验收过程趋于程序性应付，创新产出质量的评价不明确，部分创新补助甚至缺少验收审查程序，无详细的验收环节，并且未对补助资金投向做明确规定。这些研发激励政策会激励公司进行研发操纵，公司策略性地满足政策要求，导致政策目标难以实现（杨国超等，2017）。

我国经济已由高速增长阶段转向高质量发展阶段，正处在转变发展方式、优化经济结构、转换增长动力的攻关期。2017 年 12 月中央经济工作会议提出，推动高质量发展是当前和今后一个时期确定发展思路、制定经济政策、实施宏观调控的根本要求，强调要推动经济发展质量变革、效率变革、动力变革。推动高质量发展必须把创新摆在国家发展全局的核心位置，大力培育新动能，强化科技创新，培育一批具有科技创新能力的排头兵企业。科技创新领域的政企关系是构建我国新型政企关系的重要环节。政府部门如何统筹协调和顶层设计，让企业真正成为技术创新的主体？如何通过创新资源配置提高科技创新效率？如何激发创新人才活力？诸如此类问题是实现国家创新发展战略和经济结构调整所必须认真面对和有效破解的，也是学界必须持续关注的。

弱鸟先飞，坚持不懈。在书稿内容修改探讨过程中，大家的真诚鼓励与赞许为笔者增添了进一步研究的动力和勇气。在书稿完善优化成型之际，向对书稿内容提出宝贵意见的老师、同学和同事表示感谢，他们使我不断进步、突破和拓展。感谢学校和学院领导在科学研究方面优化配置有限资源，为书稿的完成提供有利的条件。最后，感谢中国财政经济出版社的编辑老师辛苦修正并提出宝贵意见。

学术探索没有终点，只有开始。身为教师，我期待能有更多的学术成果进入学术殿堂。借此机会，引用复旦大学一位著名校友写给学生的毕业寄语，与诸位共勉：“这个世界是那样地美好，这个世界不是那样地美好，要加入这个世界的人必须接受这两个方面。我们不仅要加入这个美好的世界，而且要用全部的爱和力量来使它变得更美好。”

彭红星

2020 年 4 月